Link

# C
**Programmierung**

Wolfgang Link

# Programmierung

## *Das Grundlagenbuch*

Mit 40 Abbildungen

# *Franzis'*

Die Deutsche Bibliothek – CIP-Einheitsaufnahme

Ein Titeldatensatz für diese Publikation
ist bei der Deutschen Biliothek erhältlich

## Wichtiger Hinweis

© 2002 Franzis' Verlag GmbH, 85586 Poing

Cover: www.adverma.de
Satz: G & U e.Publishing Services GmbH, Flensburg
Druck: Bercker, 47623 Kevelaer
Printed in Germany  -  Imprimé en Allemagne

ISBN 3-7723-6200-1

# Inhaltsverzeichnis

# 1 Einführung

Die Firma AT&T-Laboratories entwickelte in den sechziger Jahren das Betriebssystem UNIX, und dazu eine neue Programmiersprache, B genannt. 1971/72 wurde diese Sprache von Kernighan und Ritchie zur Sprache C weiterentwickelt.

1973 erfolgte die Freigabe von C für Universitäten durch AT&T. Das hatte zur Folge, dass sich verschiedene Dialekte entwickelten – eine Tatsache, die die allgemeine Verbreitung dieser Sprache behinderte. 1978 erfolgte quasi eine Standardisierung durch die Publikation »The C-Programming Language« von Kernighan und Ritchie, die häufig als »C-Bibel« bezeichnet wird.

Erst 1987 erfolgte die Standardisierung durch ANSI – zunächst als Norm-Entwurf und 1989 als erste Endversion. Diese Version weicht in wesentlichen Teilen vom ursprünglichen Kernighan/Ritchie-Standard ab. Die Tatsache, dass sich vor der Normung bereits verschiedene Dialekte herausgebildet hatten, führte dazu, dass bestimmte Operationen in C auf verschiedene Arten durchgeführt werden konnten.

1990 erfolgte die Normung nach dem internationalen Standard ISO – mit der Bezeichnung: ISO/IEC 9899 Programming languages-C, deren letzte Änderung 1996 publiziert wurde. Zum Vergleich: die wesentlich später von Niklaus Wirth entwickelte Sprache PASCAL wurde bereits 1980 normiert!

# 2 Grundlagen der Programmierung

Sie nehmen dieses Buch in die Hand, weil Sie C-Programmierung lernen wollen. Programmieren heißt, Probleme lösen mit dem Computer. Das beinhaltet zwei Komponenten: Entwickeln von Lösungsstrategien und Umsetzen der gefundenen Lösungs-Abläufe in C-Befehle, auch als Kodieren bezeichnet – wobei Ersteres der schwierigere Teil ist. Letzteres setzt voraus, dass Sie die Sprachelemente der Programmiersprache C erlernen.

Hier wird unterstellt, dass Sie keine oder wenig Programmier-Erfahrung haben, d.h. hier wird auf beide Komponenten eingegangen.

Dabei werden nicht die einzelnen Sprachelemente von C nacheinander beschrieben, sondern im Vordergrund stehen Problemstellungen, die mit den Elementen der C-Sprache gelöst werden.

Programmieren bedeutet zunächst einmal, eine Aufgabenstellung in einzelne Teilaufgaben (Module) zu zerlegen, und diese dann in eine geeignete Ablauf-Reihenfolge zu bringen. Die detaillierte Beschreibung des strukturierten Ablaufs einer Problembearbeitung wird als **Algorithmus** bezeichnet. Jede Bauanleitung für den Zusammenbau eines Modells (Schiff, Flugzeug usw.) oder jede Gebrauchsanweisung für ein Gerät ist ein Algorithmus!

Die Hauptaufgabe der Programmierung besteht also zunächst darin, einen geeigneten Algorithmus zu finden.

Beim Erlernen der Algorithmus-Entwicklung gibt es ein Axiom, bei dem sich die Lösungsverfahren auf folgende drei Grundstrukturen zurückführen lassen, bei allen für eine Bearbeitung mit dem Computer in Frage kommenden Problemstellungen:

1. Sequenz
2. Alternative
3. Iteration

Eine Sequenz ist eine lineare Folge von Befehlen bzw. Aktionen im allgemeinen Sinne. Eine Sequenz wird einmal von oben nach unten durchlaufen, d.h. sie beginnt mit dem ersten Befehl und endet nach dem letzten Befehl.

Bei der Alternative (auch: Selektion oder Auswahl genannt) gibt es zwei oder mehrere alternative Abläufe. Zur Laufzeit des Programms wird jeweils entschieden welcher Zweig durchlaufen wird.

Die Iteration (auch Zyklus oder Schleife genannt) bedeutet die wiederholte Ausführung von einem oder mehreren Befehlen (Aktionen).

Bei Alternative und Iteration gibt es noch Unterscheidungen, die weiter hinten genauer beschrieben werden.

Für eine grafische Darstellung des Algorithmus verwendet man u.a. Struktogramme – nach den Erfindern auch Nassi-Shneiderman-Diagramme genannt. Zunächst werden die verschiedenen Symbole erklärt.

Für eine einzelne Anweisung wird ein Rechteck verwendet (Abb.2.1):

Abb. 2.1    Struktogrammsymbol für die Anweisung

Bei einer Folge von mehreren Anweisungen werden die Rechtecke ohne Lücken untereinander dargestellt. Eine solche Anweisungsfolge wird als Sequenz bezeichnet (Abb.2.2).

Abb. 2.2    Struktogrammsymbol für die Sequenz

Die Alternative wird folgendermaßen dargestellt (Abb.2.3):

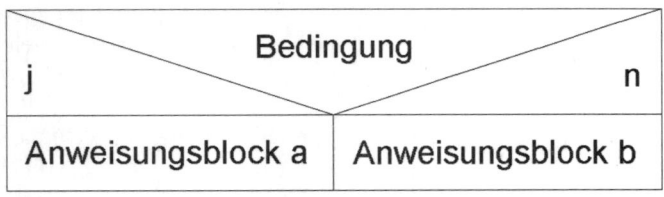

Abb. 2.3    Struktogrammsymbol für die Alternative

Je nachdem ob die Bedingung erfüllt ist, wird in Anweisungsblock a oder Anweisungsblock b verzweigt. Jeder Anweisungsblock kann aus einem oder mehreren Befehlen bestehen.

Hat man nicht nur zwei Alternativen, sondern mehrere, verwendet man das folgende Symbol (Abb.2.4):

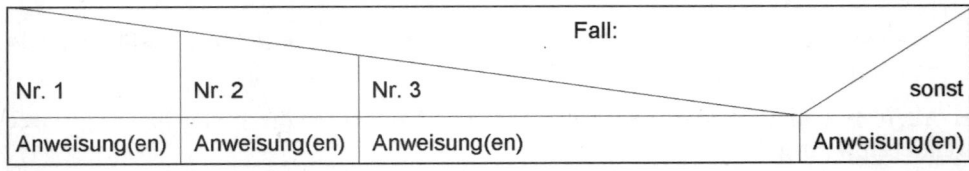

Abb. 2.4    Struktogrammsymbol für die Mehrfachverzweigung

Der sonst-Zweig wird durchlaufen, wenn keiner der links angegebenen Fälle (hier drei) zutrifft; je nach Problemstellung kann er auch entfallen.

Bei der Iteration (Schleife) werden ein oder mehrere Befehle in der Regel mehrfach durchlaufen. Dieser Befehlsblock wird auch als Schleifenkörper bezeichnet. Man unterscheidet bei der Iteration drei Varianten:

1. die fußgesteuerte Schleife, bei der am Ende des Anweisungsblocks entschieden wird, ob die Schleife noch einmal durchlaufen wird. Sie wird symbolisch folgendermaßen dargestellt (Abb.2.5):

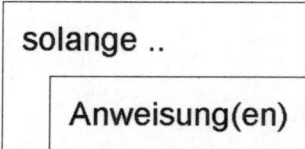

Abb. 2.5    Struktogrammsymbol für die fußgesteuerte Schleife

Der Anweisungsblock kann aus einem oder mehreren Befehlen bestehen. Er wird wiederholt, solange die am Ende der Schleife (hinter *solange ...*) stehende Bedingung noch erfüllt ist.

2. die kopfgesteuerte Schleife, bei der vorweg entschieden wird, ob die Schleife durchlaufen wird. Wenn die vorweggestellte Bedingung (hinter *solange...)* nicht erfüllt ist, wird der Anweisungsblock nicht mehr durchlaufen (Abb.2.6).

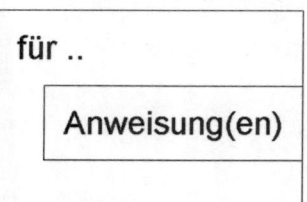

Abb. 2.6    Struktogrammsymbol für die kopfgesteuerte Schleife

3. die Schleife mit fest vorgegebener Durchlaufzahl. Bei vielen Aufgabenstellungen weiß man von vorneherein, wie oft die Schleife durchlaufen werden soll. Ein solche Schleife wird folgendermaßen symbolisch dargestellt (Abb.2.7):

Abb. 2.7    Struktogrammsymbol für die Schleife mit fester Durchlaufzahl

Hinter *für* wird der Zahlenbereich für eine Zählvariable angegeben und damit indirekt die Anzahl der Schleifendurchläufe festgelegt, z.B.: für i = 1 bis 10.

1. Strukturierte Programmierung sieht vor, dass bei jeder Wiederholung alle Anweisungen des Schleifenkörpers durchlaufen werden. Aber,es gibt keine Regel ohne Ausnahme: für die gelegentlich auftretenden Sonderfälle gibt es die Möglichkeit, aus dem Schleifenkörper heraus zu springen. Das Programm wird dann bei der nächsten Anweisung hinter der Schleife fortgesetzt. Das Symbol sieht folgendermaßen aus (Abb.2.8):

Abb. 2.8    Struktogrammsymbol für den vorzeitigen Abbruch

Es enthält die Bedingung, dass die Schleife abgebrochen werden soll und wird folgendermaßen in eine Schleife »eingebaut« (Abb.2.9):

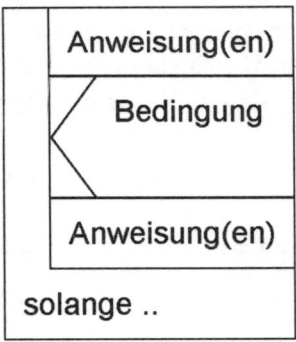

Abb. 2.9    »Einbau« einer Abbruchbedingung

Tauchen in einem Programm wiederholt die gleichen Befehlsgruppen auf – zum Beispiel die Berechnung des Bruttobetrages aus Nettobetrag und Mehrwertsteuer, lagert man diese am besten in einem separaten Unterprogramm, das nur einmal geschrieben werden muss und aus dem Hauptprogramm heraus wiederholt aufgerufen wird. Das verwendete Symbol sieht folgendermaßen aus (Abb.2.10):

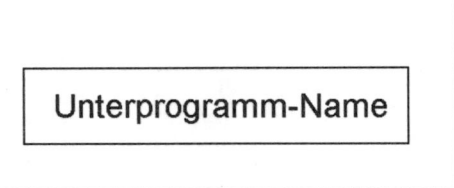

Abb. 2.10    Struktogrammsymbol für ein Unterprogramm

Um die Verwendung dieser Symbole etwas anschaulicher zu machen, wird ein Beispiel betrachtet:

Eine Firma bietet ihren Kunden 3% Rabatt auf den Bruttorechnungsbetrag an. Da das Errechnen des Nettobetrages mit dem Taschenrechner für den Verkäufer zu aufwendig wird, benötigt er ein Programm, das nach Eingabe des Bruttobetrages den Nettobetrag ausgibt. Das zugehörige Struktogramm sieht folgendermaßen aus (Abb.2.11):

| Bruttobetrag einlesen |
|---|
| Nettobetrag = 0.97 * Bruttobetrag |
| Nettobetrag ausgeben |

Abb. 2.11    Beispiel für die Sequenz

Um den Kunden einen Anreiz zu geben, größere Mengen einzukaufen, möchte die Firma Kunden, die ab 1000 Euro einkaufen, einen erhöhten Rabatt von 5% gewähren; das Programm muss daher erweitert werden. Man benötigt eine Alternativ-Struktur, um – in Abhängigkeit vom Bruttobetrag – zu entschieden, ob drei oder fünf Prozent abgezogen werden müssen (Abb.2.12):

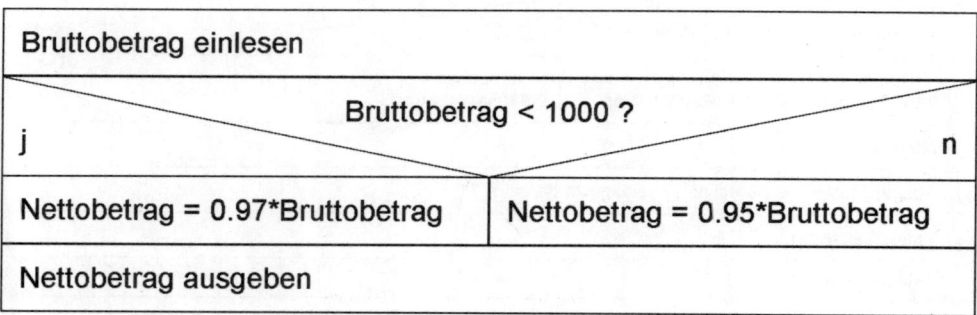

Abb. 2.12    Beispiel für die Alternative

Da sich das Rabatt-Verfahren bewährt hat, führt die Firma eine weitere Rabattstufe in Höhe von 7 Prozent ein. Jetzt benötigen wir das Symbol für die Mehrfach-Verzweigung (Abb.2.13):

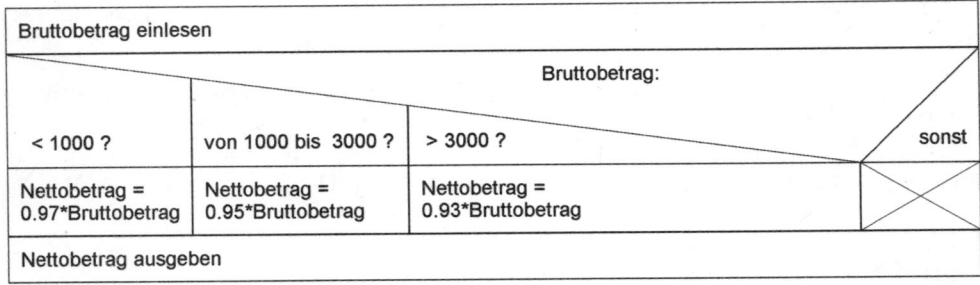

| Bruttobetrag einlesen | | | | |
|---|---|---|---|---|
| Bruttobetrag: | | | | |
| < 1000 ? | von 1000 bis 3000 ? | > 3000 ? | | sonst |
| Nettobetrag = 0.97*Bruttobetrag | Nettobetrag = 0.95*Bruttobetrag | Nettobetrag = 0.93*Bruttobetrag | | |
| Nettobetrag ausgeben | | | | |

Abb. 2.13   Beispiel für die Mehrfach-Verzweigung

Der »sonst«-Zweig ist leer, d.h. er entfällt an dieser Stelle.

Bei den bisherigen Programm-Versionen musste der Verkäufer für jede Berechnung das Programm neu starten. Er wünscht sich ein Programm, das ihn nach jeder Berechnung fragt, ob er noch eine weitere Berechnung durchführen lassen will. Zur Lösung dieses Problems benötigen wir eine Schleifen-Struktur. Da die Abfrage am Ende der Berechnung erfolgen soll, benötigen wir eine fußgesteuerte Schleife. Sie umschließt den gesamten bisherigen Ablaufblock (Abb.2.14).

| Bruttobetrag einlesen | | | | |
|---|---|---|---|---|
| Bruttobetrag: | | | | |
| < 1000 ? | von 1000 bis 3000 ? | > 3000 ? | | sonst |
| Nettobetrag = 0.97*Bruttobetrag | Nettobetrag = 0.95*Bruttobetrag | Nettobetrag = 0.93*Bruttobetrag | | |
| Nettobetrag ausgeben | | | | |
| Ausgabe:"Weitere Berechnung gewünscht (ja/nein) ? " | | | | |
| Antwort einlesen | | | | |
| solange Antwort  = "ja" | | | | |

Abb. 2.14   Beispiel mit fußgesteuerter Schleife

Solange die Antwort auf die Frage »weitere Berechnung gewünscht(ja/nein)?« »ja« lautet, wird das Programm erneut durchlaufen; im Nein-Fall wird das Programm beendet.

Hin und wieder passiert es dem Verkäufer, dass er versehentlich das Nettobetrags-Programm startet, obwohl er eigentlich ein anderes Programm benötigt. Es stört ihn, dass er dann zumindest eine leere Berechnung durchführen muss, um aus dem Programm wieder herauszukommen (die Abfrage zum Beenden des Programms erfolgt ja erst am Programmende).

Wir entwickeln ihm ein neues Programm mit einer Vorweg-Abfrage: »Soll eine Berechnung durchgeführt werden?« Und verwenden eine kopfgesteuerte Schleife, die ohne Durchlauf abgebrochen werden kann. Wie man sieht, ist dazu eine zusätzliche Vorab-Abfrage erforderlich (Abb.2.15).

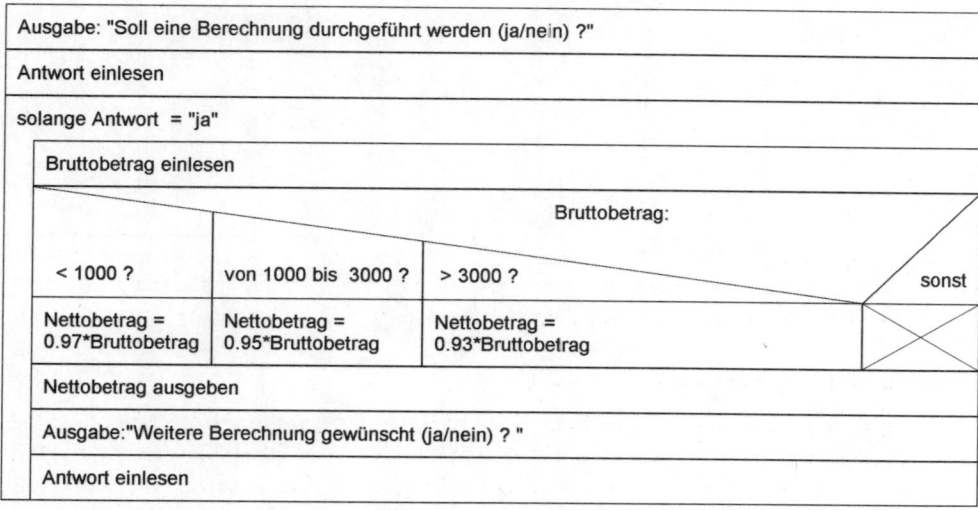

**Abb. 2.15   Beispiel mit kopfgesteuerter Schleife**

In einer anderen Abteilung der Firma werden die Rechnungen gesammelt und auf einmal abgearbeitet. Dem Sachbearbeiter ist es zu lästig, nach jeder Berechnung »ja« einzugeben. Er möchte gerne vorweg die Anzahl der zu berechnenden Nettobeträge eingeben. Hier benötigen wir eine Schleife mit fester Durchlaufzahl (Abb.2.16).

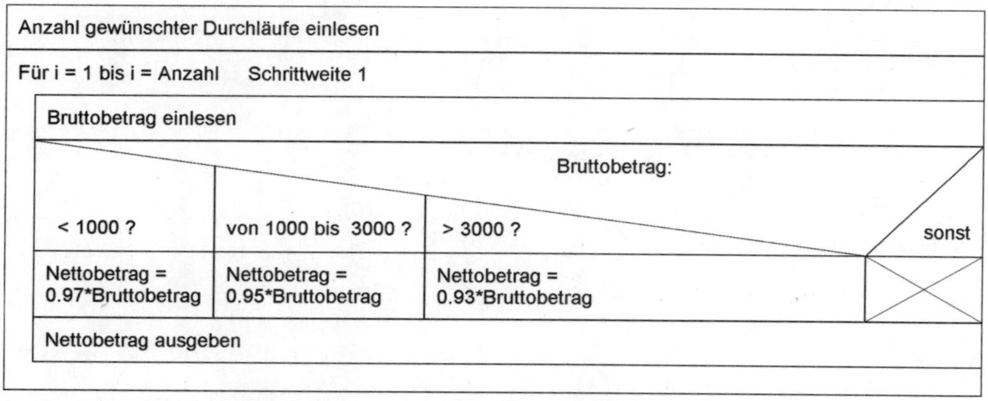

**Abb. 2.16   Beispiel für eine Schleife mit fester Durchlaufzahl**

Die Variable $i$ wird zu Anfang auf 1 gesetzt und nach jedem Durchlauf um 1 erhöht. Ist $i >$ Anzahl wird die Schleife nicht mehr durchlaufen. Die Schleife wird also genau *Anzahl* mal durchlaufen.

# 3 Grundelemente von C

## 3.1 Zeichen

Wenn man Programme schreiben will, muss man vorab die Elemente kennen lernen, die man verwenden darf. Das sind zunächst die Zeichen (character). Ihre Gesamtheit bezeichnet man als Zeichenvorrat. Dazu zählen bei der Sprache C:

| | |
|---|---|
| **Großbuchstaben** | **A,B,C,...Z** |
| **Kleinbuchstaben** | **a,b,c,.....,z** |
| **Ziffern** | **0,1,2,3,4,5,6,7,8,9(dezimal)** |
| | **0,1,2,3,4,5,6,7(oktal)** |
| | **0,1,2,...,9,A,B,C,D,E,F    (hexadezimal)** |
| | **0,1,2,...,9,a,b,c,d,e,f        (hexadezimal)** |
| **Sonderzeichen** | **+ = _ - ( ) * & % $ # ! < >** |
| | **I . , ; : " ' ? ~ { } / [ ] \ ^** |
| **Nichtdruckbare Zeichen** | **Leerstelle (Blank), \a (Alarm), \b (Rücktaste),** |
| | **\n (Neue Zeile), \r (Cursor-Rücklauf),** |
| | **\t (Tabulator)** |

Die nicht druckbaren Zeichen zählen jeweils als ein Zeichen, obwohl sie aus zwei Zeichen bestehen.

## 3.2 Bezeichner

**Bezeichner** sind eindeutige Namen, die in Programmen verwendet werden für

- Variablen
- Schlüsselwörter
- Funktionen
- Sprungmarken usw.

Ein **Bezeichner** besteht aus einer beliebigen Folge von Buchstaben, Ziffern oder dem Sonderzeichen »_« (Unterstreichungsstrich, engl. **underscore),** wobei das erste Zeichen **keine** Ziffer sein darf. Gemäß der ISO-C-Norm sind Bezeichner, die mit »_« beginnen, für das Betriebssystem bzw. Bibliotheksfunktionen reserviert.

Nach dieser Norm haben Bezeichner, die innerhalb einer Datei vorkommen (interne Bezeichner), mindestens 31 signifikante Zeichen. Das bedeutet, dass zwei Bezeichner verschieden sind, wenn sie sich innerhalb der **ersten 31 Stellen** unterscheiden.

Die meisten Compiler unterstützen mehr als die von der Norm geforderten 31 signifikanten Stellen. Man sollte daher sicherheitshalber in der Compiler-Beschreibung nachsehen.

Bezeichner, die in einer separaten Datei deklariert werden (externe Bezeichner), haben mindestens 6 signifikante Stellen. Gültige Bezeichner sind z.B.:

> a
> x1
> summe
> einkommen
> karl_der_grosse
> gewinn2000

| Ungültig sind z.B.: | | |
|---|---|---|
| | _date | nur Systemfunktionen |
| | nord-west | Bindestrich nicht erlaubt |
| | Heinrich II | keine Leerstelle |
| | 3fach | keine Ziffer am Anfang |
| | steuer.2 | Punkt nicht erlaubt |

Wichtig: in C wird zwischen Groß- und Kleinschreibung unterschieden!

hugo, Hugo, HUGO, huGO sind also verschiedene Bezeichner!

## 3.3 Reservierte Wörter

32 Wörter haben in C spezielle Bedeutungen; sie sind als Schlüsselwörter reserviert. (Schlüsselwörter sind Befehle oder Teile von Befehlen).

| auto | break | case | char | const | continue | default | do |
|---|---|---|---|---|---|---|---|
| double | else | enum | extern | float | for | goto | if |
| int | long | register | return | short | signed | sizeof | static |
| struct | switch | typedef | union | unsigned | void | volatile | while |

Verglichen mit anderen Programmiersprachen hat C nur wenige Schlüsselwörter. Man könnte meinen, dass man die Sprache C daher schnell erlernen könnte. Der eigentliche Umfang dieser Sprache steckt jedoch in über 300 Standardfunktionen, also kleinen Programmen, die sich in einer Standard-Bibliothek befinden.

# 4 Das erste C-Programm

## 4.1 Einführung

Ein C-Programm besteht aus einer oder mehreren kleineren Einheiten; sogenannten Funktionen.

Eine dieser Funktionen trägt den Namen main (engl.: main-program/Haupt-Programm). Alle anderen Funktionen werden von dem Hauptprogramm aus hierarchisch aufgerufen.

Sie heißen daher auch Unterprogramme. Sie werden vom Hauptprogramm aufgerufen, können ihrerseits aber auch wieder andere Unterprogramme aufrufen, so dass eine umfangreiche Programm-Hierarchie entstehen kann.

Beim Aufruf eines Unterprogramms werden in der Regel Daten an das Unterprogramm übergeben. Ebenso wird nach Abarbeitung des Unterprogramms meist ein Ergebnis an das aufrufende Programm zurückgegeben. Soll zum Beispiel bei der in Kapitel 2 betrachteten Aufgabe die Berechnung des Nettobetrages von einem Unterprogramm durchgeführt werden, wird beim Aufruf des Unterprogramms der Bruttobetrag an das Unterprogramm übergeben und der Nettobetrag als Rückgabewert vom Hauptprogramm zurückerwartet. Es gibt aber Unterprogramme, die weder Daten übergeben bekommen, noch Daten an das aufrufende Programm zurückgeben, wie z.B. die Funktion zum Löschen des Bildschirms.

Der Kopf einer Funktion sieht folgendermaßen aus:

```
Datentyp  Funktionsname(Liste von Parametern mit ihren
                        jeweiligen Datentypen)
```

Vor dem Funktionsnamen steht der Datentyp des Ergebnisses ( = Rückgabewertes), das an die aufrufende Funktion zurückgeliefert wird, angegeben. Wird nichts an die aufrufende Funktion zurückgegeben, verwendet man den Typ **void** (engl.: leer). In der Klammer hinter dem Funktionsnamen werden die beim Funktionsaufruf an die Funktion übergebenen Parameter mit ihren Datentypen angegeben. Auch hier ist die Angabe *void* möglich, wenn nichts an die Funktion übergeben wird. Da bei dem in diesem Kapitel behandelten ersten Programm mit dem Typ void gearbeitet wird, werden die verschiedenen möglichen Datentypen erst im nächsten Kapitel näher betrachtet. Im übrigen werden Funktionen in einem späteren Kapitel ausführlich besprochen.

Damit Sie möglichst schnell in die praktische Arbeit einsteigen können, wird im Folgenden der Entwicklungsvorgang für ein lauffähiges C-Programm beschrieben. Betrachten wir zunächst folgende Aufgabenstellung:

Es soll der Text: »Mein erstes C-Programm« auf dem Bildschirm ausgegeben werden.

Zur Ausgabe auf dem Bildschirm verwendet man die Funktion `printf`. Sie hat folgendes Format:

```
printf("Text")
```

(das kursiv geschriebene Wort *Text* steht stellvertretend für einen beliebigen, hier einzufügenden Text).

Damit ergibt sich das erste C-Programm:

```
#include <stdio.h>
void main(void)
{
    printf ("Mein erstes C-Programm");
}
```

Wie man sieht, besteht ein einfaches C-Programm aus drei Teilen: einem Programm-Vorspann, auf den unten näher eingegangen wird, dem Hauptprogramm-Kopf und einem Programm-Rumpf.

Der Hauptprogramm-Kopf lautet:

```
void main (void)
```

Er ist folgendermaßen zu interpretieren: `main` weist darauf hin, dass es sich um das Hauptprogramm handelt. Die in Klammern zugefügte Angabe `void` sagt aus, dass keine Daten an das Programm übergeben werden. Das vorangestellte `void` besagt, dass das Hauptprogramm keine Daten an das Programm, von dem es aufgerufen wird, zurückgibt (Betriebssystem bzw. Shell).

Der Hauptprogrammkörper befindet sich zwischen der öffnenden und der schließenden geschweiften Klammer. Er besteht hier nur aus einem einzigen Befehl, der, wie jeder Befehl in C, mit einem Semikolon (»;«) abgeschlossen ist.

Dieser Befehl `printf(..)` ruft ein kleines Unterprogramm auf, das sich in der Standard-Bibliothek befindet, die jedem C-Compiler beigefügt ist. Die zum Zugriff auf diese Bibliothek dem Programm einzufügenden Deklarationen befinden sich in sogenannten Definitionsdateien (auch Header-Dateien genannt). Die Namen dieser Header-Dateien enden alle mit ».h«.

Der Befehl `printf()` benötigt die Datei `stdio.h`. Sie wird mit der Anweisung

```
#include <stdio.h>
```

in den Hauptspeicher geladen. Die spitzen Klammern deuten daraufhin, dass sich die Datei in einem Standard-Unterverzeichnis des Compilers befindet.

Die include-Anweisung für eine Header-Datei muss vor dem ersten Aufruf einer in ihr deklarierten Funktion stehen. Es ist programmierstilistisch gut, alle include-Anweisungen in einem Vorspann vor der ersten Funktion des Programms anzuordnen.

Die Befehle mit dem Nummernzeichen (#) werden als Präprozessor-Befehle bezeichnet, weil sie vorweg (vor dem Übersetzen des Programms) vom Präprozessor ausgeführt werden. Der Präprozessor ist ein selbständiges Hilfsprogramm, das vor der eigentlichen Übersetzung aufgerufen wird, um den Quell-Code zu bearbeiten.

Wenn man C-Funktionen verwenden will, muss man stets wissen, in welcher Header-Datei sie definiert sind. Das wird im Folgenden bei der Vorstellung neuer Funktionen immer angegeben; im Zweifelsfall kann man jedoch im Compiler-Handbuch oder – soweit vorhanden – in der Compiler beigefügten Online-Hilfe nachsehen.

## 4.2 Editieren, Compilieren, Linken

Welche Arbeitsschritte sind erforderlich, damit aus dem oben vorgegebenen Programm-Text ein lauffähiges Computerprogramm wird?

Zunächst muss das Programm in den Computer eingegeben (editiert) werden. Dazu verwendet man einen **Editor**. Das ist ein Programm, das einen Teil der Funktionen enthält, die man von Textverarbeitungsprogrammen her gewohnt ist: Eingeben von Text, Einfügen, Löschen von Textteilen (zum Korrigieren von Fehlern), Speichern in einer Datei, usw. Wenn das Programm fertig editiert ist, wird es in einer Datei mit der Erweiterung (Extension) ».c«, z.B.: `prog1.c` gespeichert.

Verwendet man zum Editieren ein Textverarbeitungsprogramm (z.B. Word) oder einen komfortablen Editor, der verschiedene Textformate ermöglicht, achte man darauf, dass das Programm im Textformat (ASCII-Format) abgespeichert wird.

Dieses sogenannte **Quellprogramm** (Source-Programm) muss anschließend von einem **Compiler** (Übersetzer) in die Internsprache des Computers, die sogenannte Maschinensprache übersetzt werden.

Der Rechnerkern, der sogenannte Prozessor (beim PC: Mikroprozessor genannt) führt die arithmetischen und logischen Operationen durch und steuert den gesamten PC. Er kann mit den englischsprachigen Befehlen der Sprache C nichts anfangen; er versteht nur Kombinationen aus Nullen und Einsen, also Dualzahlen. Die Befehle, die der Prozessor verarbeiten kann, werden als Maschinenbefehle bezeichnet und bestehen aus Dualzahlen. Ziel des Kompilier-Vorgangs ist also ein Programm in Maschinensprache.

Eine wesentliche Aufgabe des Compilers ist die Überprüfung des Programms auf Syntaxfehler, das sind fehlerhafte Schreibweisen der einzelnen Programmbefehle. Es gibt harmlose Fehler, auf die ein Compiler mit Warnungen reagiert. Die Mehrzahl der Fälle sind jedoch schwere Fehler, bei denen der Compiler den Befehl nicht übersetzen kann. In diesen Fällen bricht der Compiler den Übersetzungsvorgang ab und meldet die gefundenen Fehler.

Leider kann eine Programmiersprachen-Norm nicht alle denkbaren Fehler und die zugehörigen Compiler-Reaktionen beschreiben und festlegen. In vielen Fällen ist also die Reaktion auf Programmierfehler vom jeweils verwendeten Compiler abhängig und kann daher in diesem Buch nicht beschrieben werden.

Eine weitere Aufgabe des Compilers ist die Überprüfung, ob die in einem Programm verwendeten Funktionen vor ihrem Aufruf deklariert sind – z.B. in einer Header-Datei und ob die Datentypen der beim Aufruf der Funktionen verwendeten Parameter mit denen in der Deklaration übereinstimmen.

Wie wir oben dargestellt haben, bilden Funktionen einen wesentlichen Bestandteil der Programmiersprache C. Sie sind in einer oder mehreren Bibliotheken zusammengefasst, die dem Compiler beigefügt sind. Die Norm legt genau fest welche Funktionen zur Sprache C gehören. Aber auch hier haben die meisten Compiler-Entwickler, zusätzlich zur Vorgabe durch die Norm, Funktionen bereitgestellt. Diese Funktionen sind teilweise sehr nützlich und ersparen dem Programmierer häufig die Entwicklung eigener Funktionen.

In diesem Buch geht es weitgehend um die Funktionen des C-Standards; es wird aber gelegentlich die eine oder andere Zusatzfunktion vorgestellt. Im übrigen empfehlen wir dem Leser, in der Online-Hilfe des verwendeten Compilers nach eventuell benötigten Funktionen zu suchen.

Beim Compilieren werden vor dem eigentlichen Übersetzungsvorgang vom Präprozessor die Anweisungen des Programmvorspanns (Präprozessor-Befehle) ausgeführt.

Als Ergebnis des anschließenden Übersetzungs-Vorgangs entsteht ein **Objekt-Programm** – bei Microsoft-Betriebssystemen erkennbar an der Erweiterung ».obj«.

1. Dieses Programm wird nun mit dem **Linker** (Binder) in ein lauffähiges Computer-Programm umgesetzt. Der Linker muss vorab prüfen, ob die in einem Programm verwendeten Funktionen verfügbar sind. Dann sucht er aus den Programm-Bibliotheken des Compilers bzw. Bibliotheken des Programmierers den Befehlscode der im C-Programm verwendeten C-Funktionen heraus und bindet sie, wie sein Name andeutet, in die bereits vom Compiler übersetzten Programmteile ein.

Ergebnis ist ein **lauffähiges Programm** (engl.: executable) mit dem Programmnamen des Quellprogramms und einer vom Betriebssystem abhängigen Erweiterung (bei Microsoft-Betriebssystemen lautet die Erweiterung: ».exe« ).

Es kann durchaus sein, dass das lauffähige Programm beim Ablauf fehlerhafte Ergebnisse zeigt oder abstürzt. Das deutet darauf hin, dass das Programm noch logische Fehler enthält, z.B. falsche Formeln oder fehlerhafte Algorithmen. Fehler dieser Art kann kein Compiler finden.

Wenn ein Programm lauffähig übersetzt wurde, muss man daher stets Tests durchführen, um sicherzustellen, dass die Ergebnisse des Programms korrekt sind.

Um diesen etwas mühsamen, aus drei Phasen bestehende Programm-Entwicklungsprozess zu vereinfachen, hat man bei neueren Compiler-Versionen die drei für die Programm-Entwicklung benötigten Komponenten in einer integrierten Entwicklungs-Umgebung (IDE = Integrated Development Environment) zusammengefasst.

Diese IDE startet mit dem Editor. Nach Eingeben des Programms ruft man aus ihr heraus den Präprozessor, den Compiler und den Linker auf, wobei der Linker nur gestartet wird, wenn der Compilerlauf erfolgreich war. Andernfalls wird vom Compiler eine Fehlerliste erstellt – die meist in einem eigenen Fenster erscheint – und dann wird wieder in den Editor zurückgesprungen.

Wenn man heute einen C-Compiler erwirbt, erhält man meist ein Produkt, das die IDE enthält und zusätzliche Tools, z.B. einen Debugger, ein Werkzeug, das den Programmierer ganz wesentlich bei der Suche nach logischen Programmierfehlern unterstützt, und eine Online-Hilfe, die alle verfügbaren C-Funktionen beschreibt.

Nach dieser Einführung in die zur Entwicklung eines lauffähigen Programms benötigten Hilfsmittel, kehren wir zu dem in Kapitel 4.1 beschriebenen ersten Programm zurück.

Versuchen Sie, es mit der von Ihnen benutzten IDE oder einem der bei den meisten Betriebssystemen vorhandenen Editoren zu editieren und anschließend zu kompilieren und zu linken. (Beachten Sie auch die auf der beigefügten CD mitgelieferte Compiler-Software). Manche Betriebssysteme löschen nach Ende des Programms das Ausgabefenster, sodass man die Ausgaben des Programms nicht mehr sehen kann. Wenn sie das ausführbare Programm nicht im DOS-Fenster starten wollen, bleibt dann nur die Möglichkeit, das Programm erst durch eine Tastatureingabe zu beenden. Das kann z.B. mit der Funktion getch() geschehen. Sie wird hier nicht näher beschreiben, sondern das erweiterte Programm:

```
#include <stdio.h>
#include <conio.h>
void main(void)
{
    printf ("Mein erstes C-Programm");
    getch();
}
```

Die Funktion getch( ) dient dazu, ein Zeichen von Tastatur einzulesen. Sie wird erst beendet – und damit das Programm, wenn eine beliebige Taste gedrückt wird.

## 4.3 Kommentare

Kommentare, also erläuternde Texte sind für ein Programm ganz wichtig. Sie können eine spätere Überarbeitung des Programms wesentlich erleichtern, machen das Programm also wartungsfreundlich.

Kommentare werden mit »/*« eröffnet und mit »*/« abgeschlossen, also:

```
/* Kommentar */
z.B.:
  /* 1.Kommentar */
  /* Ein Kommentar kann sich
     auch über mehrere Zeilen
     erstrecken */
```

Sie können an beliebiger Stelle des Programms stehen, jedoch nicht innerhalb von Befehlen oder zusammenhängenden Ausgabe-Texten. Sinnvollerweise stehen sie zu Beginn des Programms oder vor einzelnen Befehls-Blöcken, die algorithmisch eine Einheit bilden, oder hinter einzelnen Befehlen.

Kommentare sind nur für den Anwender gedacht; sie werden vom Compiler überlesen.

Um sie anzuwenden, wird das erste Programm mit einem Kommentar-Kopf versehen:

```
/***************************************/
/* Verbessertes 1.Programm            */
/* Programm-Name: prog4_1.c           */
/***************************************/

#include <stdio.h>
void main(void)
{
    printf("Mein erstes C-Programm");
}
```

Es ist sinnvoll – wie in diesem Beispiel geschehen – zumindest den Namen der Programm-datei im Kommentar-Kopf aufzuführen. Man kann so, wenn man das ausgedruckte Quellpro-gramm-Listing zwecks Überarbeitung vorliegen hat, schnell auf die Datei zugreifen.

In kommerziellen Programmen wird im Kommentar-Kopf noch der Name des Erstellers, das Datum der Erstellung bzw. der Änderungen (Updates) des Programms angegeben, eventuell stichwortartig die vorgenommenen Änderungen und die Versions-Nr., so dass man anhand dieses Kopfes »die Entwicklungsgeschichte« des Programms verfolgen kann.

## 4.4 Escape-Sequenzen

Für die Gestaltung der Textausgabe können die in der folgenden Tabelle 4.1 dargestellten Steuerzeichen (Escape-Sequenzen) verwendet werden (man erkennt sie daran, dass ihnen ein Backslash ('\') vorangestellt ist).

| Zeichen | ASCII-Code | Wirkung |
|---|---|---|
| \a | 07h | Alarm (ASCII-Bezeichnung: Bell = Klingel /Piepston) (Funktioniert nicht bei jedem Computer) |
| \b | 08h | Backspace = Rücktaste |
| \n | 0Ah | New line = Zeilenvorschub |
| \r | 0Dh | Carriage-Return = Wagen-Rücklauf / heute: Cursor-Rücklauf. Cursor geht an den Anfang der Zeile, in der er sich gerade befindet. |
| \t | 09h | Horizontaler Tabulator (Tab-Taste) |
| \" | 22h | Anführungszeichen |
| \' | 27h | Hochkomma |
| \? | 3Fh | Fragezeichen |
| \\ | 5Ch | Backslash (Rückstrich) |
| \xnn | | nn = hexadezimaler Zeichencode des gewünschten ASCII-Zeichens; z.B.: \x41 (entspricht Buchstabe »A«) |

Tab. 4.1    Escape-Sequenzen

## 4.5 Übung I: Erstes Programm mit Modifikationen

1. Geben Sie das oben dargestellte erste Programm ein und erzeugen Sie ein lauffähiges Programm

2. Bauen sie kleine Fehler ein, z.B.: lassen Sie das Semikolon hinter dem `printf` -Befehl oder die geschweifte Klammer am Ende des Programms weg und machen Sie sich mit den Fehlermeldungen des Compilers vertraut.

3. Modifizieren Sie den auszugebenden Text unter Verwendung von Steuerzeichen (Escapesequenzen), z. B.:

- Hallo
  das ist mein erstes Programm

- »Hallo«
  das ist mein erstes Programm

- »Hallo«
  das ist mein erstes 'Programm'

- »Hallo«
      das ist mein erstes 'Programm'

- Was passiert, wenn Sie das \n nach Hallo durch \r ersetzen ?

# 5 Elementare Datentypen

Interessant wird das Arbeiten mit einem Computer erst, wenn man Berechnungen durchführt. Die dazu benötigten Zahlen (Daten) müssen im Programm vorgegeben oder zunächst in den Computer eingelesen und in dessen Speicher abgelegt werden. Der Speicher ist in einzelne Zellen eingeteilt. Die sogenannten Speicherplätze – vergleichbar mit den Schubladen eines großen Schrankes –, die alle eine bestimmte Anzahl von Binärstellen aufnehmen können (vorwiegend 8 Bit = 1 Byte) und die durch eine Adresse ansprechbar sind.

Jeder, der sich mit Mathematik beschäftigt hat, weiß, dass es verschiedene Zahlenmengen gibt, z.B. Ganze Zahlen: [... -2,-1,0,+1,+2,...] oder Reelle Zahlen, z.B. [-24,78 ] – also Zahlen mit Vor- und Nachkomma-Stellen.

In der Mathematik erstreckt sich jeweils der Zahlenbereich von Minus- bis Plus-Unendlich. Da die im Programm verwendeten Zahlen im Speicher des Computers untergebracht werden müssen, ist die Anzahl Speicherplätze, die man für jede Zahl benötigt, abhängig von der Größe der Zahl. Da jeder Computer eine endliche Zahl von Speicherplätzen hat, folgt, dass sich im Computer keine unendlich großen Zahlen speichern lassen. Das bedeutet aber in der Realität keine Einschränkung.

Aus Gründen einer ökonomischen Speichernutzung und eines schnellen Zugriffs auf die gespeicherten Zahlen hat man verschiedene Klassen von Zahlen definiert. Sie werden als **Datentyp** bezeichnet. Jeder Datentyp hat einen Namen: so wird die Menge der ganzen Zahlen (engl. Integer-numbers) in C mit **int** gekennzeichnet.

Die reellen Zahlen werden in der Datenverarbeitung als Gleitkommazahlen, im englischen als Gleitpunktzahlen (floatingpoint-numbers) bezeichnet. C verwendet dafür die Bezeichnung **float**. Da C in Amerika entwickelt wurde, müssen wir bei allen Programmen die amerikanische Schreibweise mit Dezimalpunkt verwenden, z.B.: 3.14.

Bei Gleitpunktzahlen hängt die Genauigkeit einer Berechnung von der Anzahl verwendeter Stellen ab. So liefert z.B. eine Kreisberechnung, bei der die Zahl $\pi$ 3.14 eingesetzt wird, ein weniger genaues Ergebnis, wie wenn z.B. für $\pi$ 3.14159 genommen wird. C bietet hier – wie viele Programmiersprachen – zwei Formate an, eins mit einfacher Genauigkeit (single precision): Datentyp **float** und eins mit erhöhter Genauigkeit (double precision): Datentyp **double.**

In der Datenverarbeitung hat man es jedoch nicht nur mit Zahlen zu tun. Des Öfteren möchte man einzelne Buchstaben oder Texte bzw. allgemeine Zeichen der Tastatur (ASCII-Zeichen) speichern. Auch diese Gruppe/Klasse bildet einen Datentyp; er wird in C mit **char** (Abkürzung von engl. »character«/Zeichen) bezeichnet.

Da zu dem Zeitpunkt, an dem C entwickelt wurde, Speicherplatz noch sehr teuer war, hat man ergänzende Bezeichnungen eingeführt, die die zu verwendende Zahlen- bzw. Zeichenmenge genauer klassifizieren: **signed** (Zahl mit Vorzeichen), **unsigned** (Zahl ohne Vorzeichen), **short, long**.

Der genaue Zahlenbereich bzw. die Anzahl der für die Speicherung der jeweiligen Zahl benötigten Bytes wurde in der Norm nicht genau festgelegt; sie ist vom jeweiligen Betriebssystem abhängig. Für eine int-Zahl verwendet man z.B. bei einem 16-Bit Rechner 16 Bit (zwei Byte) und bei den derzeitigen 32-Bit Rechnern 32 Bit (vier Byte).

Es muss jedoch nach Norm stets folgende Vorgabe erfüllt sein:

char < short int <= int <= long int

Der besseren Übersicht wegen werden in der folgenden Tabelle 4.2 alle in C verfügbaren Standard-Datentypen und die derzeit jeweils zugewiesene Speicherplatzgröße (Anzahl Bytes) zusammenhängend dargestellt.

| Datentyp | Anzahl Bytes | Zahlenbereich |
|---|---|---|
| char | 1 | -128 bis +127 oder |
| | | 0 bis +255 |
| unsigned char | 1 | 0 bis +255 |
| signed char | 1 | -128 bis +127 |
| int | 2 oder | -32 768 bis +32 767 |
| | 4 | -2 147 483 648 bis +2 147 483 647 |
| unsigned int | 2 oder | 0 bis 65535 |
| | 4 | 0 bis +4 294 967 295 |
| short int | meist 2 | -32 768 bis +32 767 |
| unsigned short int | meist 2 | 0 bis 65535 |
| long int | meist 4 | -2 147 483 648 bis +2 147 483 647 |
| unsigned long int | meist 4 | 0 bis +4 294 967 295 |
| float | meist 4 | absolut $3.4*10^{-38}$ bis $3.4*10^{+38}$ |
| double | meist 8 | absolut $1.7*10^{-308}$ bis $1.7*10^{+308}$ |
| long double | meist 10 | absolut $1.1*10^{-4392}$ bis $1.1*10^{+4392}$ |

Tab. 5.1    Datentypen und ihre Zahlenbereiche

In der Voraussicht, dass Speicherplatz immer billiger wird und daher die Speicherkapazitäten immer größer werden, hat man die genaue Speicherplatzgröße für die einzelnen Datentypen in der C-Norm nicht festgeschrieben. Die Norm schreibt jedoch vor, dass alle Zahlenbereiche für Integer-Zahlen in der Datei limits.h und für Gleitkomma-Zahlen in der Datei float.h definiert werden.

# 6    Variablen und Konstanten

## 6.1 Deklaration und Initialisierung von Variablen

Wenn wir uns bei der Programmierung die Adressen der für die Speicherung der Zahlenwerte verwendeten Speicherplätze merken müssten, wäre das sehr aufwendig und fehleranfällig. Zudem ist die Verwaltung und Organisation des Speichers Sache des Betriebssystems.

In den komfortableren Programmiersprachen kann man daher die Speicherplätze über Namen ansprechen. Für diese Namen verwendet man die aus der Mathematik bekannte Bezeichnung **Variable**.

Um eine eindeutige Zuordnung zwischen Speicherplatz-Adressen und Variablen zu haben, legt sich der Compiler eine Liste an, unter welchen Adressen er die einzelnen Variablen gespeichert hat, d.h. er erspart dem Programmierer die Arbeit, diese Adressen zu verwalten.

Die Zuordnung von Speicherplatz zu einer Variablen geschieht durch Deklaration der Variablen. Diese Deklaration hat in C folgende Form:

```
Datentyp  Variablenname;
```

zum Beispiel:

```
int x;
float y;
```

Verwendet man in einem Programm mehrere Variablen mit dem gleichen Datentyp, so können die Deklarationen zu einer zusammengefasst werden. Die einzelnen Variablennamen werden dabei durch Kommata getrennt, z.B.:

```
int x,y,z;
```

Wichtiger Hinweis: die Deklaration einer Variablen führt lediglich zu einer Bereitstellung von Speicherplatz. Der Inhalt dieses Speicherplatzes ist im Allgemeinen nicht definiert. In den Speicherzellen befinden sich Bit-Kombinationen, die sich zufällig beim Einschalten eingestellt haben oder die noch von vorangegangenen Programmen herrühren.

Variablen-Deklarationen werden am Beginn eines Programms vorgenommen (eine andere Anordnung wird in einem späteren Kapitel besprochen).

```
#include <stdio.h>
void main(void)
{
  int x, y;
  float ergebnis;
  ....
}
```

Damit wird die bisher vorgestellte Programmstruktur um eine weitere Komponente erweitert: den Deklarationsteil.

Zusätzlich zur Deklaration, zur Reservierung von Speicherplatz, kann auch ein Wert in den reservierten Speicherplatz geschrieben werden; man nennt das **Initialisierung** einer Variablen. Dies geschieht durch Verwendung eines Gleichheitszeichens und einer Zahl hinter dem Variablennamen. Der Typ der Zahl muss dem angegebenen Datentyp entsprechen, z.B.:

```
int laenge = 5, breite = 10;
float radius = 2.45;
```

Zusammenfassend wird festgestellt:

Jede Variable ist durch drei Komponenten charakterisiert: den Variablennamen, die Speicheradresse, die für diese Variable reserviert ist, und den Variablenwert.

Zum Vergleich: ein Konto bei einer Bank besteht aus drei Komponenten: dem Kontoinhaber, der Kontonummer und dem Kontenstand, also dem Betrag der sich auf dem Konto befindet.

## 6.2 Lebensdauer und Sichtbarkeit von Variablen

Unter der **Lebensdauer** einer Variablen versteht man die Zeitspanne, in welcher der Variablen ein Speicherplatz zugewiesen ist. Unter der **Sichtbarkeit** einer Variablen versteht man den Bereich des Programms, in dem man auf die Variable zugreifen kann, in dem also die Variable »sichtbar« ist.

Die Lebensdauer einer **in** einer C-Funktion, z.B. in main deklarierten Variablen, beschränkt sich auf die Ausführungszeit **dieser** Funktion, d.h sie endet mit deren Ende, daher werden diese Variablen auch **lokale Variablen** genannt.

Sichtbar ist eine lokale Variable nur innerhalb der Funktion, in der sie deklariert wurde. Von Programmteilen außerhalb der Funktion – z.B. von anderen Funktionen aus – kann nicht auf diese Variable zugegriffen werden!

Wird eine Variable außerhalb einer Funktion deklariert, lebt sie so lange wie das gesamte Programm. Sie ist für alle Funktionen – inklusive main – sichtbar, die innerhalb derselben Quell-Datei definiert werden. Man bezeichnet solche Variablen als **globale Variablen**. Da sie generell sichtbar sind, können alle Funktionen auf diese Variable zugreifen, sie lesen oder verändern. Beispiel für die Deklaration einer globalen Variablen:

```
#include <stdio.h>
int x;      /* globale Variable */
void main(void)
{
 int y;      /* lokale Variable  */

 ...
}
```

So elegant es auf der einen Seite ist, dass von allen Funktionen auf die globale Variable zuge-griffen werden kann, so gefährlich ist andererseits diese Möglichkeit. Bei der Entwicklung großer Programme wird heute häufig auf Funktionen zugegriffen, die irgendwann einmal ent-wickelt wurden und sich in Entwicklungs-Bibliotheken befinden, oder wegen der in Soft-warehäusern praktizierten Teamarbeit von anderen Teams entwickelt wurden. Wenn beim Ablauf des Programms ein Fehler auftritt, ist es daher äußerst schwierig, herauszufinden, welche Funktion eine global definierte Variable eventuell in unvorhergesehener Weise ver-ändert hat. Die Verwendung globaler Variablen wird daher heute als schlechter Programmier-stil angesehen – sollte also nur noch in Ausnahmefällen erfolgen.

## 6.3 Konstanten

Konstanten treten häufig in Formeln auf. Da das Rechenwerk des Computers mit Ihnen Berechnungen durchführen muss, werden die Konstanten einem Datentyp zugeordnet. Dies geschieht automatisch, kann jedoch vom Programmierer durch Anhängen eines Buchstabens (Suffix) beeinflusst werden.

Einzelne, in Hochkommata (') eingeschlossene Buchstaben werden als Konstanten vom Typ char interpretiert: z.B.: 'j' 'J', 'n', 'N'

Ganze Zahlen können in verschiedenen Zahlensystemen angegeben werden: eine Konstante, die mit Null beginnt, wird als Oktalzahl interpretiert; wenn sie mit 0x beginnt, wird sie als Hexadezimalzahl gewertet, in allen anderen Fällen wird sie als Dezimalzahl interpretiert.

z.B.:

die Zahl 023 ist eine Oktalzahl und entspricht der Dezimalzahl 19 ( 2*8+3 )
die Zahl 0x23 ist eine Hexadezimalzahl und entspricht der Dezimalzahl 35

( 2*16+3 )

Wenn die Zahl nicht zu groß ist, wird sie automatisch dem Typ int zugeordnet. Ist die Kon-stante größer als die mit int speicherbare Zahl, wird sie in einem »höheren« Datentyp gespei-chert, entsprechend der Hierarchie:

int < long int < unsigned long int

Der Programmierer kann allerdings durch Anhängen eines Suffix einen anderen Typ vorge-ben: u,U für den Typ unsigned, l,L für long - auch Kombinationen sind möglich, z. B. ul für unsigned long.

Gleitpunkt-Konstanten sind Zahlen mit Punkt oder E bzw. e, oder beidem. Sie werden stan-dardmäßig dem Typ double zugeordnet.

Soll die Konstante als float-Wert verarbeitet werden, kann dies durch Anhängen von f,F erreicht werden. Bei long double gilt entsprechend: Anhängen von l bzw. L.

# 7    Ein-/Ausgabe-Funktionen

Da fast jedes Programm nach dem alten EVA-Prinzip aufgebaut ist (Eingabe, Verarbeitung, Ausgabe), also grob aus drei Blöcken besteht, liegt es nahe, sich zunächst einmal mit der Ein- und Ausgabe von Daten und den dazu benötigten Befehlen näher zu beschäftigen. Für die Ein- und Ausgabe werden die Funktionen scanf und printf verwendet. Die letztere haben wir bereits in einfacher Form bei dem ersten Programm verwendet.

Wie in Kapitel 2.1 dargestellt, sieht jeder Funktionskopf folgendermaßen aus:

```
Datentyp  Funktionsname (Parameterliste)
```

Bei den in den folgenden Kapiteln verwendeten Funktionen werden wir stets diesen vollständigen Funktionskopf verwenden.

## 7.1  Eingabe mit »scanf«

scanf wurde abgeleitet von scan-formatted, was formatiertes Einlesen bedeutet, und darauf schließen lässt, dass die Funktion Variablen mit vorgegebenen Datenformaten einliest. Sie ist definiert in der Datei stdio.h.

Bei der Eingabe von Daten über die Tastatur werden diese vom Betriebssystem zunächst im Tastatur-Puffer zwischengespeichert. Von dort werden sie durch Einlese-Funktionen – etwa wie scanf – eingelesen und in den Speicherplätzen, die für die angegebenen Variablen reserviert sind, abgelegt.

Der Befehl hat folgendes Format:

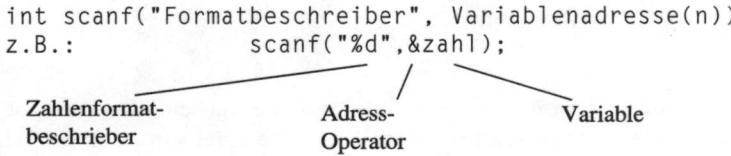

```
int scanf("Formatbeschreiber", Variablenadresse(n))
z.B.:          scanf("%d",&zahl);
```

Zahlenformat-        Adress-           Variable
beschrieber          Operator

Auffallend ist die Verwendung des kaufmännischen Und-Zeichens (&) vor der Variablen. Dieses Zeichen – der sogenannte **Adress-Operator** – bewirkt, dass die Adresse der einzulesenden Variablen an die Funktion scanf übergeben wird. Wann und warum bei manchen Funktionen die Variablenadresse übergeben werden muss, wird in einem späteren Kapitel erklärt.

**Formatbeschreiber**

Der Formatbeschreiber hat folgenden Aufbau:

% [Breite][h|l|L] Formattyp (mit h = short int, l = long oder double, L = long double)

Hinweis zur Beschreibungsform: in eckigen Klammern stehende Angaben sind immer optional, d.h. sie können nach Bedarf verwendet oder weggelassen werden. Der senkrechte Strich bedeutet *oder*, also: h oder l oder L.

**Formattypen**

| | |
|---|---|
| c | einzelnes Zeichen (character) |
| s | Zeichenkette (string) |
| d | dezimale Ganzzahl (int) |
| i | Ganzzahl (int)(oktal, dezimal oder hexadezimal) |
| u | dezimale Ganzzahl ohne Vorzeichen (unsigned int) |
| U | dezimale Ganzzahl ohne Vorzeichen (unsigned long int) |
| o | oktale Ganzzahl |
| x | Hex-Zahl 0 ... 9a ...f (unsigned int) |
| X | Hex-Zahl 0 ... 9a ...f (unsigned long int) |
| p | Zeiger(Pointer); Eingabe als Hexadezimalzahl |
| e,E,f,g,G | Gleitkommazahl |

Für die Breite kann nur eine dezimale Ganzzahl eingegeben werden. Wird eine Breite eingegeben, werden nur so viele Zeichen aus dem Tastaturpuffer entnommen, wie die Breite angibt. Das ist von Vorteil beim Einlesen von Texten (Zeichenketten), weil hier – wie wir später sehen werden – im Speicher nur eine begrenzte Anzahl von Speicherplätzen vorgegeben sind.

Werden mehrere Variablen mit einer scanf-Anweisung eingelesen, muss für jede Variable ein Formatbeschreiber verwendet werden. Beispiel:

```
scanf ("%d %f",&x,&y);
```

Die beiden Zahlen werden einzeln, jeweils mit der Return-Taste eingegeben. Man kann auch beide Zahlen – durch das Zeichen, das zwischen beiden Formatbeschreibern steht, getrennt mit der Return-Taste eingeben (bei dem Beispiel also durch ein Blank (Leerzeichen) getrennt).

**Wichtige Hinweise**:

scanf beendet automatisch das Einlesen, wenn ein Leerzeichen, Tabulator oder Zeilenwechsel (engl.: whitespace-characters) oder ein nicht der Formatbeschreibung entsprechendes Zeichen gelesen wird, oder, wenn eine Breite angegeben wird: nach Eingabe der bei *Breite* vorgegebenen Anzahl an Zeichen. Ein Zeilenwechsel-Zeichen wird erzeugt bei Betätigen der Enter-Taste!

Darüberhinaus evtl. noch eingegebene Zeichen verbleiben im Tastaturpuffer und werden von der nächsten im Programm verwendeten scanf-Anweisung eingelesen, soweit sie deren Formatbeschreiber entsprechen.

Will man diese Probleme vermeiden, muss man nach jedem Einlesen den Tastatur-Puffer löschen. Das geschieht unter anderem mit der Funktion fflush(stdin). *stdin* steht für 'Standard-Input' – hier also die Tastatur.

Besonders kritisch ist der Formattyp %c. Mit ihm wird jeweils das nächste Zeichen aus dem Puffer gelesen. Da sich nach einer vorangegangenen Eingabe einer Integer-Zahl noch das Zeilenwechsel-Zeichen , mit dem die Eingabe der Integer-Zahl abgeschlossen wurde (Enter-Taste), noch im Puffer befindet, wird es von dem nächsten scanf-Befehl eingelesen. Das Programm wartet also nicht auf eine erneute Eingabe durch den Benutzer. Um dieses fehlerhafte Verhalten des Programms zu vermeiden, bieten sich zwei Möglichkeiten:

- Löschen des Tastatur-Puffers (s.o.)

- In manchen Compiler-Handbüchern wird Folgendes vorgeschlagen: Verwendung der Format Anweisung %1s (Anweisung für eine Zeichenkette, die aus einem Zeichen besteht). Diese Anweisung überspringt whitespace-Zeichen (hier: Zeilenwechsel-Zeichen; engl.:line feed), die sich im Tastatur-Puffer befinden und wartet auf eine neue Eingabe!

**Return-Wert**

Bei der oben angegebenen Formatbeschreibung der Funktion scanf ist der Datentyp des Rückgabewerts mit int angegeben. Von der Funktion wird – als Integerwert – die Anzahl der korrekt eingelesenen Variablen zurückgeliefert. Diese Tatsache kann dazu verwendet werden, die Korrektheit von Eingaben zu überprüfen. Man schreibt dann z.B.:

```
ergebnis = scanf("%i",...);
```

Wird, wie in diesem Beispiel, die Eingabe einer int-Zahl erwartet, und hat der Benutzer nur Buchstaben eingegeben, so liefert die Funktion den Wert 0 an die Variable *ergebnis* zurück. Das kann man dazu benutzen, um eine erneute Eingabe vom Programm-Anwender zu verlangen.

Wie bei dem angegebenen Beispiel zu sehen war, kann man auf den von der Funktion zurückgegebenen Wert verzichten, indem man ihn keiner Variablen zuweist.

## 7.2  Ausgabe mit »printf«

`printf` wurde abgeleitet von print formatted, was formatiertes Ausgeben bedeutet und darauf schliessen lässt, dass die Funktion Variablen mit den vom Programmierer gewählten Datenformaten ausgibt. Sie ist definiert in der Datei `stdio.h`.

Der Befehl hat folgende Formate:

- einfache, unformatierte Ausgabe: `int printf("...Text...");`

z.B.: `printf("Guten Morgen");`

- formatierte Ausgabe:1

```
int printf("Text+Steuerzeichen+Formatbeschreiber",
           Variable(n));
       z.B.:  printf("\nErgebnis: %d", summe);
```

Steuerzeichen           Text        Format-        Variable
                                    beschreiber

oder:

```
printf("Die Summe von %d und %d \nbeträgt: %d",
a,b,summe);
```

wieso `_printf` und `_a` ?

### Steuerzeichen (Escape-Sequenzen)

Als Steuerzeichen können die in Kapitel 4.4 vorgestellten Escape-Sequenzen verwendet werden

### Aufbau des Formatbeschreibers

% [Flag(s)] [Breite] [.Genauigkeit] [Typvorsatz] Formattyp

Da die Minimalform des Formatbeschreibers nur aus % und dem Formattyp besteht – alle anderen Angaben sind optional – werden vorab die Formattypen vorgestellt.

### Formattyp

| | | | |
|---|---|---|---|
| c | einzelnes Zeichen (character) | f | Gleitkommazahl, dezimale Schreibweise |
| s | Zeichenkette | | Format: [+/-]d...d.dddddd |
| d | dezimale Ganzzahl | e | Gleitkommazahl, Exponential-Schreibweise |
| i | dezimale Ganzzahl | | Format: |
| | | | [+/-]d.dddddde[+/-]d..d |

| | | | |
|---|---|---|---|
| u | dezimale Ganzzahl ohne Vorzeichen | E | wie e, jedoch 'E' vor dem Exponenten |
| o | oktale Ganzzahl ohne Vorzeichen | g | Darstellung im e- oder f- Format; kürzeste Form der Zahl |
| x | Hex-Zahl 0 ... 9a ...f (ohne Vorzeichen) | G | wie g, jedoch mit 'E' vor dem Exponenten, p Zeiger (Pointer)-Ausgabe in hex, wenn in Exponential-Schreibweise ausgegeben wird. |
| X | Hex-Zahl 0 .. 9A ...F (ohne Vorzeichen) | | |

**Flags**

| | |
|---|---|
| - | Ausgabe erfolgt linksbündig – ist die Zahl kleiner als in Breite (s.u.) angegeben, werden Leerzeichen hinten angefügt. Wird »-« nicht angegeben, erfolgt eine rechtsbündige Ausgabe (eventuell werden Leerzeichen vorangestellt). |
| + | Ausgabe des Plus-Vorzeichens bei numerischen Variablen, d.h. bei positiven Zahlen wird ein »+« vorangestellt. |
| Leerzeichen | Sorgt dafür, dass zumindest ein Leerzeichen (vor der ersten Ziffer) ausgegeben wird. |

**Breite**

In diesem Feld kann die minimale Anzahl der auszugebenden Zeichen festgelegt werden – wobei der Dezimalpunkt auch als Zeichen zählt. Wenn die Zahl der auszugebenden Zeichen kleiner ist, als der in *Breite* angegebene Wert, werden – je nachdem ob das »-« Flag gesetzt wurde – links oder rechts Leerzeichen ausgegeben, bis der in *Breite* angegebene Wert erreicht ist. Ist der Zahl eine Null vorangestellt, werden – anstelle der Leerzeichen – der auszugebenden Zahl Nullen vorangestellt. Hat die auszugebende Zahl mehr Stellen als in *Breite* angegeben, wird diese Vorgabe ignoriert.

Beispiele:

| *Format* | *Ausgabe* (der Unterstreichungsstrich »_« steht für ein Leerzeichen) |
|---|---|
| %6i | \_\_\_345 rechtsbündige Ausgabe (vorweg drei Leerzeichen!) |
| %-6i | 345\_\_\_ |
| %+6i | \_\_+345 |
| % 3i | _345 |

**Genauigkeit**

Der Angabe der Genauigkeit, mit der die Anzahl der auszugebenden Nachkommastellen festgelegt wird, muss ein Punkt vorangestellt werden. So können die Parameter *Breite* und *Genauigkeit* voneinander unterschieden werden.

Abhängigkeit vom auszugebenden Datentyp:

| *Datentyp* | *Wirkung* |
|---|---|
| d, i, o, x, X | Der Wert für Genauigkeit gibt die Minimalzahl der Ziffern an, die ausge geben werden. |
| e, E, f | Genauigkeit ist die Anzahl der Ziffern hinter dem Dezimalpunkt, die Letzte Zahl wird gerundet. |
| g, G | Genauigkeit ist die Anzahl der signifikanten Stellen. |
| c | keine Wirkung, es wird ein Zeichen ausgegeben |
| s | Genauigkeit ist die Maximalzahl der Zeichen, die ausgegeben werden. |

Beispiele:

| *Format* | *Ausgabe*  (der Unterstreichungsstrich »_« steht für ein Leerzeichen. Die auszugebende Variable habe den Wert 3.456 ) |
|---|---|
| %4.1f | _3.4 rechtsbündige Ausgabe (vorweg ein Leerzeichen)! |

**Typvorsätze**

Vor dem Formattyp können verschiedene Typvorsätze stehen, die Angaben über die Größe des Parameters machen:

| *Vorsatz* | *Wirkung* |
|---|---|
| h | *bei Formattyp d, i, o, x, X* ist der Parameter vom Typ *short int,* *bei Formattyp u* wird er als *unsigned short int* interpretiert |
| l | *bei Formattyp d, i, o, x, X* wird der Parameter als *long int,* *bei Formattyp u* als *unsigned long int* interpretiert. *bei Formattyp e, E, f, g, G* wird die Variable als *double* an Stelle von float interpretiert. |
| L | *bei Formattyp e, E, f g, G* wird die Variable als *long double i*nterpretiert. |

**Return-Wert**

Da die Funktion `printf` eine int-Funktion ist, liefert sie einen Rückgabewert (Return-Wert) an das aufrufende Programm – also unser Hauptprogramm – zurück, und zwar die Anzahl der ausgegebenen Zeichen (Bytes), im Fehlerfall EOF.

**Ergänzende Hinweise**

Will man das **%-Zeichen** auf dem Bildschirm ausgeben, führt das in Verbindung mit der Ausgabe von Variablen häufig zu fehlerhaften Ausgaben. Das lässt sich vermeiden, indem man im Textstring %% verwendet, z.B.:

```
printf("Der Rabatt beträgt %i%%",x);
```

Hat man einen sehr langen printf-Befehl vorliegen, so dass die Zeile nicht ausreicht, kann man ihn in der nächsten Zeile fortsetzen. Dazu verwendet man als Verbindungszeichen den Backslash (» \«), z.B.:

```
printf(" Das ist ein viel zu langer Text, daher \
soll er in den nächsten Zeilen fortgesetzt \
werden");
```

oder man zerlegt die in Anführungszeichen stehende Zeichenkette in zwei Zeichenketten:

```
printf(" Das ist ein viel zu langer Text, daher "
"soll er in der nächsten Zeile fortgesetzt werden");
```

# 7.3 Übung II:  scanf / printf

**In dieser Übung soll die Verwendung der Funktionen** scanf() **und** printf() **geübt werden.**

1. Aufgabe: Die folgenden Variablen mit den in den Klammern angegebenen Datentypen sollen eingelesen werden. Schreiben Sie die entsprechenden Befehle:

a (int)                                        a (int) , b (float), c (double)

_____

2. Aufgabe: Schreiben Sie die Befehle für die folgenden Bildschirm-Ausgaben:

Die Namen der zu verwendenden wählenden Variablen und ihre Datentypen sind in Klammern angegeben. Eine 9 steht stellvertretend für eine beliebige Ziffer.

Ergebnis: 9..9                           (long int y)

_____

Temperatur: 9..9.9..9 Grad               (float T)

_____

Seite a: 9..9 Seite b: 9..9              (int a,b)

_____

Mittelwert: 99.9                              (float m)

---

Die Wurzel aus: 9..9.9..9                     (double radikand, wurzel)

beträgt: 99.999

---

Die Summe von 9..9.9..9 und 9..9.9..9         (float a, b, summe)

beträgt: 999.99

---

3. Aufgabe: Schreiben Sie die erforderliche Befehlssequenz für die Ausgabe des Aufforde-
            rungstextes und die Eingabe der Variablenwerte!

Geben Sie zwei Zahlen ein:                    (long int a, b)

---

Geben Sie die drei Seitenlängen ein:          (float a, b, c)

---

Geben Sie den Bereich ein:                    (int min, max)

Minimum:

Maximum:

# 8 Arithmetische Ausdrücke

Neben Ein- und Ausgaben enthält fast jedes Programm einen Verarbeitungsteil, in dem die eingegebenen Daten mit Hilfe von Rechenvorschriften (Formeln) miteinander verknüpft werden. Diese Formeln werden in der Datenverarbeitung als **Arithmetische Ausdrücke** bezeichnet.

Im Folgenden werden einige Verknüpfungsarten (Operationen), die in C möglich sind, und die Verknüpfungszeichen (Operatoren), die für die ersten Rechenprogramme gebraucht werden, vorgestellt. In C gibt es eine größere Zahl von Operatoren. Die weiteren werden jeweils dort vorgestellt, wo sie zur Problemlösung gebraucht werden.

## 8.1 Der Zuweisungsoperator

Der Zuweisungsoperator ist das Gleichheitszeichen »=«. Mit diesem wird einer Variablen eine Zahl zugewiesen. Bezogen auf den Computer heißt das: die Zahl wird in den zur Variable gehörenden Speicherplatz geschrieben. Diese Zahl kann eine Konstante sein oder der Inhalt einer zweiten Variablen.

Eine einfache Zuweisung sieht folgendermaßen aus: z.B:

```
zahl  = 5;    oder:
```

```
zahl1 = zahl2;
```

Im ersten Beispiel wird also in den Speicherplatz der Variablen *zahl* eine 5 geschrieben; im zweiten Beispiel wird der Inhalt des Speicherplatzes von *zahl2* in den Speicherplatz von *zahl1* **kopiert**; die gleiche Zahl steht also nach dieser Operation in *zahl1* **und** *zahl2*.

Daraus ergibt sich: links vom Zuweisungsoperator darf also nie eine Konstante stehen, da Konstanten kein Speicherplatz zugewiesen wird, in den das Ergebnis der rechten Seite geschrieben werden könnte!

Auch Mehrfach-Zuweisungen sind möglich, z.B.:

```
zahl1 = zahl2 = 5;
```

Sie werden vom Computer von rechts nach links abgearbeitet, d.h. nach Abarbeitung dieser Befehlszeile haben beide Variablen den Wert 5.

Hinweis: Die Leerzeichen zwischen den Operanden und Operationszeichen können entfallen; der Compiler versteht auch die »kompakte« Schreibweise: `zahl=5;` bzw. `zahl1=zahl2;` Die durch Leerzeichen (Blanks) aufgelockerte Schreibweise erhöht aber die Lesbarkeit des Programms!

Das folgende Programm-Beispiel zeigt Anwendungen des Zuweisungsoperators:

```
/****************************************/
/* Der Zuweisungsoperator               */
/* Programm-Name: prog6_1.c             */
/****************************************/

#include <stdio.h>
void main(void)
{
 int zahl1 = 9,zahl2 = 15;

 printf("Zahl1: %i",zahl1);
 zahl1 = 12;
 printf("\nZahl1(neu): %i ",zahl1);
 zahl1 = zahl2 = 10;
 printf("\nZahl1: %i   Zahl2: %i",zahl1,zahl2);
}
```

**Ausgabe:**

```
Zahl1: 9
Zahl1(neu): 12
Zahl1: 10   Zahl2: 10
```

## 8.2  Arithmetische Operatoren

Folgende arithmetische Operatoren stehen zur Verfügung:

+ - * / %

Die ersten vier Operatoren sind aus der Mathematik vertraut; lediglich das Divisions-Zeichen ist vielleicht ungewohnt. Das »%«-Zeichen hat hier nichts mit der Prozentrechnung zu tun; es ist der **modulo**-Operator.

Die modulo-Operation führt eine Ganzzahl-Division durch und liefert nicht das Ergebnis der Division, sondern den verbleibenden Rest, z.B.:

14 % 4 = 2 (denn 14 : 4 = 3, Rest 2)

Wichtig für die Schreibweise von arithmetischen Ausdrücken – also Formeln – ist die Prioritäten-Regelung. Es gilt: *, /, % haben Vorrang vor +, - (wie in der Mathematik: Punkt- hat Vorrang vor Strichrechnung!); bei gleichrangigen Operatoren erfolgt die Auswertung von links nach rechts.

Erfordert die Formel ein Abweichen von dieser Vorrangregel, muss man Klammern setzen. Sie haben die höchste Priorität. (Die detaillierte Beschreibung der Prioritäten aller in C vorkommenden Operatoren findet man in Anhang A2).

Das folgende Programm zeigt die Anwendung von arithmetischen Operatoren:

```
/******************************************/
/* Arithmetische Operatoren               */
/* Programm-Name: prog6_2.c               */
/******************************************/
#include <stdio.h>
void main(void)
{
 int zahl1 = 9,zahl2 = 15,summe,ergebnis;
 summe = zahl1 + zahl2;
 ergebnis = zahl2 % 6;
 printf("Die Summe von %i und %i beträgt: %i",
        zahl1,zahl2,summe);
 printf("\nErgebnis: %i",ergebnis);
}
```

**Ausgabe:**

```
Die Summe von 9 und 15 beträgt: 24
Ergebnis: 3
```

**Wichtiger Hinweis:**

Die Division von Integer-Zahlen erfolgt als Division ohne Rest, das Ergebnis besteht also nur aus dem ganzzahligen Teil, z. B.:

```
13 / 3 = 4   oder 1 / 2 = 0 !
```

# 8.3 Shift-Operatoren

Für Integer-Multiplikationen und -Divisionen mit bzw. durch (2,4,8,...) also Potenzen von 2, die vorwiegend bei technischen Anwendungen (Hardware-Ansteuerungen) und Treiberprogrammen verwendet werden, kann man den Shift-Operator << für die Multiplikation bzw. >> für die Division verwenden, z.B:

x = x << 1; entspricht x = x * 2;

x = x << 3; entspricht x = x * 8;

analog:

x = x >> 1; entspricht x = x / 2;

x = x >> 3; entspricht x = x / 8;

Die Zahl hinter dem Shift-Operator gibt den Exponent der Zweierpotenz an, mit der multipliziert bzw. durch die dividiert wird.

Diese Operation ist wesentlich schneller als die normale Integer-Multiplikation bzw. -Division, da beim »<<«-Operator alle Bits der Dualzahl um die hinter dem Operator angegebene

Zahl nach links geschoben und in die frei werdenden Bitstellen Nullen nachgeschoben werden (man beachte: im Dualsystem entspricht einem Linksschieben aller Stellen der Zahl einer Multiplikation mit 2). Beispiel:

sei x = 0...0011 ( 3 dezimal)

nach x << 1 ergibt sich

x = 0...0110 (6 dezimal)

Beim »>>«-Operator werden entsprechend alle Bits der Dualzahl um die hinter dem Operator angegebene Zahl nach rechts geschoben und in die frei werdenden Bitstellen Nullen nachgeschoben. Die am rechten Rand der Zahl herausgeschobenen Bits gehen verloren, was nicht kritisch ist, da es bei Integer-Zahlen keine Nachkommastellen gibt. (man beachte: im Dualsystem entspricht einem Rechs-Schieben aller Stellen der Zahl eine Integer-Division durch 2). Beispiel:

sei x = 0...111 ( 7 dezimal)

nach x >> 1 ergibt sich

x = 0...011 (3 dezimal)

## 8.4  Datentyp-Umwandlung

In einem arithmetischen Ausdruck werden verschiedene Variablen und Konstanten miteinander verknüpft und das Ergebnis der Verknüpfungen mit Hilfe des Zuweisungs-Operators »=« einer Variablen links vom Operator zugewiesen. Bei vielen Hochsprachen kann man nur Variablen miteinander verknüpfen, die den gleichen Datentyp haben. In C ist Letzteres nicht erforderlich; wenn verschiedene Datentypen vorkommen, findet eine automatische Datentyp-Umwandlung statt (implizite Umwandlung). Der Programmierer kann aber auch eine Typumwandlung durch eine explizite Anweisung ausführen lassen (explizite Umwandlung).

## 8.5  Implizite Typumwandlung

Die Umwandlung erfolgt innerhalb des arithmetischen Ausdrucks – also rechts vom Zuweisungsoperator (Gleichheitszeichen) – wie folgt:

Bei den einzelnen arithmetischen Operationen wird jeweils in den »höheren« Datentyp der beiden beteiligten Operanden-Datentypen gewandelt. Dabei gilt folgende Rangordnung:

char, short < int < unsigned int < long int < unsigned long < float < double < long double

char und short werden vorab in int gewandelt. (Die Einordnung der unsigned-Typen ist vom Compiler abhängig).

Die Umwandlung findet nur im Rahmen der Operation statt, das heißt, sie hat keine Rückwirkung auf den Speicher - die in dem Speicher befindliche Variable wird also nicht verändert!

Das Ergebnis der jeweiligen Operation befindet sich anschließend auch in dem »höheren« Datentyp;

z.B. bei:

```
int a;
float b;
ergebnis = a * b;
```

wird der Wert, der in dem Speicherplatz der Variable a steht, ins Rechenwerk des Computers gebracht und vor der Multiplikation in den Typ float gewandelt; steht das Ergebnis der Multiplikation im float-Format zur Verfügung.

Diese impliziten Typumwandlungen führen im Endeffekt dazu, dass das Ergebnis eines gemischten Ausdrucks in den höchsten Datentyp gewandelt wird, der im Ausdruck rechts vom Gleichheitszeichen vorkommt!

Bei einer Zuweisung wird der Typ rechts des Gleichheitszeichens in den Typ links vom Gleichheitszeichen umgewandelt.

Wird ein float- oder double-Ergebnis einer int-Variablen zugewiesen, werden die Nachkomma-Stellen abgeschnitten. Wird ein int-Ergebnis einer float-Variablen zugewiesen, werden das Komma und die Nachkomma-Nullen an die int-Zahl angehängt. Bei Zuweisung eines double-Ergebnisses an eine float-Variable gehen Nachkommastellen verloren!

Da bei diesen Umwandlungen Ungenauigkeiten bzw. gelegentlich unerwünschte Effekte auftreten können, sollte dafür gesorgt werden, dass der Datentyp der Ergebnis-Variablen mit dem resultierenden Datentyp des arithmetischen Ausdrucks übereinstimmt!

## 8.5.1 Explizite Typumwandlung (Cast)

Die implizite Typumwandlung verleitet den Programmierer dazu, etwas sorglos mit Formeln umzugehen. Das kann zu unangenehmen Fehlern führen, wie die folgenden Beispiele zeigen.

Zum Glück weisen manche Compiler mit Warnungen auf implizite Typumwandlungen hin!

Beispiele:

1. Sei definiert:

   `float x; int a = 5;` dann liefert der Ausdruck:

   `x = 3/4*a;` das Ergebnis: `x = 0.0`

   Da 3 und 4 als int-Konstanten interpretiert werden, ergibt die int-Division Null und die anschließende Multiplikation auch Null. Die anschließende Umwandlung in eine float-Variable führt zum Anhängen von Nachkomma-Null(en). Nach – mathematisch erlaubtem – Vertauschen der Faktoren sieht die obige Formel folgendermaßen aus:

`x = a * 3/4;` als Ergebnis erhält man hier:`x = 3.0`

( 5*3/4 gleich 15/4 liefert bei int-Division 3; umgewandelt in float: 3.0).

Wie man sieht, können bei der impliziten Umwandlung sehr fehlerhafte Ergebnisse auftreten. Eine einfache Abhilfe besteht darin, zumindest eine der Konstanten als Gleitkommakonstante zu schreiben. Die Division double durch int wird dann als double-Division durchgeführt, also:

`x =3./4*a`liefert dann: `x = 2.25`

Die elegantere, bei Variablen einzige Möglichkeit, besteht in der Verwendung des **Umwandlungs (Cast)-Operators**:

`(Typ) Variable oder Ausdruck`

z.B. sei definiert:

`float x;` dann liefert der Ausdruck:

`x = (float) 3/4;`das Ergebnis `x = 0.75`

Der Cast-Operator (float) bezieht sich nur auf den nachfolgenden Operanden – also auf die Zahl 3. Würde man schreiben `(float) (3/4)`, käme wieder 0.0 als Ergebnis heraus, da zuerst die int-Division 3/4 durchgeführt würde!

2.  Sei definiert:

    `float z;` dann liefert die Zeile:

    `z = (int) (4.7/3.5)` das Ergebnis:  `z = 1.0`

3.  Sei definiert:

    `int x = 2, y = 4; float z;`    dann liefert der Ausdruck:

    `z = x/y + 2;`

    das falsche Ergebnis: `z = 2`, da x/y, also 2/4 = 0 (int-Division). Um das korrekte Ergebnis zu bekommen, muss man schreiben:

    `z = (float) x/y + 2;`

Nach diesen etwas theoretischen Erklärungen sollen Übungsaufgaben zur Anwendung der neuen Informationen folgen: die Umsetzung mathematischer Formeln in Arithmetische Ausdrücke in der C-Schreibweise und weitere einfache Programme mit der Grundstruktur-Sequenz.

## 8.6  Übung III: Arithmetische Ausdrücke und Sequenzen

**Arithmetische Ausdrücke**

Beachten Sie: Es gilt – wie in der Mathematik – Punktrechnung hat Vorrang vor Strichrechnung, wobei Klammern höchste Priorität haben!

1. Aufgabe: Schreiben Sie die folgenden arithmetischen Ausdrücke in C-Form:

(Wandeln Sie Potenzen in Produkte um!)

a.
$$x = \frac{s}{uvw}$$

b.
$$x = \frac{rs}{s+3}$$

c.
$$y = x^2 + 4x + 5$$

d.
$$j = \frac{k + \dfrac{2n-1}{3m+2}}{m - \dfrac{2k+3}{n-4}}$$

e.
$$z = \frac{1}{2}(ax + y)^2$$

f.
$$g = \frac{a\,b\,c}{d\,e\,f}$$

**Sequenzen**

2. Aufgabe: Schreiben Sie ein Programm, das die Fläche und den Umfang eines Kreises berechnet. (Es gilt: Fläche A = $\pi r^2$ = 3,14* $r^2$ ; Umfang U = $2\pi r$ = 2*3,14*r)

   Eingabe: r , Ausgabe: Umfang und Fläche

3. Aufgabe: Schreiben Sie ein Programm, das einen Netto-Rechnungsbetrag einliest und den Netto-Rechnungsbetrag, den Mehrwertsteueranteil und den Brutto-Rechnungsbetrag ausgibt (Zahlenwerte jeweils mit zwei Nachkommastellen).

## 8.7 Symbolische Konstanten und Makros

Bei der Aufgabe mit der Kreisberechnung musste man mit der Zahl $\pi$ arbeiten.

Häufig verwendete Konstanten – wie die Zahl $\pi$ – jedesmal in eine Formel einzugeben, ist sehr lästig, vor allem, wenn akribisch mit vielen Nachkommastellen gearbeitet wird.

Zur Vereinfachung kann man in C einer Konstanten einen symbolischen Namen geben, der dann ihren Wert repräsentiert. Diese »symbolischen« Konstanten werden im Vorspann des Programms mit einer **#define**-Anweisung vereinbart:

```
#define PI 3.14159
#define MWST 16
```

auch Text-Konstanten können ersetzt werden:

```
#define GRUSS "Guten Morgen!"
```

Man beachte, dass hier weder ein Gleichheitszeichen zwischen dem Konstanten-Namen und der Konstante auftritt, noch ein abschließendes Semikolon. Der zu ersetzende Text muss stets in Anführungszeichen gesetzt werden. Zwischen den einzelnen Komponenten der define-Anweisung muss sich mindestens eine Leerstelle befinden.

Wichtig auch: der Wert der Konstanten kann während des Programmablaufs nicht mehr geändert werden!

Der Präprozessor durchsucht das gesamte Programm und ersetzt z.B. alle vorkommenden PI durch die Zahl 3.14159. Nicht ersetzt wird in zusammenhängenden Texten (Zeichenketten), z.B. in einer `printf`-Anweisung oder wenn die symbolische Konstante Teil eines Wortes ist z.B. das PI in PILS!

Beispiel: das kurze Programm zur Kreis-Umfangsberechnung

```
#include <stdio.h>
#define PI 3.14159
void main(void)
{
 float r,u;
 u = 2*PI*r;
}
```

sieht nach Ablauf des Präprozessors folgendermaßen aus:

```
#include <stdio.h>
#define PI 3.14159
void main(void)
{
 float r,u;
 u = 2*3.14159*r;
}
```

Die Möglichkeit, symbolische Konstanten zu definieren, macht ein Programm wartungs-freundlich – in zweierlei Hinsicht:

1. Die verwendeten, normalerweise »anonymen« Konstanten haben nun einen Namen, der auf ihre Bedeutung schließen lässt.

2. Zahlenwerte, wie z.B. die Mehrwertsteuer, die Quasi-Konstanten sind und sich nur selten ändern, brauchen – bei einer gelegentlichen Änderung – nur einmal im Vorspann des Pro-gramms aktualisiert zu werden. Nach einem erneuten Compiler-Lauf sind alle arithmeti-schen Audrücke, die die Konstante enthalten, aktualisiert. Ohne diese symbolische Kon-stante müsste das ganze Programm vom Programmierer durchsucht und müssten die auftretenden Konstanten jeweils einzeln korrigiert werden.

Für die Namen von Konstanten gelten die gleichen Regeln wie für Variablen. Es gibt jedoch die nützliche Empfehlung, alle selbst definierten Konstanten mit Großbuchstaben zu schreiben.

Die Typzuordnung bei Konstanten erfolgt automatisch. Wünscht man jedoch eine bestimmte Typzuordnung, kann man sie durch ein entsprechendes Suffix (einen angehängten Buchsta-ben) erzwingen (l,L = long int bzw. long double, f, F = float; u, U = unsigned int, ul = unsi-gned long int).

Es folgen einige Beispiele mit der Angabe des automatisch gewählten bzw. durch Suffix erzwungenen Typs:

```
#define PROZENT '%'              char
#define LAENGE 4                 int
#define MAXIMUM 12u              unsigned int
#define PI 3.141592             double
#define OBERFLAECHE 3340567565   unsigned int
```

Allgemein werden Anweisungen, die define verwenden, als **Makro** bezeichnet. Die symbo-lische Konstante ist der Spezialfall eines Makros ohne Parameter. Die allgemeine Form sieht folgendermaßen aus:

```
#define Bezeichner(Parameter 1,...,Parameter n) Ersatztext
```

d.h. es können Parameter an das Makro übergeben werden.

Beispiel:

```
#define QUADRAT(x) (x)*(x)    (x ist Dummy-Parameter oder Platzhalter!)
```

Beim Aufruf wird der Dummy-Parameter x durch den aktuellen Parameter ersetzt, z.B.:

```
y = QUADRAT(z);
```
wird zu `y = (z)*(z)` oder:

```
y = QUADRAT(a+1);
```
wird zu `y = (a+1)*(a+1)`

Das Verwenden von Klammern in dem zu ersetzenden Text ist nicht zwingend vorgeschrie-ben, ist jedoch hier erforderlich, was man anhand des zweiten Aufruf-Beispiels erkennen kann. Würde oben definiert:

QUADRAT(x)  x*x würde beim Aufruf

y = QUADRAT(a+1) vom Präprozessor folgende Ersetzung vorgenommen:

y = a+1*a+1 das ergäbe wegen des Vorrangs der Multiplikation das falsche Ergebnis 2a+1!

Man kann auch Befehle in ein Makro packen, z.B.:

```
#define PROG printf("Eingabe\n"); scanf("%d",&x); \
            printf("\nErgebnis: %d",x)
```

**Hinweis:** besteht die Definition aus mehreren Zeilen, müssen die Zeilen durch »\« – am Zeilenende – verknüpft werden).

Da man üblicherweise Makro-Aufrufe im Programmtext – wie andere C-Befehle auch – mit einem Semikolon abschliesst, verwendet man bei der Makro-Definition am Ende kein Semikolon. Im Programm schreibt man dann an der Stelle, an der die Befehlsfolge eingesetzt werden soll, kurz:

```
PROG;
```

Wenn bei der Definition hinter dem zweiten printf(...) ein Semikolon gesetzt wird, würden nach dem Ersetzen durch den Präprozessor zwei Semikoli hinter diesem Befehl stehen!

In Kapitel 7 wurde daraufhingewiesen, dass man in vielen Fällen den Tastaturpuffer löschen muss. Um hier den Schreibaufwand zu reduzieren, definiert man ein Makro TPL ( = Tastatur-Puffer löschen)

```
#define TPL fflush(stdin)
```

Im Programm schreibt man an der Stelle, an der Tastaturpuffer gelöscht werden soll, kurz:

```
TPL;
```

**Hinweis:** Ein mit #define definiertes Makro gilt von der Stelle an, an der es definiert wurde, bis zum Dateiende. Möchte man seine Gültigkeit nur auf einen Bereich des Programms begrenzen, kann man es mit:

```
#undef Bezeichner
```

wieder aufheben.

Damit bei größeren Projekten, die aus vielen Programm-Modulen bestehen, bestimmte Makros bzw. Befehlsgruppen nicht wiederholt definiert werden, kann die Einbindung bestimmter Befehlszeilen an das Erfülltsein von Bedingungen geknüpft werden. Zur Verfügung stehende Bedingungsoperatoren: #if, #else, #elif (für else if), #ifdef, #ifndef.

z.B.:

```
#ifndef TPL
#define TPL fflush(stdin)
#endif
```

Auch folgende Konstrukte sind möglich:

```
#ifndef ZINS
#define ZINS
  #include "zinsberechnung.c"
#endif
```

Bei diesen *bedingten* Befehlen wird erst beim Compilerlauf über das Einsetzen von Programmzeilen entschieden. Daher wird diese Vorgehensweise auch als *bedingte Compilierung* bezeichnet.

Im folgenden Kapitel wollen wir uns einer weiteren Grundstruktur der Programmierung zuwenden, der Alternative – auch Verzweigung genannt.

# 9 Die Verzweigung

In diesem Kapitel wollen wir uns einer weiteren Grundstruktur der Programmierung zuwenden, der Verzweigung – auch Alternative genannt.

## 9.1 Die einfache Verzweigung (if - else - Struktur)

Die einfache Verzweigung enthält eine Bedingung, die erfüllt oder nicht erfüllt sein kann. Entsprechend gibt es zwei alternative Wege, die das Programm durchlaufen kann (Abb.9.1).

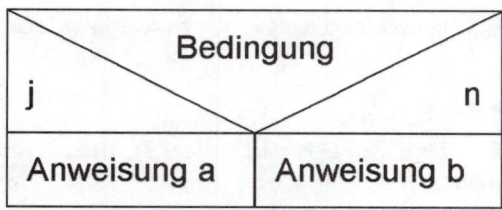

Abb. 9.1  Einfache Verzweigung

Die Syntax der einfachen Verzweigung sieht folgendermaßen aus:

**if  (Bedingung bzw. logischer Ausdruck)**

> **Anweisung1;**

**else**          **Anweisung2;**

Die Bedingung wird überprüft bzw. der logische Ausdruck errechnet. Ist die Bedingung erfüllt, wird Anweisung 1 ausgeführt – also der if-Zweig, ist sie nicht erfüllt, wird Anweisung 2 ausgeführt – also der else-Zweig.

z. B.:
```
if (a > b)
    maximum = a;
else
    maximum = b;
```

Wenn die Zweige aus mehreren Anweisungen bestehen, müssen sie in geschweifte Klammern gesetzt werden! Man bezeichnet eine solche Anordnung in C als **Block**:

**if** (Bedingung, logischer Ausdruck)

{

Anweisungsteil (Block) 1

}

**else**

{

Anweisungsteil (Block) 2

}

Ist die Bedingung erfüllt, wird Block 1 ausgeführt, im anderen Fall Block 2.

Vom Compiler her ist es nicht vorgeschrieben, die Befehle des if- bzw. else-Blockes einzurücken. Doch gilt das heute als selbstverständliche Stilforderung, da es die Programme übersichtlicher, also besser lesbar macht!

Aus diesem Grund ist es auch zu empfehlen, Einzelanweisungen als Block zu schreiben, also in geschweifte Klammern zu setzen.

Ist der else-Zweig leer, kann er weggelassen werden.

Manchmal ist der Algorithmus so formuliert, dass der if-Zweig leer ist (Abb.9.2), also nur im else-Zweig Operationen ausgeführt werden sollen, z. B.:

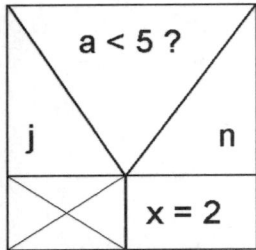

Abb. 9.2   Alternative mit leerem if-Zweig

Entweder schreibt man dann den if-Zweig als leeren Block:

```
if (a < 5)
{
}
else
   x = 2;
```

oder man bildet die Negation der Bedingung. Darauf wird im Folgenden Abschnitt eingegangen.

Um einzelne Bedingungen oder logische Ausdrücke zu formulieren, benötigt man zwei weitere Gruppen von Operatoren: die Vergleichsoperatoren und die logischen Operatoren.

## 9.1.1 Vergleichs-Operatoren

Als Vergleichsoperatoren können in C verwendet werden:

| | |
|---|---|
| Abfrage, ob gleich: | == |
| Abfrage, ob nicht gleich: | != |
| Abfrage, ob kleiner: | < |
| Abfrage, ob größer: | > |
| Abfrage, ob kleiner oder gleich: | <= |
| Abfrage, ob größer oder gleich: | >= |

Wie oben dargestellt wurde, kann es für die Programmierung sinnvoll sein, eine zunächst gewählte Bedingung durch ihre Negation zu ersetzen. Anhand des Struktogramms des im letzten Abschnitt verwendeten Beispiels lässt sich das leicht zeigen: Will man die Operationen im *ja*- und *nein*-Zweig gegeneinander austauschen, muss man zusätzlich die Bedingung negieren.

Ursprüngliches Struktogramm – entsprechend der Aufgabenstellung (Abb.9.3):

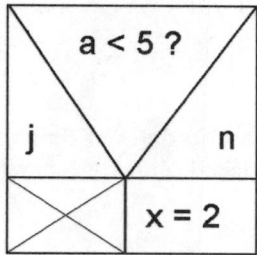

Abb. 9.3    Alternative mit leerem ja-Zweig

Daraus ergibt sich das geänderte Struktogramm (Abb.9.4).

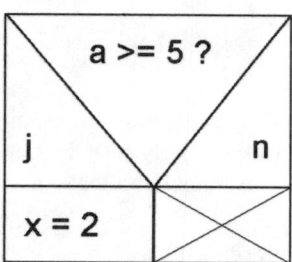

Abb. 9.4    Abb. 9.4 Vertauschen von ja- und nein-Zweig

Aus der Bedingung »a < 5 ?« ist die Bedingung »a >= 5 ?« geworden.

Nach dieser Änderung lautet der zugehörige Programmabschnitt:

```
if (a >= 5)
    x = 2;
```

Der else-Zweig entfällt also in diesem Fall – das Programm wird kompakter.

Vorsicht: Dieses Negieren der Bedingung wird häufig in der Form falsch gemacht, dass das Gleichheitszeichen vergessen wird! Um es etwas zu üben:

aus:                   wird im negierten Fall:

```
a < b          a >= b
a > b          a <= b
a == b         a != b
a <= b         a >  b
a >= b         a <  b
```

## 9.1.2  Logische Operatoren

Die zweite Operatoren-Gruppe für die Formulierung von Bedingungen, die Gruppe der logischen Operatoren, zerfällt ihrerseits wieder in zwei Gruppen:

*a) Die logische Verknüpfung von Operanden*

| | |
|---|---|
| UND-Verknüpfung: | && |
| ODER-Verknüpfung: | \|\| |
| Negation: | ! (Ausrufungszeichen) |

Hier wird der Wahrheitswert der einzelnen miteinander verknüpften Ausdrücke (Terme) gebildet und entsprechend der im Folgenden dargestellten Wahrheitstabellen für UND bzw. ODER ein Wahrheitswert des Gesamtausdrucks gebildet.

UND-Verknüpfungstabelle (f = falsch, w = wahr)

| a | b | a && b |
|---|---|---|
| f | f | f |
| f | w | f |
| w | f | f |
| w | w | w |

Die UND-Verknüpfung zweier Ausdrücke ist also nur dann wahr, wenn beide Ausdrücke mit wahr bewertet werden. Die Aussage »Eine Zahl ist größer als 0 **und** kleiner als 100« ist also nur dann wahr, wenn die gegebene Zahl im Bereich von 0 bis 100 (einschließlich) liegt – also die Aussage »größer 0« *und* die Aussage »kleiner 100« wahr ist.

ODER-Verknüpfungstabelle

| a | b | a \|\| b |
|---|---|---|
| f | f | f |
| f | w | w |
| w | f | w |
| w | w | w |

Bei der ODER-Verknüpfung ist die Gesamtaussage bereits wahr, wenn ein Teilausdruck mit wahr bewertet wird!

Bei der Negation wird der Wahrheitswert invertiert: Aus wahr wird falsch und aus falsch wird wahr.

Damit lässt sich z. B. das Problem der Negation der Bedingung beim letzten Struktogramm des vorangegangenen Unterkapitels auch in der Form lösen, dass man – unter Verwendung zusätzlicher Klammern – schreibt:

```
if (!(a < 5))
   x = 2;
```

(lies: wenn gilt: a ist *nicht* kleiner 5)

**Wichtig:** Eine *wahre Aussage* wird in C intern mit **1** bewertet, eine *falsche Aussage* mit **0** (*Null*). Daher kann der logische Ausdruck – hinter dem if – auch aus einer Variablen, einem arithmetischen Ausdruck oder einer Funktion bestehen. In diesem Fall gilt: Ist der Zahlenwert der Variablen, das Ergebnis des arithmetischen Ausdrucks oder der Rückgabe-Wert der Funktion **Null**, wird der Ausdruck als **falsch** bewertet, ist er **verschieden von 0**, wird der Ausdruck als **wahr** bewertet!

Beispiel:

```
int i = 3;
int ergebnis1, ergebnis2;
```

ergebnis1 = i && 2;        ⇒        *ergebnis1* wird 1 (da 3 als wahr und 2 als wahr interpretiert wird, ist das Ergebnis wahr, also 1)

ergebnis2 = (i - 3) && 3; ⇒        *ergebnis2* wird 0 (da 0 als falsch interpretiert wird, wird das Gesamtergebnis falsch, also 0)

Die Bedingungsabfrage if(i) ist erfüllt, wenn i ungleich Null ist; ist i gleich Null, ist die Bedingung nicht erfüllt!

Bei UND-und ODER-Verknüpfungen erfolgt frühestmöglicher Abbruch – d. h., bei UND beim ersten mit »falsch« bewerteten Operanden; bei ODER beim ersten mit »wahr« bewerteten Operanden.

Das ergibt eine sinnvolle Programm-Beschleunigung. Da bei einer UND-Verknüpfung mehrerer Teilaussagen eine einzige falsche Teilaussage als Ergebnis der Gesamtaussage falsch liefert und andererseits bei einer ODER-Verknüpfung eine einzige wahre Teilaussage eine wahre Gesamtaussage ergibt, wäre es nicht sinnvoll, alle weiteren Aussagen auf ihren Wahrheitswert hin zu überprüfen.

Hinweis auf eine häufige Fehlerquelle:

```
if (x = 2)
```

ist immer wahr, da das Ergebnis 2, also verschieden von Null ist!

Die korrekte Abfrage lautet: if (x==2)

*b) Die bitweise Verknüpfung von Operanden*

Diese Verknüpfung von Operanden wird vorwiegend bei technischen Anwendungen (Hardware-Ansteuerungen) und Treiberprogrammen eingesetzt. Bei diesen Anwendungen interessiert man sich für den Zustand (0 bzw. 1) einzelner Bits bzw. Bitgruppen oder möchte einzelne Bits manipulieren – also definiert auf 0 oder 1 setzen. Folgende Verknüpfungen stehen zur Verfügung:

|  |  |
|---|---|
| UND-Verknüpfung: | & |
| ODER-Verknüpfung: | \| |
| Exklusiv-ODER Verknüpfung: | ^ |
| Komplement-Bildung: | ~ (Komplement) |

Bei den ersten drei Verknüpfungen wird **jedes Bit** des einen Operanden mit dem **entsprechenden Bit** des zweiten Operanden verknüpft – entsprechend den folgenden Verknüpfungstabellen.

UND-Verknüpfung

| a | B | a & b |
|---|---|-------|
| 0 | 0 | 0 |
| 0 | 1 | 0 |
| 1 | 0 | 0 |
| 1 | 1 | 1 |

Sei z.B.: `i = 7;`

dann liefert die Befehlszeile:

```
        ergebnis = i & 4;   ⇒  ergebnis = 4
```

Herleitung:

```
        0...0111b   = 7d
   &    0...0100b   = 4d
        0...0100b   = 4d
```

ODER – Verknüpfung

| a | B | a \| b |
|---|---|-------|
| 0 | 0 | 0 |
| 0 | 1 | 1 |
| 1 | 0 | 1 |
| 1 | 1 | 1 |

Sei z. B.: i = 7;

dann liefert die Befehlszeile:

```
ergebnis = i | 4     ⇒  ergebnis = 7
```

Herleitung:

```
      0...0111b = 7d
 |    0...0100b = 4d
      0...0111b = 7d
```

**EXKLUSIV-ODER – Verknüpfung**

| a | b | a ^ b |
|---|---|---|
| 0 | 0 | 0 |
| 0 | 1 | 1 |
| 1 | 0 | 1 |
| 1 | 1 | 0 |

(die Exklusiv-Oder-Verknüpfung entspricht im Deutschen der Aussage: »entweder ... oder«)

Sei z. B.: i = 7;

dann liefert die Befehlszeile:

```
ergebnis = i ^ 5     ⇒  ergebnis = 2
```

Herleitung:

```
      0...0111b = 7d
 ^    0...0101b = 5d
      0...0010b = 2d
```

(Man beachte: Die Binärstellen des ersten Operanden, an denen beim zweiten Operanden eine 1 steht, werden invertiert!)

Komplementbildung

Die Komplementbildung invertiert die einzelnen Bits des Operanden, d. h. aus 0 wird 1 und aus 1 wird 0.

Sei z. B.: x = 7; also binär 0...0111, ergibt ~x: 1...1000.

## 9.2 Die verschachtelte Verzweigung

If-Anweisungen können auch ineinandergeschachtelt werden (nach der C-ISO-Norm müssen mindestens sechs Ebenen möglich sein). Das heißt, in den *ja*-oder den *nein*-Zweig oder in beide wird eine erneute Verzweigung eingefügt (s. Abb.9.5).

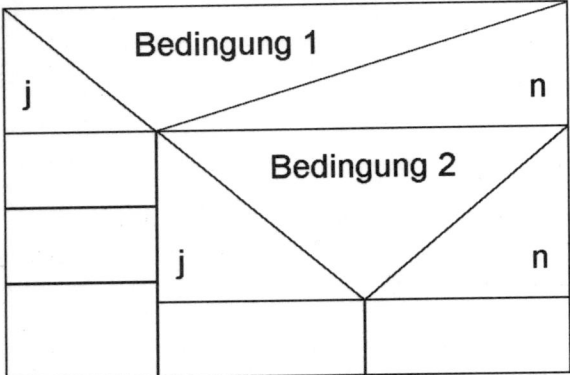

Abb. 9.5    Verschachtelte Verzweigungen

```
if (Bedingung 1)
   {
        ...
   }
 else
    if (Bedingung 2)
    {
      ...
    }
    else
    {
      ...
    }
```

Wichtiger Hinweis – da häufige Fehlerquelle:

Werden keine geschweiften Klammern gesetzt, bezieht sich else immer auf das **letzte vorangehende** – nicht durch else abgeschlossene – **if!** Beispiel siehe Abb.9.6.

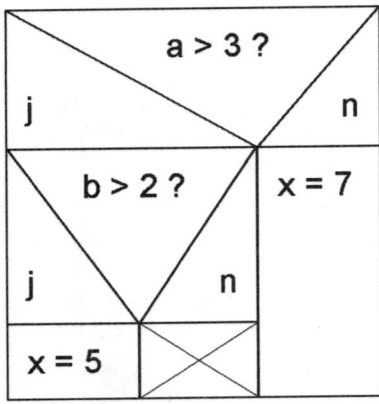

Abb. 9.6    Beispiel für if-/else-Bezüge

Fehlerhafte Codierung dieses Struktogramms:

```
if(a > 3)
                if(b > 2)
                    x = 5;
    else
      x = 7;
```

hier bezieht sich das else – obwohl es nicht eingerückt ist – auf das vorangegangene if, was laut Struktogramm falsch ist (Einrückungen sind nur für den Programmierer wichtig – der Compiler ignoriert sie)! Die korrekte Schreibweise wäre:

```
if(a > 3)
  {
                if(b > 2)
                    x = 5;
  }
    else
      x = 7;
```

Auch bei ineinandergeschachtelten if-/else-Strukturen gilt es als guter Stil, die zueinandergehörenden if und else in einer Fluchtlinie untereinander zu schreiben und die Befehle des jeweiligen Blocks einzurücken , damit man beim Lesen des Programms sofort erkennen kann, welches else zu welchem if gehört und wo welcher Block beginnt und endet.

Die folgende alternative Kurzform für eine if-Struktur sollten Sie lesen können, wenn sie Ihnen mal begegnet. Sie sollten sie selbst nicht verwenden – zumindest am Anfang nicht, da sie den Code sehr kompakt und daher schwer lesbar macht.

Unter Verwendung des Bedingungs-Operators »?« lässt sich eine Alternativ-Struktur folgendermaßen darstellen:

```
(Bedingung) ? (Operation 1) : (Operation 2)
```

z. B.: `(a > b) ? (max = a) : (max = b);`

oder noch kompakter:

`max = (a > b) ? (a) : (b);`

(die Klammern um a und b können entfallen)!

Auch diese Struktur ist schachtelbar und dann kaum noch lesbar!

## 9.3 Übung IV: Verzweigung / Alternative

1. Aufgabe: Erstellen Sie zu den folgenden Struktogrammen die if-Konstrukte

a)

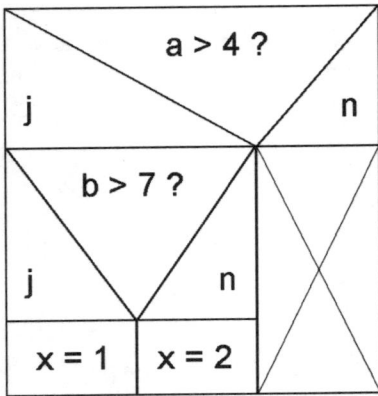

b)

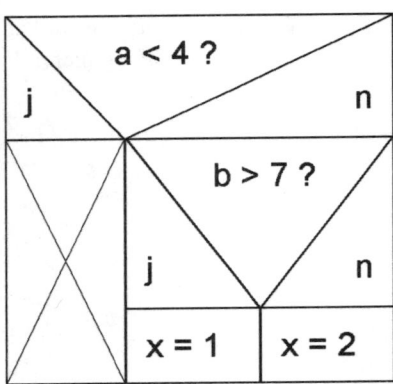

c)

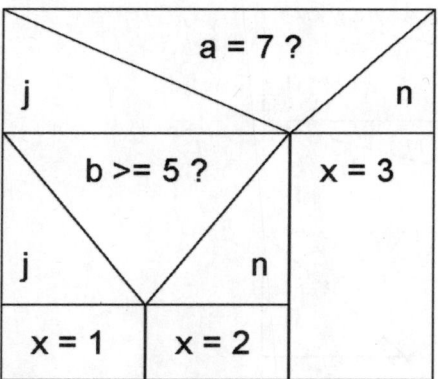

d)

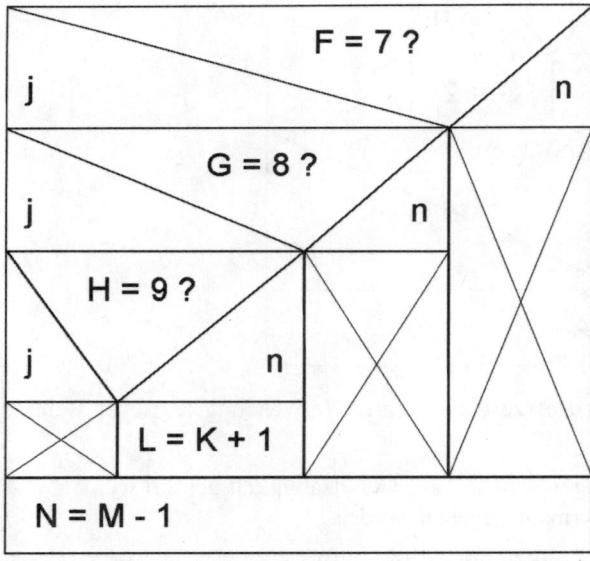

e)

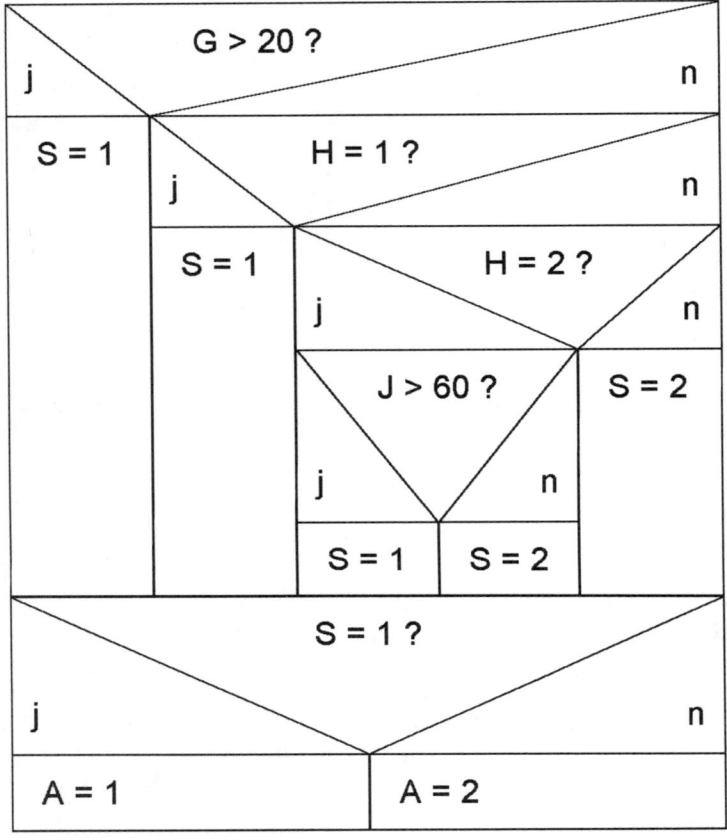

Versuchen Sie, Struktogramm d) und e) zusätzlich unter Verwendung logischer Befehle (&&, ||,!) zu kodieren!

2. Aufgabe: Eine eingegebene Integer-Zahl soll auf Geradzahligkeit geprüft werden. Das Ergebnis soll in Textform ausgegeben werden

3. Aufgabe: Eine max. dreistellige positive Integer-Zahl soll eingelesen werden. Die Stellenzahl der Zahl soll dann ausgegeben werden.

4. Aufgabe: Lesen Sie drei Zahlen ein und geben Sie die größte aus.

Für die folgenden Aufgaben benötigte Funktion:

`double sqrt(double)`                                                          definiert in math.h,

berechnet die Quadratwurzel (engl. square root) aus dem übergebenen Variablenwert.

Beispiel: `wurzel = sqrt(x);`

5.Aufgabe:    Die Quadratwurzel einer eingegebenen Integer-Zahl soll berechnet und ausgegeben werden. Bei Eingabe einer negativen Zahl soll eine Fehlermeldung
erfolgen.

6.Aufgabe:    Nach Eingabe der Koeffizienten p, q einer quadratischen Gleichung in Nor-
malform ($x^2+px+q=0$) sollen die Lösungen ausgegeben werden (inklusive Spe-
zialfälle: Radikand = 0 bzw. Radikand <0 !).

Es gilt:

$$x_{1,2} = -\frac{p}{2} \pm \sqrt{\frac{p^2}{4} - q}$$

Hilfestellung für die Aufgaben:

zu 2:    Eine Zahl ist geradzahlig, wenn sie bei Division durch 2 den Rest Null liefert
(man verwende den modulo-Operator!)

zu 3:    Einfach kleiner 10, kleiner 100 und kleiner 1000 abfragen!

zu 4:    Eine Zahl ist die größte, wenn sie größer ist als die beiden anderen!

## 9.4  Die Mehrfach-Verzweigung (switch-Anweisung)

Während die if-Anweisung nur zwei Alternativen zulässt, kann die **switch-Anweisung** eine
mehrfache Fallunterscheidung ausführen (s. Abb.9.7)

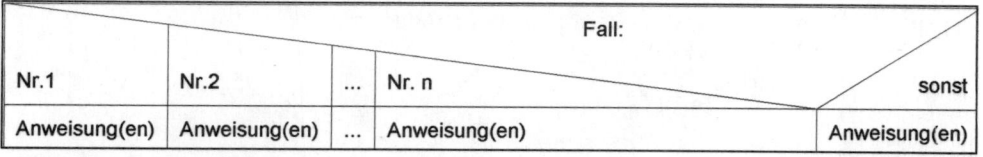

Abb. 9.7    Mehrfach-Verzweigung

Die switch-Anweisung hat die Syntax:

```
switch (ausdruck)
{
 case Konstante 1 : Anweisung(en) 1;
 case Konstante 2 : Anweisung(en) 2;
 .......
 case Konstante n : Anweisung(en) n;
 default          : default-Anweisung(en);
}
```

Dabei muss der Ausdruck **ausdruck** ganzzahlig sein oder ganzzahlig bewertet werden (*ausdruck* kann eine Variable, eine Formel oder eine Funktion sein, deren Rückgabewert bewertet wird). Es ist also nicht möglich, irgendwelche Bereiche anzugeben. Nimmt der Ausdruck einen der Werte Konstante 1, Konstante 2,...., Konstante n an, wird das Programm **ab der entsprechenden case-Zeile** ausgeführt. Nimmt der Ausdruck keinen der konstanten Werte an, wird die Anweisung neben der default-Marke ausgeführt. Dieser default-Teil der switch-Anweisung ist optional, kann also wegfallen.

Die **case**-Marken sind also **nicht abweisend**; d. h. alle Anweisungen aller case's nach der angesprungenen case-Marke werden sukzessive ausgeführt. Will man das verhindern, sollen also nur die Anweisung bzw. die Anweisungen hinter dem jeweiligen case ausgeführt werden, muss eine **break**-Anweisung verwendet werden.

Break bewirkt einen Sprung aus dem switch-Block heraus; das Programm wird also mit dem nächsten Befehl nach der schließenden Klammer des switch-Blocks fortgesetzt! Daraus ersieht man auch, dass ein break nach der letzten Anweisung im switch Block überflüssig ist.

Beispiele:

```
/*******************************************/
/* Addition und Subtraktion von Zahlen     */
/* Menuewahl mit Ziffern                    */
/* Programm-Name: prog9_1.c                 */
/*******************************************/
#include <stdio.h>

void main(void)
{
 int a,b,erg,wahl;
 printf("Geben Sie zwei Zahlen ein: ");
 scanf("%d %d",&a, &b);
 printf ("Wählen Sie die Rechenart:(1)Addition,"
         " (2)Subtraktion:");
 scanf("%d",&wahl);
 switch (wahl)
 {
  case 1:  erg = a + b;
           printf("Die Summe von %d und %d "
                  "beträgt:%d",a,b,erg);
           break;
  case 2:  erg = a - b;
           printf("Die Differenz von %d und %d "
                  "beträgt: %d",a,b,erg);
           break;
  default: printf("Fehler! Falsche Rechenart!");
 }
}
```

Hinweis: Ein break nach der letzten Zeile des switch-Blocks wäre überflüssig, da nach dieser Zeile der Block automatisch beendet wird!

Alternativ kann die Wahl auch mit Hilfe einer char-Variablen (ASCII-Zeichen) durchgeführt werden. Hier tritt das in Kapitel 7.1 beschriebene Problem beim Einlesen mit Format %c auf. Es wird hier mit Hilfe des Macros TPL behoben (der Tastatur-Puffer wird also gelöscht!):

```c
/*********************************************/
/* Addition und Subtraktion von Zahlen     */
/* Menuewahl mit Buchstaben                 */
/* Programm-Name: prog9_2.c                 */
/*********************************************/
#include <stdio.h>
#define TPL fflush(stdin)

void main (void)
{
 int a,b,erg;
 char wahl;

 printf("Geben Sie zwei Zahlen ein: ");
 scanf("%d %d",&a, &b);
 TPL;
 printf ("Wählen Sie die Rechenart (A)ddition,"
         " (S)ubtraktion:");
 scanf("%c",&wahl); /* %c da ASCII-Zeichen */
 switch (wahl)
 {
   case 'A': erg = a + b;
             printf("Die Summe von %d und %d "
                    "beträgt: %d", a,b,erg);
             break;
   case 'S': erg = a - b;
             printf("Die Differenz von %d und %d"
                    " beträgt: %d",a,b,erg);
             break;
   default: printf("Fehler! Falsche Rechenart!");
 }
}
```

Alternativ könnte man eventuell schreiben:

```c
scanf("%1s",&wahl);
```

dann kann die Verwendung des Macros TPL entfallen.

An dieser Stelle soll noch auf eine Vereinfachungsmöglichkeit hingewiesen werden: Man kann in der Sprache C Rechenoperationen in die Parameterliste einer Funktion einbinden, z.B.:

```c
printf("Die Summe von %d und %d beträgt: %d",a,b,a+b);
```

Das Ergebnis von a+b wird, da die Summe an dritter Stelle in der Parameterliste steht, dem dritten Formatbeschreiber (%d) zugeordnet und an der entsprechenden Position auf dem Bildschirm ausgegeben. Auf diese Art kann man die Anweisung erg = a+b; sparen.

Entscheidender Unterschied zur Vorgehensweise im obigen Programm ist: Das Ergebnis der Rechenvorschrift (hier: Der Summe) wird auf dem Bildschirm ausgegeben, aber nicht mehr gespeichert. Wenn also z. B. die Summe an einer anderen Stelle des Programms erneut benötigt wird, muss sie erneut berechnet werden. Im obigen Programm ist jedoch das Ergebnis in der Variablen *erg* gespeichert, auf die im weiteren Programmverlauf jederzeit zugegriffen werden kann.

Die Tatsache, dass die case-Anweisung nicht abweisend ist, lässt sich manchmal zur Vereinfachung eines Programms verwenden:

Beispiel: Für jede von der Tastatur eingegebene Warengruppe soll der Prozentsatz der Mehrwertsteuer ausgegeben werden. Für die Warengruppen 1,5,6 sollen 7% gelten, für die Gruppen 2,3,4: 16%:

```
/*******************************************/
/* Case-Struktur mit gleichen Operationen  */
/* bei verschiedenen Faellen                */
/* Programm-Name: prog9_3.c                 */
/*******************************************/
#include <stdio.h>

void main(void)
{
 int wg;
 puts("Bitte geben Sie die Warengruppe ein: ");
 scanf("%d",&wg);
 switch(wg)
 {
  case 1:
  case 5:
  case 6: printf("Steuersatz: 7%");
      break;
  case 2:
  case 3:
  case 4: printf("Steuersatz: 16%");
    break;
  default: printf("Falsche Warengruppe!");
 }
}
```

## 9.5 Übung V: Mehrfach-Verzweigung

1. Aufgabe: Codieren Sie die folgenden CASE-Strukturen (möglichst optimal)!

a)

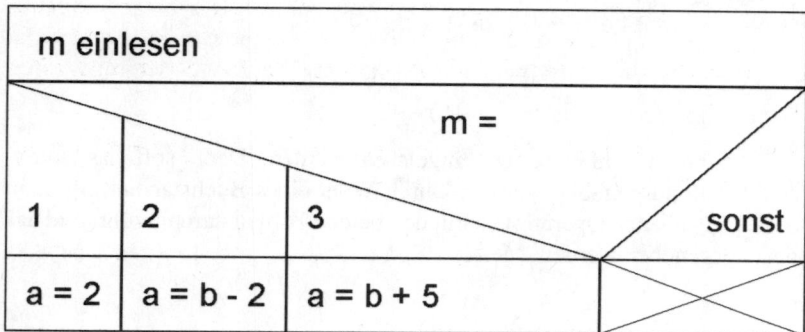

Hinweis: m ist Integerzahl.

b)

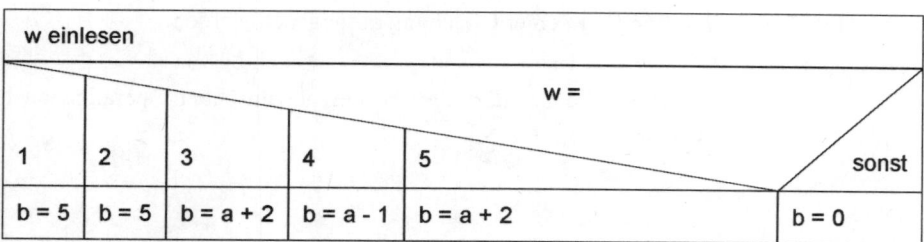

Hinweis: w ist Integerzahl.

Nützliche Funktionen für die folgende Aufgabe:

```
int toupper(int);
```
definiert in ctype.h

Beispiel: `zeichen_neu = toupper(zeichen);`

  zeichen = toupper(zeichen);

wandelt in Großbuchstaben um, wenn das übergebene Zeichen ein Kleinbuchstabe ist, ansonsten wird das übergebene Zeichen unverändert zurückgegeben (genauer: der Integer-Wert des dem Zeichen entsprechenden ASCII-Codes).

```
int tolower(int);
```
definiert in ctype.h

wandelt in Kleinbuchstaben um, wenn das übergebene Zeichen ein Großbuchstaben ist, ansonsten wird das übergebene Zeichen unverändert zurückgegeben (genauer: der Integer-Wert des dem Zeichen entsprechenden ASCII-Codes).

```
z. B.: scanf("%c",&zeichen);
       zeichen = toupper(zeichen);
```

oder:

```
if (toupper(zeichen) == 'N')
```

1. Aufgabe: Zwei Gleitkomma-Zahlen sollen eingelesen werden. Dann soll das untenstehende Menü ausgegeben werden. Durch Wahl eines Buchstabens soll dann eine der vorgegebenen Operationen mit den beiden Zahlen durchgeführt und das Ergebnis ausgegeben werden. Menü:

(A)ddieren

(S)ubtrahieren

(M)ultiplizieren

(D)ividieren

Das Ergebnis soll in Form einer Gleichung ausgegeben werden,
z. B.: 5 + 3 = 8

(Erweiterung: Lassen Sie bei der Eingabe der gewünschten Operation auch Kleinbuchstaben zu!)

# 10 Die Iteration (Schleife)

Die bisher betrachteten Programme bestanden jeweils nur aus einer Sequenz, d. h. sie wurden einmal durchlaufen und endeten dann. Das Testen der verschiedenen Funktionen des Übungsprogramms mit den vier Grundrechenarten z. B. erforderte jedes Mal einen neuen Programmstart, was wenig effektiv ist.

In diesem Kapitel wollen wir uns daher einer weiteren Grundstruktur der Programmierung zuwenden, der Schleifenstruktur (auch Wiederholung oder Iteration genannt). Wie der Name andeutet, wird ein Block, also ein aus einem oder mehreren Befehlen bestehender Programmteil wiederholt durchlaufen.

Bei der Schleifenstruktur gibt es drei Varianten:

- Die fußgesteuerte Schleife; bei ihr wird am Ende – am Schleifenfuß – abgefragt, ob die Schleifenwiederholung abgebrochen werden soll.

- Die kopfgesteuerte Schleife; bei ihr wird zu Beginn der Schleife abgefragt, ob sie noch einmal durchlaufen werden soll

- Die Schleife mit fest vorgegebener Durchlaufzahl

Bei Iterationen taucht häufig das Problem auf, dass bei jedem Schleifendurchlauf Variablen um einen konstanten Betrag erhöht werden müssen. Soll z. B. x um 1 erhöht werden, schreibt man in C

```
x = x + 1;
```

Das sieht zunächst nach mathematischem Unsinn aus und bereitet Programmier-Anfängern immer wieder erhebliche Schwierigkeiten! Da das »=« kein mathematisches Gleichheitszeichen ist, sondern der Zuweisungsoperator, ist diese Anweisung ein Ersatz für die mathematisch korrekte Schreibweise:

$$x_{neu} = x_{alt} + 1$$

Wenn man sich jedoch die Abarbeitung dieser Formel im Computer ansieht, erkennt man, dass man keine zwei verschiedenen Variablen ($x_{neu}$, $x_{alt}$) benötigt.

Zunächst wird die Seite rechts vom Zuweisungsoperator bearbeitet. Dazu wird das (alte) x aus dem Speicher gelesen – ins Rechenwerk gebracht – und um 1 erhöht. Das Ergebnis wird dann der links vom Zuweisungsoperator stehenden Variablen zugewiesen, das heißt in ihren Speicherplatz geschrieben. Das ist dann das neue x.

Da Ausdrücke dieser Art bei Schleifen häufig vorkommen, gibt es in C dafür eigene Operatoren: Die **zusammengesetzten Zuweisungsoperatoren.**

Die folgende Tabelle zeigt jeweils links die ausführliche Schreibweise und rechts daneben die verkürzte Schreibweise unter Verwendung des jeweiligen zusammengesetzten Zuweisungsoperators

```
x = x + 3        x += 3
x = x - 3        x -= 3
x = x * 4        x *= 4
x = x / 2        x /= 2
x = x % 4        x %= 4
```

Für die bei Schleifen am häufigsten vorkommende Erhöhung bzw. Verminderung einer Variablen um 1, gibt es in C eine weitere Vereinfachung, den **Inkrement/Dekrement-Operator**. So schreibt man:

```
statt    x = x + 1;    x++;    bzw.    ++x; (Inkrement-Operator)
und statt x = x - 1;   x--;    bzw.    --x; (Dekrement-Operator)
```

Diese Operatoren sind kontext-sensitiv, d. h. bei x++ wird x erst nach Abarbeitung der Programmzeile erhöht, bei ++x wird x schon vor Abarbeitung der Programmzeile bzw. - wenn ++x in einer Formel vorkommt - vor Einsetzen in die Formel erhöht. Das Gleiche gilt für x- - bzw. --x !
Beispiel.:

```
        int i,j;

        i = 5;

        j = i++ * 2; ergibt nach Abarbeitung dieser Zeile: j=10, i=6
                (da i erst nach Abarbeitung der Formel um 1 erhöht wird)

        i = 5;

        j = ++i * 2; ergibt nach Abarbeitung dieser Zeile: j=12, i=6
                (da i vor Einsetzen in die Formel um 1 erhöht wird)
```

## 10.1  Die fußgesteuerte Schleife (do-Schleife)

Ist die genaue Anzahl der Schleifendurchläufe vorab nicht bekannt und wird der Code in der Schleife – der Schleifenkörper – mindestens einmal durchlaufen, wird die fußgesteuerte Schleife, auch do-Schleife, bzw. nichtabweisende Schleife genannt, verwendet. Sie hat folgenden Aufbau:

```
do
{
    ... Schleifenkörper

} while (Ausdruck);
```

Die do-Schleife wird solange wiederholt durchlaufen, wie der Ausdruck in der runden Klammer wahr ist, sie **endet**, wenn er **falsch** wird. Da dieser Ausdruck erst am Schleifenende bewertet wird, wird diese Schleife in jedem Fall mindestens einmal durchlaufen – daher die Bezeichnung »nichtabweisende Schleife«.

Der Ausdruck – hinter while – ist meist eine einfache Bedingung (z. B.: i > 0). Er kann aber auch aus einer Variablen, einem arithmetischen Ausdruck oder einer Funktion bestehen. In diesem Fall gilt: Ist der Zahlenwert der Variablen, das Ergebnis des arithmetischen Ausdrucks oder der Return-Wert der Funktion Null, wird der Ausdruck als falsch bewertet, ist er verschieden von 0, wird der Ausdruck als wahr bewertet!

Besteht der Schleifenkörper nur aus einem Befehl, können die geschweiften Klammern entfallen!

Beispiele:

1. Es liege bereits ein Programm vor, das nur einmal durchlaufen wird – z. B. eines der Programme von Übung IV oder V. Es soll dahingehend erweitert werden, dass am Ende gefragt wird, ob ein erneuter Durchlauf gewünscht wird.

```
do
{
    .... Befehlssequenz
    printf("Wollen Sie weitermachen (j/n)?");
    scanf("%c",&wahl);
} while (wahl == 'j')
```

Die hier vorgestellte Lösung, Programme, die wiederholt durchlaufen werden sollen, mit einer fußgesteuerten Schleife zu versehen, um zu entscheiden, wann das Programm abgebrochen werden soll, wird in der Praxis häufig verwendet. Es ist nicht die einzige Art einer Programmbeendigung auf Wunsch hin: Vor allem wenn das Programm häufig durchlaufen wird und nur ein einziges Mal – am Ende – die Abfrage »weitermachen?« mit Nein beantwortet werden soll, ist die bei jedem Durchlauf erforderliche Eingabe von »ja« sehr lästig.

Wenn es die Aufgabenstellung ermöglicht, verwendet man daher andere Abbruch-Kriterien, die implizit mit der Eingabe eines Parameters verknüpft sind, zum Beispiel: Wenn nur Kunden-Nummern von 1 bis 1000 möglich sind, könnte man mit der Kundennummer 0 automatisch das Programm abbrechen. Ähnliches gilt für mathematisch-technische Probleme zum Beispiel: Wenn für die Eingabe nur positive Zahlen zugelassen sind, könnte man z. B. mit einer negativen Zahl ein Programmende bewirken.

Wir werden solche definierten Programm-Beendigungen in den weiteren Übungen des Öfteren verwenden!

2. Es soll eine Kunden-Nr. eingelesen werden. Liegt die eingegebene Nummer nicht im Bereich von 1 bis 1000, soll die Kunden-Nr. erneut eingelesen werden.

```c
#include <stdio.h>

void main(void)
{
 int kdnr;
 do
 {
  printf("Geben Sie die Kunden-Nr. ein: ");
  scanf("%d",&kdnr);
 } while((kdnr < 1) || (kdnr > 1000));
    ....
}
```

Bei diesem Beispiel handelt es ich um eine Absicherung gegen Fehleingabe! Anspruchsvolle Programme erwarten vom Benutzer diszipliniertes Vorgehen, oder spitz formuliert: Intelligente Programme erfordern intelligente Bediener.

In den vergangenen Jahren hat die Forderung nach mehr Benutzerfreundlichkeit dazu geführt, dass Programme zunehmend dahingehend entwickelt wurden, dass sie auch bei falschen Eingaben des Benutzers sich nicht undefiniert verhalten bzw. fehlerhaften Output erzeugen, sondern den Benutzer auf seinen Fehler hinweisen und zu einer erneuten, korrekten Eingabe auffordern.

Ein solches Absichern bläht den Umfang eines Programms erheblich auf. Bei einem Programm, das bei vorschriftgemäßer Eingabe korrekte Ergebnisse liefert, wächst die Zeilenzahl mindestens auf ein Mehrfaches, wenn man eine Absicherung gegen die am häufigsten vorkommenden Fehleingaben vornimmt. Eine Absicherung gegen alle denkbaren Fehler oder, wie es spitz formuliert wird, gegen den DAU (Dümmster Anzunehmender User) ist nur mit enormem Aufwand realisierbar. Wir werden in diesem Buch an einigen Stellen zeigen, wie man Programme gegen Fehleingaben absichert und dies auch in der einen oder anderen Übungsaufgabe fordern – ansonsten wird bei der überwiegenden Zahl der hier vorgestellten Programme vorausgesetzt, dass beim Testen des Programms korrekte Eingaben gemacht werden.

Sonderfall:

```c
do ... while (1);
```

stellt eine Schleife dar, die nie abbricht, also immer wieder durchlaufen wird, da 1 immer als wahr bewertet wird. Diese Schleifen werden auch als **Endlosschleifen** bezeichnet. Man kann sie nur durch Programmabbruch verlassen (z. B. bei Windows mit Strg+Alt+Entf).

Solche Schleifen verwendet man gelegentlich zu Testzwecken. Wenn man einzelne Programm-Abschnitte auf Korrektheit testen will, »packt« man sie vorübergehend in eine solche Endlosschleife.

## 10.2  Übung VI: Fußgesteuerte Schleifen

**Empfehlung:** Entwerfen Sie bei den folgenden Aufgaben zunächst den Lösungsalgorithmus in Form eines Struktogramms!

**Benötigte Funktion:**

```
double fabs(double x)
```
definiert in: math.h

bildet den Absolutwert (Betrag) der Floatvariablen x ( das ist immer ein positiver Wert!)

**Beispiel:** `differenz_abs = fabs(a-b);`

bei Integer-Zahlen wird die Funktion abs verwendet:

```
int abs(int x)
```
definiert in: math.h

bildet den Absolutwert (Betrag) der Integervariablen x

**Beispiel:** `y = abs(a-b);`

1. Aufgabe: (Erweiterung von Aufgabe IV,2)

Schreiben Sie ein Programm, das die Fläche und den Umfang eines Kreises berechnet.

Das Programm soll wiederholt durchlaufen werden. Nach jedem Durchlauf soll der Benutzer gefragt werden, ob noch eine weitere Berechnung durchgeführt werden soll.

Eingabe: r , Ausgabe.: Umfang und Fläche des Kreises

(Fläche des Kreises: $\pi*r^2$; Umfang: $2*\pi*r$; $\pi$ = 3.14159)

2. Aufgabe: (Erweiterung von Aufgabe V,2)

Zwei Gleitkomma-Zahlen sollen eingelesen werden. Bei der zweiten Zahl darf nicht Null eingegeben werden (absichern – bei Falscheingabe neu einlesen!) Dann soll das untenstehende Menü ausgegeben werden. Durch Wahl eines Buchstabens soll dann eine der vorgegebenen Operationen mit den beiden Zahlen durchgeführt und das Ergebnis ausgegeben werden.

Solange bei der Menüwahl nicht »E« eingegeben wird, soll die Aufgabe immer wieder durchlaufen werden. Menü:

(A)ddieren

(S)ubtrahieren

(M)ultiplizieren

(D)ividieren

(E)nde

Das Ergebnis soll in Form einer Gleichung ausgegeben werden, z. B.: 5 + 3 = 8

(Hinweis: Lassen Sie bei der Eingabe der gewünschten Operation auch Klein-buchstaben zu!)

3. Aufgabe: Herr Sparsam trägt sein Erspartes zur Bank. Die jährlichen Zinsen sollen reinve-stiert werden. Er will warten, bis das Kapital sich mindestens verdoppelt hat. Erstellen Sie ihm eine Prognose! Eingabe: Kapital (K), Zinssatz (p), Ausgabe: Anzahl Jahre (Integer!)

Es gilt: Z=K*p(%)*t(Jahre)/100

4. Aufgabe: Mit der Formel $x_{n+1} = \frac{1}{2}(x_n + \frac{c}{x_n})$ , wobei c > 0 und x1 = c lässt sich die

Quadratwurzel aus c näherungsweise bestimmen. Berechnen Sie die Näherungs-werte solange sich zwei aufeinanderfolgende x-Werte noch um $10^{-6}$ oder mehr unterscheiden (Nach Abbruch der Schleife ist also die Wurzel auf sechs Nach-kommastellen genau berechnet!).

Vorab soll c eingelesen und dann sollen alle Näherungswerte ausgegeben werden.

**Hilfestellung zu den Aufgaben**

zu 2:    Zur Absicherung gegen Falscheingabe: Die Schleife muss solange durchlaufen werden, wie Null eingegeben wird!

zu 3:    Addiert man am Ende jedes Jahres die Zinsen zum vorhandenen Kapital, so erhält man das Kapital, das am Ende des darauffolgenden Jahres verzinst wird.

zu 4:    Mit dieser Näherungsformel berechnen Computer Quadratwurzeln. Man setzt den Startwert c für $x_1$ ein und berechnet den Näherungswert $x_2$. Diesen setzt man erneut in die Formel ein und erhält einen besseren Näherungswert ($x_3$), usw.; z. B.: für die Wurzel aus 2:

$x_2$ = ½(2+2/2) = 1,5
$x_3$ = ½(1.5+2/1.5) = 1,417

Jetzt ist der Wurzelwert schon auf zwei Nachkommastellen genau! Nach der nächsten Berechnung sind es schon vier Nachkommastellen.

Vorschlag: Man verwende xneu für $x_{n+1}$ und xalt für $x_n$ , bilde die Differenz zwi-schen Alt- und Neuwert und setze dann xalt = xneu!

## 10.3  Die kopfgesteuerte Schleife (while-Schleife)

Ist die genaue Anzahl der Schleifendurchläufe von vornherein nicht bekannt und besteht bei der vorgegebenen Problemstellung die Möglichkeit, dass die Schleife evtl. gar nicht durch-laufen wird, verwendet man die kopfgesteuerte Schleife, die auch als while-Schleife  bzw.

abweisende Schleife bezeichnet wird, weil die Abfrage, die über den Durchlauf entscheidet, sich am Kopf der Schleife befindet. Sie hat folgenden Aufbau:

```
while (Ausdruck)
{
     ..... Schleifenkörper

}
```

Wird der Ausdruck in der runden Klammer mit wahr bewertet, wird die Schleife durchlaufen, wird er mit falsch bewertet, so wird die while-Schleife entweder nicht gestartet oder – wenn sie bereits durchlaufen wurde – wird sie beendet. Der *Ausdruck muss also bereits zu Beginn der Schleife bewertbar sein.*

Der Ausdruck – hinter while – ist meist eine einfache Bedingung (z. B.: $i > 0$). Er kann aber auch aus einer Variablen, einem arithmetischen Ausdruck oder einer Funktion bestehen. In diesem Fall gilt: Ist der Zahlenwert der Variablen, das Ergebnis des arithmetischen Ausdrucks oder der Return-Wert der Funktion Null, wird der Ausdruck als falsch bewertet, ist er verschieden von 0, wird der Ausdruck als wahr bewertet!

Auch bei diesem Schleifentyp gilt: Besteht der Schleifenkörper nur aus einem Befehl, können die geschweiften Klammern entfallen.

Sonderfälle:

```
while (1)
```

stellt eine **Endlosschleife** dar, da 1 stets als wahr bewertet wird.
Sie wird, wie die fußgesteuerte Endlosschleife gelegentlich zu Testzwecken verwendet (s.o.).
Beispiel:

Die Summe aller Zahlen von 1 bis zu einer einzulesenden Zahl soll gebildet werden:

```
/************************************/
/* Summe aller Zahlen von 1 bis n      */
/* Programm-Name: prog10_1.c           */
/************************************/
#include <stdio.h>

void main(void)
{
  int i = 1, maxzahl, summe = 0;

  printf("Bitte Zahl eingeben: ");
  scanf("%d",&maxzahl);
  while (i <= maxzahl)
  {
    summe += i;
    i++;
  }
  printf("Summe: %i",summe);
}
```

Da der Ausdruck hinter while bereits zu Beginn der Schleife bewertbar sein muss, muss man häufig erst einmal einen Parameter, der entscheiden soll, ob man die Schleife überhaupt durchläuft, vorab einlesen.

Beispiel:

Eine im englisch/amerikanischen Maßsystem – also in Zoll (inch) – eingegebene Länge soll in mm umgewandelt werden (1 Zoll = 25,4 mm). Bei Eingabe einer 0 soll das Programm beendet werden:

```
/*****************************************/
/* Umwandlung Zoll in mm                 */
/* Programm-Name: prog10_2.c             */
/*****************************************/
#include <stdio.h>

void main (void)
{
 float laenge;
 printf("Bitte geben Sie die Länge in Zoll ein "
        "(Abbruch mit 0): ");
 scanf("%f",&laenge);
 while(laenge>0)
 {
  printf("\nLänge in mm: %f",laenge * 25.4);
  printf("\nBitte geben Sie die Länge in Zoll ein "
         "(Abbruch mit 0): ");
  scanf("%f",&laenge);
 }
}
```

Wie man sieht, erscheinen die printf- und die scanf-Zeile zweimal im Programm!

## 10.4  Übung VII:  Kopfgesteuerte Schleifen

**Empfehlung:** Entwerfen Sie bei den folgenden Aufgaben zunächst den Lösungsalgorithmus in Form eines Struktogramms!

1. Aufgabe: Von der Tastatur soll immer wieder eine Zahl eingelesen und dann deren Quadratwurzel berechnet werden. Die eingegebene Zahl und deren Wurzel sollen auf dem Bildschirm jeweils in einer neuen Zeile ausgegeben werden.

   Durch Eingabe von 0 oder einer Zahl < 0 wird das Programm beendet.

2. Aufgabe: Eine positiven Integer-Zahl (auf korrekte Eingabe abprüfen!) soll von Tastatur eingelesen und ihre Quersumme berechnet werden. Dann soll abgefragt werden, ob eine weitere Zahl eingelesen werden soll. (Hinweis: Bei einer einstelligen Zahl braucht die Quersumme nicht berechnet zu werden!)

3. Aufgabe: Ein Kredit ist in gleichen jährlichen Raten (=Annuitäten) zu tilgen. Nach Eingabe von Kreditsumme, Zinssatz und Rate soll ein Tilgungsplan ausgegeben werden. Dabei soll in jeder Zeile der Zins, die Tilgung und der Restkredit ausgegeben werden.
(Es gilt: Tilgung = Rate - Zinsen)

4. Aufgabe: Es soll die Wertetabelle der Funktion $y = 2x^2 + 3x + 4$ im Intervall [a,b] für alle ganzzahligen x-Werte ausgegeben werden, nachdem die Grenzen a,b eingelesen wurden; bei Falscheingabe, d. h. wenn die Obergrenze kleiner ist als die Untergrenze, soll das Programm mit einer Fehlermeldung abbrechen!

5. Aufgabe: Die Summe aller Zahlen von 1 bis 100 ist zu bilden; beurteilen Sie die folgenden Lösungsvorschläge: a) Was wird wirklich berechnet? b) Mit welchen Änderungen lässt sich die Aufgabe korrekt lösen?

```
a) int n = 1, sum = 0;      b) int n = 1,sum;
   while(n <= 100)             while(n < 100)
   {                          {
       n = n + 1;                 sum = 0;
       sum = sum + n;             n++;
   }                              sum += n;
                              }
```

```
c) int n = 1,sum = 1;       d) int n = 1, sum = 0;
   while (n < 100)             while(n++ <= 100)
                              {
       n++;                       n++;
       sum += n;                  sum += n;
                              }
```

Hilfestellung für die Aufgaben

zu 1:    Das Programm wird solange durchlaufen, wie keine Null eingegeben wird; gibt man vorweg eine 0 ein, wird das Programm sofort abgebrochen!

zu 2:    Die Quersumme ist die Summe aller Ziffern einer Zahl. An die einzelnen Ziffern einer Zahl kommt man, indem man zuerst modulo 10 bildet (=Rest nach Division durch 10) und dann durch 10 dividiert (erforderlich, da bei der modulo-Rechnung das Ergebnis der Division durch 10 nicht abgespeichert wird!)

zu 3:    Man berechnet zunächst die Jahreszinsen aus der für das jeweilige Jahr geltenden Kreditsumme; daraus ergibt sich die Tilgung. Mit dieser berechnet man die für das nächste Jahr geltende Kreditsumme.

## 10.5  Die Schleife mit fester Durchlaufzahl (for-Schleife)

Hat man es mit einem Problem zu tun, bei dem ein bestimmter Codeabschnitt wiederholt durchlaufen werden muss und die Anzahl der Wiederholungen von vornherein feststeht, so verwendet man eine **for**-Schleife. Sie hat folgenden Aufbau:

```
for (ausdruck1; ausdruck 2; ausdruck 3)
{
   ....        Schleifenkörper
}
```

*ausdruck 1*   wird für die Initialisierung von Schleifenvariablen verwendet. Dieser Ausdruck wird nur einmal zu Beginn der Schleife ausgeführt.

*ausdruck 2*   enthält die Schleifen-Durchlaufbedingung. Sie wird vor jedem Schleifendurchlauf erneut überprüft

*ausdruck 3*   enthält den Wert der Änderung der Schleifendurchlauf-Zählvariable. Dieser Ausdruck wird nach jedem Schleifendurchlauf bearbeitet.

Die Abarbeitung der for-Schleife verläuft also folgendermaßen: Beim Einstieg in die Schleife wird einmalig *ausdruck1* ausgeführt und dann die Bedingung in *ausdruck2* abgeprüft. Ist sie erfüllt, wird der Schleifenkörper durchlaufen – ansonsten wird die Schleife beendet und auf die nach der schließenden geschweiften Klammer folgende Befehlszeile gesprungen.

Nach jedem Durchlaufen des Schleifenkörpers wird *ausdruck3* ausgeführt und dann wieder die Bedingung in *ausdruck2* ausgewertet. Ist sie erfüllt, wird der Schleifenkörper durchlaufen – ansonsten wird die Schleife beendet und auf die nach der schließenden geschweiften Klammer folgende Befehlszeile gesprungen.

Diejenigen Leser, die schon Erfahrungen mit einer anderen Programmiersprache haben, müssen darauf achten, dass bei der Sprache C in *ausdruck2* eine **Durchlaufbedingung** steht und **keine Ende-Bedingung**!

Auch bei der for-Schleife gilt: Besteht der Schleifenkörper nur aus einem einzigen Befehl, können die geschweiften Klammern entfallen!

Dass man selbst eine Schleifen-Zählvariable vorsehen muss, hätten die Entwickler von C eigentlich vermeiden können. Wie man allerdings anhand des folgenden Programms sieht, kann man die Zählvariable häufig auch bei den arithmetischen Ausdrücken des Wiederholblocks mitverwenden.

Beispiel: Die Summe aller ganzen Zahlen von 1 bis 100 soll gebildet werden (also 1+2+3+...+100).

```
/*****************************************/
/* Arithmetische Operatoren        */
/* Programm-Name: prog10_3.c       */
/*****************************************/
#include <stdio.h>
```

```
void main(void)
{
  int i,summe = 0;
  for (i = 1;i <= 100; i++)
  {
    summe = summe + i;
  }
  printf("Die Summe beträgt: %d",summe);
}
```

Ganz wichtig ist, dass die Variable *summe* vorab mit 0 initialisiert wird, da schon beim ersten Durchlauf zu dem in *summe* stehenden Zahlenwert *i* addiert wird.

Zu beachten ist auch die Tatsache, dass *ausdruck3* – hier also die Variable *i* – nach dem letzten Durchlauf des Schleifenkörpers noch einmal erhöht wird – also den Wert 101 hat (erst dannn kann ja auch die Bedingung i <= 100 nicht mehr erfüllt sein) . Das muss unbedingt beachtet werden, wenn diese Zählvariable im weiteren Verlauf des Programms wieder verwendet wird.

Der Schleifenzähler kann aufsteigend gezählt werden,– wie in diesem Beispiel – oder abwärts:

```
for (i = 100; i > 0; i-- )
```

Die Erhöhung oder Verminderung der Zählvariable muss nicht ganzzahlig sein, z. B.: Bei der Anweisung:

```
for ( f = 0; f < 100; f += 0.5)
```

wird i bei jedem Durchlauf um 0,5 erhöht (Voraussetzung: i muss als Gleitkommazahl deklariert sein!).

Es lassen sich fälschlicherweise auch Schleifen konstruieren, die nie durchlaufen werden:

```
for (i = 0; i > 30; i++)
```

(Der Compiler bemerkt diesen Fehler nicht!)

Mit Hilfe des Komma-Operators kann man weitere Befehle in die Schleife einbeziehen, z. B. eine zusätzliche Initialisierung und ein zusätzliches Hochzählen:

```
for (i = 0,j = 5; i < 50; i++,j++)
```

Wenn keine Initialisierung erforderlich ist, kann der ausdruck 1 auch entfallen; das Semikolon muss jedoch gesetzt werden; z. B.:

```
for (   ; i < 10 ; i++)
```

## 10.6 Übung VIII:  Schleifen mit fester Durchlaufzahl

**Verwendbare Funktion:**

Höhere Potenzen $x^y$ berechnet man am einfachsten mit der Potenz (Power)-Funktion: `double pow(double x,double y)`    definiert in: math.h

Beispiel: `z = pow(x,y);`   (berechnet $x^y$)

**Empfehlung:** Entwerfen Sie bei den folgenden Aufgaben zunächst den Lösungsalgorithmus in Form eines Struktogramms!

1. Aufgabe: Es soll eine Tabelle erstellt werden, die für die Zahlen von 1 bis 10 jeweils die Wurzel (3 Nachkommastelle), das Quadrat und die dritte Potenz mit Überschrift folgendermaßen formatiert ausgibt.

| Zahl | Wurzel | X*X | X*X*X | |
|------|--------|-----|-------|------|
| 1    | 1.000  | 1   | 1     | |
| 2    | 1.414  | 4   | 8     | usw. |

2. Aufgabe: Zu einer eingegebenen Integer-Zahl sollen alle Teiler von 1 bis 9 ermittelt werden. Es gilt: Eine Zahl ist Teiler, wenn bei der Division durch sie kein Rest bleibt.

3. Aufgabe: Es soll eine Tabelle mit dem 1x1 von 1 bis 10 ausgegeben werden.

4. Aufgabe: Nach Eingabe einer nichtnegativen ganzen Zahl n soll die Fakultät dieser Zahl erechnet werden. n und n! sollen auf dem Bildschirm ausgegeben werden.
Unter der Fakultät einer Zahl versteht man das Produkt aller Zahlen von 1 bis zu dieser Zahl, z. B.: 4! = 1*2*3*4 = 24 (das Ausrufezeichen bedeutet: »Fakultät«)

5. Aufgabe: Nach einer Legende soll ein Weiser für einen indischen König das Schachspiel erfunden haben. Zur Belohnung durfte der Weise einen Wunsch äußern. Er wünschte sich, dass, mit einem Reiskorn auf dem ersten Schachfeld beginnend, auf jedes Feld die doppelte Zahl Körner wie beim Vorgängerfeld gelegt werde.

   a) Berechnen Sie für jedes Feld die Anzahl Körner

   b) Berechnen Sie die Gesamtzahl der Körner auf allen 64 Feldern des Schachbretts!

6. Aufgabe: Erstellen Sie eine Tabelle, die es ermöglicht, zu einem Anfangskapital (Ko) von 1000 _ das Endkapital (Kn) nach 1 bis 10 Jahren Laufzeit (Jahreszahlen= Tabellenzeilen) - bei einem Zinssatz p von 1 bis 10% (Prozentsätze =Tabellenspalten) – abzulesen.

   Die Formel zur Berechnung des Endkapitals nach n Jahren und p Prozent Zinsen und jährlicher Anlage der Zinsen (= Zinseszins-Rechnung) lautet:

$$Kn = Ko * (1 + \frac{p}{100})^n$$

Hilfestellung für die Aufgaben

zu 2:      Die modulo-Funktion liefert den bei einer Division verbleibenden Rest. Wenn er Null ist, ist die Zahl Teiler!

zu 4:      Da die Fakultät schon bei kleinen Zahlen enorm groß wird, verwende man double-Format für die Fakultät und gebe das Ergebnis mit 0 Nachkommastellen aus.

zu 5:      Da die Zahl der Körner sehr groß wird, arbeite man mit dem Datentyp double und gebe das Ergebnis im e-Format aus.

zu 6:      Man gebe zunächst eine Überschrift aus `"Jahre  1%  2%  ... 10%"`
           Die Ergebnisse (jeweiliges Endkapital) gebe man nur mit 6 Vorkommastellen aus.

## 10.7  Weitere Befehle zur Ablaufsteuerung

Mit den bisher besprochenen Schleifenstrukturen lassen sich alle Schleifenprobleme lösen. Ihre konsequente Verwendung entspricht gutem Programmierstil. Jedoch gilt auch hier: Keine Regel ohne Ausnahme. Hin und wieder vereinfachen die folgenden Befehle die Schleifenprogrammierung – auch wenn sie unter dem Aspekt »guter Stil« verpönt sind.

**goto**      ermöglicht einen Sprung – ohne Bedingungen – zu einer mit einer Marke (label) gekennzeichneten Stelle

```
z. B.: if ( Bedingung )
          goto error;
          ...
          ...
       error: ...
```

          (Hinweis: goto sollte möglichst nur in Ausnahmefällen verwendet werden, sonst kann durch Hin- und Her-Sprünge sehr schnell schwer lesbarer und nachvollziehbarer »Spaghetti-Code« entstehen!)

**continue**    bewirkt einen unbedingten Sprung: In do-Schleifen zum Schleifenfuß und bei while-Schleifen zum Schleifenkopf, in beiden Fällen also zur Schleifenbedingung.

          In for-Schleifen führt *continue* zum Inkrement-Ausdruck im Schleifenkopf (in Kap. 10.3 als »ausdruck3« bezeichnet). Dort wird die Zählvariable (Schleifenzähler) erhöht und die Durchlaufbedingung erneut überprüft. Beispiel:

```
for (i = 1;i <= 100;i++)
{
  if(i%2 == 0)
      continue;
```

```
  printf("%i ",i);
}
```

Wenn eine Zahl gerade ist, wird in den Schleifenkopf zurückgesprungen, d. h. dieses Programm gibt alle ungeraden Zahlen aus.

Im folgenden Beispiel erfolgt eine Doppelabfrage. Zunächst wird geprüft, ob scanf einen numerischen Wert eingelesen hat und anschließend, ob dieser Wert im Bereich von 0 bis 100 liegt:

```
while (scanf("%d",&var) != 0)
{
  if (var < 0 || var > 100)
  {
    printf("Unzulässiger Eingabewert");
    continue
  }
}
```

**break**    Diese Anweisung wurde schon bei der Mehrfach-Verzweigung (case-Struktur) verwendet, um aus dem switch-Block herauszuspringen. Bei Schleifen bewirkt break ein Herausspringen aus der jeweiligen Schleife (while-, do-, for-Anweisung ) heraus, hinter den Anweisungsblock, in dem sie steht, evtl.- wenn vorhanden - in die nächsthöhere Schleifenebene. Bei der 'for'-Schleife wird der Schleifenindex nicht mehr erhöht!

Beispiel: Eingabe von 10 positiven Ganzzahlen und Summieren der eingegebenen Zahlen. Vorzeitiger Abbruch der Schleife bei Eingabe einer negativen Zahl:

```
for (i = 1,s = 0; i <= 10; i++)
{
  printf("Zahl eingeben: ");
  scanf("%i",&z);
  if (z < 0)
    break;
  s = s + z;
}
printf("Die Summe beträgt: %i",s);
```

**exit(z)**   (z = Integer-Zahl) Dieser Befehl bricht das Programm ab und geht zurück zum Betriebssystem. Er liefert dabei die in der Klammer stehende Zahl als Exit-Code an das Betriebssystem zurück.

Dies ist der schärfste Abbruch-Befehl. Er sollte nur in Ausnahmefällen verwendet werden – also wenn es keinen Sinn mehr macht, das Programm weiter zu durchlaufen, weil zum Beispiel Daten in eine Datei geschrieben werden sollen, die schreibgeschützt ist oder auf eine Diskette, die keinen freien Speicherplatz mehr hat.

# 11 Zeiger (Pointer)

## 11.1 Einführung

Bisher hatten wir es stets mit Variablen zu tun. Wenn wir eine Variable definieren, sucht der Compiler einen freien Speicherplatz und merkt sich dessen Adresse. Wird die Variable zusätzlich initialisiert, schreibt der Compiler den Zahlenwert in den entsprechenden Speicherplatz

z. B.: int x = 3, y = 8;

   Speicher (RAM)

   x    2000   | 3 |
   y    2004   | 8 |

   Variable  Adresse Inhalt

(Die beiden Adressen sind zufällig gewählt)

Normalerweise interessiert es den Programmierer nicht, an welcher Adresse des Speichers sich eine Variable befindet. Bei manchen Anwendungen ist es jedoch sinnvoll bzw. notwendig, nicht mit Hilfe des Variablennamens auf den Wert der Variablen zuzugreifen, sondern mit Hilfe der Adresse der Variablen – man spricht dann von Zeiger- bzw. Pointerzugriff auf die Variable. Speziell bei Listen – also hintereinander (sequentiell) im Speicher abgelegten Zahlenwerten – ist dadurch ein schneller Zugriff auf die einzelnen Elemente möglich.

Ein Zeiger bzw. Pointer ist eine Variable, die eine Adresse aufnehmen kann. Ein Zeiger hat also einen Namen und befindet sich – wie die anderen Variablen – im Speicher. Die Anzahl Bytes, die für eine Zeigervariable reserviert werden, ist von der vom Computer verwendeten Adresslänge abhängig. Lange Zeit waren dies 16 Bit-Adressen; moderne PCs mit ihren großen Speichervolumina verwenden 32 Bit-Adressen für die Speicherverwaltung, d. h. für jede Zeigervariable müssen vier Byte reserviert werden.

Das Verständnis der Zeiger und das Arbeiten mit ihnen bereitet dem Anfänger immer wieder erhebliche Schwierigkeiten. Fortgeschrittene Programmierer können sich eine elegante und trickreiche Programmierung ohne sie gar nicht vorstellen.

Wir wollen in diesem Kapitel eine kurze Einführung zu den Zeigern geben, weil wir sie bei den im nächsten Kapitel zu behandelnden Funktionen benötigen, und ansonsten in den späteren Kapiteln an Stellen, an denen sich die Verwendung von Zeigern empfiehlt, das Thema wieder aufgreifen, so dass der Leser am Ende erfolgreich mit Zeigern umgehen kann.

Um die Zeigerproblematik besser zu verstehen, betrachten wir die folgende Geschichte: Sie stehen abends an der Bar eines Seminar-Hotels. Ein Seminar-Teilnehmer möchte Ihnen die 10 €, die er mittags von Ihnen geliehen hat, zurückgegeben. Sie haben jedoch Ihren Geldbeutel nicht dabei und sagen Ihrem Kollegen: Bitte gehen sie in Zimmer 330 und legen sie die 10 € in meinen Geldbeutel! Da der Kollege schon etwas vergesslich ist, schreibt er sich Ihre Zimmernummer auf einen Bierdeckel.

Wenn Sie jetzt lachen und es unmöglich finden, einem Fremden in dieser Form Zugriff auf Ihren Geldbeutel zu geben, haben Sie die Probleme bei Zeigern verstanden.

Wenn man einem anderen Programm-Modul, das meist von einem anderen Software-Entwickler geschrieben wurde, die Adressen von Variablen des eigenen Programms übergibt und damit die Möglichkeit, diese Variablen zu verändern, geht man ein Risiko ein – ähnlich wie bei dem Geldbeutel! Mit Zeigern muss man also sehr vorsichtig umgehen!

Mit der Deklaration

```
Typ *Zeiger_Name
```

wird eine Zeigervariable definiert, also ein Speicherplatz für eine Adresse bereitgestellt, z.B.:

```
int *p;
float *zeiger;
```

Erklärung der einzelnen Komponenten:

| | | |
|---|---|---|
| | 3   1      2 | 1  Der '*' besagt: Es handelt sich um eine Zeiger-Variable |
| z. B.: | int * x_zeiger | 2  Der Name der Zeigervariable ist: x_zeiger |
| | | 3  Der Zeiger zeigt auf eine Variable vom Typ 'int' (ist also ein »int-Zeiger«) |

Da die Adresse im Speicher abgelegt wird, ist eine größere Zahl von Zeigern gleichzeitig parallel verwendbar, wie die folgende Abbildung 11.1 zeigt.

| Variable | Adresse | Inhalt | |
|---|---|---|---|
| x_zeiger | 1000 | ? | ← muss initialisiert werden! |
| y_zeiger | 1004 | ? | ← muss initialisiert werden! |
| | | | |
| x | **2000** | **100** | |
| y | **2004** | **10** | |

RAM

Abb. 11.1   Pointervariablen im Speicher

Eine Zeigervariable muss erst initialisiert werden, da der Inhalt des für den Zeiger reservierten Speicherplatzes zunächst undefiniert ist (in der oben gegebenen Geschichte bedeutet das das Aufschreiben der Zimmer-Nr. auf den Bierdeckel).

Dies geschieht mit Hilfe des **Adressoperators (Referenzoperators) &**

Der Adressoperator & liefert die Adresse, unter der die dahinterstehende Variable im Speicher gespeichert ist (mit &x erhält man also die Adresse, unter der die Variable **x** im Speicher zu finden ist). Damit der gewählte Zeiger x_zeiger auch wirklich auf *x* zeigt, muss ihm diese Adresse übergeben werden; dies geschieht mit der Zuweisung:

```
x_zeiger = &x;
```

in diesem Beispiel (siehe Abb.) ist die Adresse 2000. Analog erfolgt mit

```
y_zeiger = &y;
```

die Zuweisung der Adresse 2004 an die Zeiger-Variable y_zeiger! Danach sieht es im Speicher folgendermaßen aus (Abb.11.2).

| Variable | Adresse | Inhalt |
|----------|---------|--------|
| **x_zeiger** | **1000** | **2000** |
| y_zeiger | 1004 | 2004 |
| | | |
| x | 2000 | 100 |
| y | 2004 | 10 |

**RAM**

Abb. 11.2    Initialisierte Pointervariablen

Theoretisch wäre jede der im Speicher vorkommenden Adressen als möglicher Zeiger-Inhalt denkbar. Eine Ausnahme bildet jedoch die Adresse 0, die zwar im Speicher vorkommt, in der Sprache C normgemäß jedoch nicht verwendet werden darf. Die Adresse 0 – in der header-Datei stdio.h mit NULL definiert – wird als **NULL-Zeiger** bezeichnet. Einige spezielle Funktionen, die als Return-Wert bei korrekter Funktion einen Zeiger liefern, verwenden NULL, um eine missglückte Operation zurückzumelden.

Sowie in der oben aufgeführten Geschichte nicht die Zimmer-Nr. von Interesse ist, sondern der Inhalt des unter dieser Zimmernummer zu findenden Geldbeutels, so interessiert bei dem Zeiger nicht die Adresse, sondern der unter dieser Adresse gespeicherte Zahlenwert.

Um mit Hilfe des Zeigers auf den **Speicherinhalt** zuzugreifen, verwendet man den **Verweis (Dereferenzierungs)-Operator \***.

*x_zeiger* nimmt die unter *x_zeiger* gespeicherte Adresse und greift anschließend auf diesen Speicherplatz zu. Man kann den gefundenen Zahlenwert einer anderen Variablen zuweisen, in einem arithmetischen Ausdruck verwenden oder direkt ausgeben, z.B.:

```
ergebnis = *x_zeiger;
```

Wirkung: der unter der in *x_zeiger* stehenden Adresse zu findende Zahlenwert wird in der Variable *ergebnis* gespeichert.

```
ergebnis = *x_zeiger + 2;
```

Wirkung:

1.  Holen der unter x_zeiger gespeicherten Adresse.

2.  Addition von 2 zu dem unter dieser Adresse zu findenden Datum.

3.  Speichern des Ergebnisses (im obigen Beispiel: 102) in der Variablen *ergebnis*

oder:

```
printf("%d", *x_zeiger);
```

*x_zeiger liefert in dem obigen Beispiel (s.Abb.11.2) den Wert 100. Da x_zeiger auf den Speicherplatz x zeigt, gilt: *x_zeiger ist gleich Wert von x (hier: 100)!

Andererseits kann man auch einen Zahlenwert in den durch den Zeiger adressierten Speicherplatz schreiben:

```
*x_zeiger = 10;
```

Das heißt für den Computer: Hole die in *x_zeiger* gespeicherte Adresse und schreibe in den durch sie adressierten Speicherplatz die Zahl 10.

Hinweis: * und & sind zueinander inverse Operatoren, das heißt, es gilt:

&(*zeiger)) bzw. *(&zeiger) ist gleich zeiger !

Ein Zeiger kann einem Zeiger der gleichen Typklasse zugewiesen werden; z.B. sei deklariert:

```
int *p,*q;
```

dann kann man schreiben:

```
p = q;
```

Nach dieser Zuweisung enthält p die gleiche Adresse wie q; beide Zeiger zeigen also dann auf das gleiche Objekt!

Warum ein Zeiger nicht einem Zeiger zugewiesen werden kann, der auf einen anderen Datentyp zeigt, und welche weiteren Operationen man mit Zeigern vornehmen kann, wird in einem späteren Kapitel behandelt.

Leider bereitet dem Anfänger die Mehrfachverwendung des Stern-Operators (Multiplikationszeichen, Deklarationszeichen für Zeigervariablen und Dereferenzierungs-Operator) im

Allgemeinen Schwierigkeiten, was möglicherweise eine Ursache sein könnte für die Probleme, die Zeiger im Allgemeinen dem Programmier-Anfänger bereiten.

Das folgende Beispiel-Programm zeigt noch einmal die behandelten Zusammenhänge. Vorab noch ein Hinweis: Will man – z. B. zu Testzwecken – Zeigeradressen auf dem Bildschirm ausgeben, lautet der Formatbeschreiber %p. Die Ausgabe der Adressen erfolgt im Hex-Zahlenformat!

```
      /*****************************************/
      /* Einfaches Zeigerprogramm              */
      /* Programm-Name: prog11_1.c             */
      /*****************************************/
      #include <stdio.h>
      void main(void)
      {
(1)   int *p,*q;
(2)   int x = 10,y = 5;
(3)   p = &x;  /* p zeigt auf x */
(4)   printf("Adr.von x: %p  Adr.von y: %p\n",&x,&y);
(5)   printf("p: %p    q: %p\n",p,q);
(6)   q = &y;  /* q zeigt auf y */
(7)   printf("x = %d   y = %d\n",x,y);
(8)   printf("*p = %d *q = %d\n",*p,*q);
(9)   p = q;
(10)  y = y+2;
(11)  (*p)++;
(12)  printf("y = %d, *q = %d\n",y,*q);
      }
```

Ausgabe:

```
Adr.von x: 0065FDEC  Adr.von y: 0065FDE8
p: 0065FDEC    q: CCCCCCCC
x = 10   y = 5
*p = 10 *q = 5
y = 8, *q = 8
```

Erklärungen zum Programm:

Die vorangestellten Zeilen-Nummern dienen nur der Programmbeschreibung – im Programm dürfen sie so nicht verwendet werden!

In (3) wird der Zeiger p, für den in Zeile (1) Speicherplatz reserviert wurde, mit der Adresse von x initialisiert.

Die Bildschirmausgabe in (4) zeigt die Adressen der beiden Variablen im Hex-Format, das heißt jeder Ziffer entsprechen vier Bit (eine Dekade). Die acht Hex-Ziffern zeigen also, dass der Computer mit 32-Bit Speicheradressen arbeitet. Des Weiteren sieht man, dass die beiden Adressen um vier auseinanderliegen (EC - E8 = 4). Für die int-Werte x und y hat der Computer also – wie in Kapitel 5 beschrieben – vier Byte Speicherplatz reserviert.

Der Output nach Zeile (5) zeigt: Der Zeiger p zeigt auf die Variable x – da gleiche Adresse; q ist noch undefiniert.

In Zeile (6) wird der Zeiger q mit der Adresse von y initialisiert, d. h. er zeigt nun auf die Variable y.

Die Zeilen (7) und (8) zeigen: Der direkte Zugriff auf x und y und der Zugriff über die Zeiger liefern erwartungsgemäß die gleichen Ergebnisse.

Nach der Zuweisung (9) p = q zeigen beide Zeiger auf die Variable y (Wert an dieser Stelle: 5). Addiert man direkt 2 auf y und anschließend eine 1 mit Hilfe des Zeigers p ((11): lies: Erhöhe den Inhalt des Speicherplatzes, auf den p zeigt, um 1), erhält man für y: 8 (da p und q auf y zeigen, ist es egal, ob man *p oder *q ausgibt!).

Hinweis: Die im Output-Fenster ausgegebenen Adressen sind Computer-spezifisch. Sie hängen davon ab, von welcher Speicheradresse ab beim jeweiligen PC die Anwenderprogramme geladen werden und das wiederum hängt von der Betriebssystem-Version und den jeweils geladenen Treibern ab.

**Zusammenfassung**

Bei Zeigern unterscheidet man die folgenden drei Komponenten:

| | |
|---|---|
| & zeiger_var | gibt die Adresse an, an welcher der Zeiger gespeichert ist (in der Abb.: *1000*). |
| zeiger_var | gibt den Wert des Zeigers, also die Adresse, auf die er zeigt, an (in der Abb.: *2000*). |
| *zeiger_var | liefert den Inhalt des Speicherplatzes, auf den der Zeiger zeigt (in der Abb.: *100*). |

Diese Zusammenhänge lassen sich noch in einer anderen – graphischen – Form darstellen. Geht man davon aus, dass zu jeder Variablen im Computer eine Adresse und ein Wert gehören und stellt man diese folgendermaßen dar:

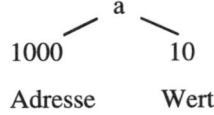

a

1000      10

Adresse    Wert

Das heißt: Links unter dem Variablen-Namen steht die Adresse und rechts der Wert.

So ergibt sich bei einer Zeiger-Variablen, die auf eine Variable zeigt, die folgende Darstellung (die Speicher-Adressen und -Inhalte wurden von der Abbildung oben übernommen):

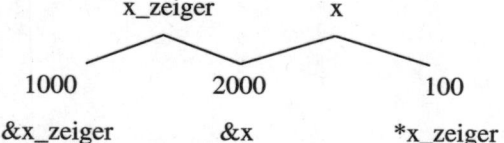

Erklärung: Die Adresse der Zeiger-Variable x_zeiger (also &x_zeiger) ist 1000.

Ihr Wert nach der Initialisierung ist die Adresse von x ( also = &x). x wiederum hat den Wert (also *x_zeiger): 100.

## 11.2 Übung IX: Zeiger

1. Aufgabe: Welche Ausgabe erfolgt im Folgenden Programm:

```
#include <stdio.h>
void main(void)
{
 int j=5,*pj;
 pj=&j;
 printf("\n%i %i %i %i\n",*pj,*pj+2,**&pj,
 *pj-j);
}
```

2. Aufgabe: Ist die Deklaration int *p,x; gleichbedeutend mit a) int *p; int *x; oder b) int *p; int x; ?

3. Aufgabe: Welchen Fehler enthält das folgende Programm:

```
include <stdio.h>

void main(void)
{
 int zahl,*zeiger;
 zahl = 405;
 *zeiger = zahl;
 printf("\n%i %i",zahl,*zeiger);
}
```

4. Aufgabe: Geben Sie den Output dieses Programms an:

```
#include <stdio.h>

void main(void)
{
 int *p,*q;
 int x = 5,y = 20;
 p = &x;
 q = &y;
 printf("1.Ergebnis: %d %d\n", *p,*q+5);
 (*p)++;
 p = q;
 *q = *q + 1;
 printf("2.Ergebnis: %d %d %d %d",x,*p,*q,
 *q - *p);
}
```

Output:

```
1.Ergebnis: _____
2.Ergebnis: _____
```

# 12 Funktionen

## 12.1 Einführung

Bisher wurden nur Programme vorgestellt, bei denen einzelne Programmabschnitte wiederholt durchlaufen wurden. Dies führte zur Verwendung von while-, do...while und for-Schleifen. Häufig tritt aber das Problem auf, dass der gleiche Codeabschnitt wiederholt im Programm auftritt, oder mit einem Beispiel gesagt: Wenn an **verschiedenen** Stellen des Programms eine Mittelwertbildung verlangt wird oder ein Zins berechnet werden muss, wird die entsprechende Formel zwar wiederholt im Programm verwendet, aber an den verschiedenen Stellen des Programms jeweils **nur einmal**. Das führt dazu, dass man den Codeabschnitt jedes Mal neu hinschreiben muss, was zwar bei modernen Entwicklungsumgebungen nicht sehr aufwendig ist, weil man die Befehlszeilen in den Zwischenspeicher kopieren und beliebig oft einfügen kann, was aber das Programm unnötig aufbläht und vor allem eine spätere Wartung des Programms extrem erschwert.

Alle modernen Programmiersprachen bieten die Möglichkeit, Programmteile, die häufiger gebraucht werden, als selbständige Einheiten zu entwickeln und sie an den Stellen des Hauptprogramms, an denen sie benötigt werden, aufzurufen. Diese Einheiten werden allgemein als Unterprogramme bezeichnet.

An der Stelle, an der im Hauptprogramm das Unterprogramm aufgerufen wird, unterbricht ersteres seine Arbeit und springt an die Stelle im Speicher, wo das Unterprogramm steht. Nach Abarbeitung des Unterprogramms wird ins Hauptprogramm zurückgesprungen und zwar zum nächsten Befehl hinter dem Unterprogrammaufruf. Die grafische Darstellung dieses Vorgangs zeigt die Abbildung 12.1.

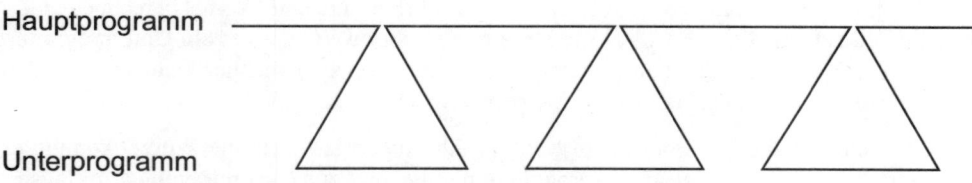

Abb. 12.1   Wiederholter Aufruf eines Unterprogramms

Damit nach dem Sprung ins Unterprogramm die Rückkehr ins Hauptprogramm gelingt, muss sich Letzteres bei jedem Sprung ins Unterprogramm die Rücksprungadresse, also die Adresse des nächsten zu bearbeitenden Hauptprogramm-Befehls merken.

Die Verwendung von Funktionen bedeutet nicht nur weniger Arbeit beim Erstellen des Programms und verringerten Speicherplatz-Bedarf, ihr wesentlicher Vorteil ist, dass die Funktionen separat erstellt, getestet und bei erforderlichen Änderungen separat überarbeitet werden können.

Sie sind im Allgemeinen klein und überschaubar. Zwar gibt es keine generelle Regel hinsichtlich der maximalen Größe des Unterprogramms, doch gelten in vielen Softwarehäusern 100 Zeilen als Maximalwert – das sind höchstens zwei Listing-Seiten, die bequem zu überschauen sind.

Durch diese Zerlegung eines komplexen Programms in kleinere Einheiten wird die Programmierung zudem überschaubarer und leichter zu handhaben, weil sich die einzelnen Module auf verschiedene Programmierer aufteilen lassen und damit durch Parallelarbeit eine schnellere Fertigstellung der Gesamtsoftware möglich wird.

Ein weiterer Vorteil der Verwendung von Unterprogrammen ist die Wiederverwendbarkeit. Wenn es gelingt, Unterprogramme so allgemein zu entwickeln, dass sie bei anderen Softwareprojekten wiederverwendet werden können, bindet man sie in eine Bibliothek (library) ein, und greift bei späteren Projekten auf das jeweils benötigte Unterprogramm zu. Diese Möglichkeit ist eine wesentliche Voraussetzung für ökonomische Programmierung!

Ein Vergleich mit der Hardware: Einen PC, der nur aus einer Platine besteht, würde heute niemand mehr kaufen. Hier hat man sich längst daran gewöhnt, dass es neben der Hauptplatine (mainboard) eine große Zahl von Modulen (Speicherplatinen, Bildschirmkarten, Soundkarten usw.) gibt, die in vorhandene Steckplätze gesteckt werden und mit deren Hilfe der Systemlieferant seinem Kunden den für ihn optimalen PC konfigurieren kann. Genau dieses Ziel verfolgt auch die modulare Programmierung mit der Verwendung von Unterprogramm-Bibliotheken.

Unterprogramme kann man auch ineinanderschachteln, d. h. in einem Unterprogramm wird wieder in neues Unterprogramm aufgerufen, nach dessen Abarbeitung man in das übergeordnete Unterprogramm zurückkehrt. Grafisch dargestellt sieht das folgendermaßen aus (Abb.12.2).

Erklärung: Die Darstellung geht davon aus, dass das Programm eine Formel berechnen muss, die eine Wurzel enthält, z. B.: $... + \sqrt{x^7} + ...$ Der Programmier weiß, dass es ein Unterprogramm gibt, das die Wurzel berechnet und ein Potenzprogramm, das $x^y$ berechnen kann und setzt den Wurzelausdruck in der Formel um in: $... + $ sqrt(pow(x,7)) $+ ...$

Der Computer arbeitet die Formel ab (waagerechte Linie), bis er an die Wurzel kommt, er verzweigt dann in das Wurzel-Unterprogramm und beginnt zunächst mit einigen Initialisierungen. Er benötigt dann das Argument, aus dem er die Wurzel bilden soll und stößt auf einen neuen Funktionsaufruf, das Potenz-Unterprogramm. Nach Ablauf des Potenz-Unterprogramms wird in das Wurzel-Unterprogramm zurückgesprungen, die Wurzel berechnet, und dann im Hauptprogramm die weitere Formel abgearbeitet.

Hauptprogramm

Wurzel-Upro

Potenz-Upro

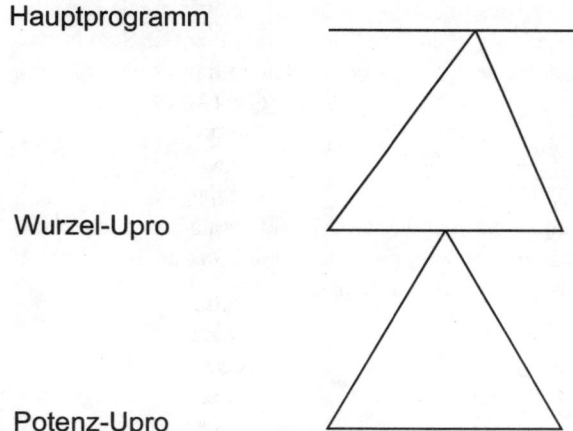

Abb. 12.2 Verschachtelte Unterprogramme

Unterprogramme können nur dann optimal arbeiten, wenn die Möglichkeit besteht, mit dem Hauptprogramm beziehungsweise dem übergeordneten Unterprogramm zu »kommunizieren«. Diese Kommunikation besteht darin, dass Zahlenwerte, die das Unterprogramm für seine Berechnungen benötigt, an dieses übergeben werden und dass das Unterprogramm die Ergebnisse seiner Berechnungen – sofern vom Hauptprogramm benötigt – an das Hauptprogramm zurückgibt.

In der Sprache C verwendet man für Unterprogramme die Bezeichnung **Funktion**. Wir hatten in Kapitel 4.1 schon darauf hingewiesen, dass jedes C-Programm aus einzelnen Komponenten, sogenannten Funktionen besteht, und dass hier auch das Hauptprogramm als Funktion bezeichnet wird, die den Namen *main* trägt.

Aus der Sicht des übergeordneten Betriebssystems des Computers ist das sinnvoll, da das jeweilige Programm vom Betriebssystem aufgerufen wird und nach Abarbeitung des Programms wieder auf die Betriebssystem-Ebene zurückgekehrt wird. Das jeweilige Anwenderprogramm kann also als Unterprogramm des Betriebssystems gesehen werden. Wir hatten auch schon daraufhingewiesen, dass die Leistungsfähigkeit von C darin besteht, dass es über etwa 300 Standard-Funktionen verfügt, die sich in Bibliotheken befinden. Einige dieser Funktionen, z.B: printf( ) und scanf( ) wurden bereits wiederholt in Programmen verwendet. Dieses Kapitel beschäftigt sich nun damit, wie der Anwender eigene Funktionen entwickeln und einsetzen kann.

Jede Funktion besteht aus einem Funktionskopf und einem Funktionsrumpf. Der Kopf sieht folgendermaßen aus:

```
Datentyp des Rückgabedatums Funktionsname (Liste von
        Parametern mit ihren jeweiligen Datentypen)
```

Die Liste darf nach ISO-Standard maximal 31 Parameter enthalten.

Vor dem Funktionsnamen wird der Datentyp des Ergebnisses, das an die aufrufende Funktion zurückgeliefert wird, angegeben. Der Ergebnistyp der Funktion kann einer der Standarddatentypen oder ein selbstdefinierter Datentyp sein (Letztere werden erst in einem späteren Kapitel bearbeitet).

Wird nichts an die aufrufende Funktion zurückgegeben, verwendet man den Typ void (engl.: leer). Wird kein Datentyp angegeben, setzt der Compiler standardmäßig int als Typ ein.

In der Klammer hinter dem Funktionsnamen werden die beim Funktionsaufruf an die Funktion übergebenen Parameter mit ihren Datentypen angegeben. Auch hier ist die Angabe void möglich, wenn nichts an die Funktion übergeben wird. Beispiele:

```
     4              1          3        2

void    bruttoausgabe(int nettobetrag)
```

1 Funktionsname: »bruttoausgabe«

2 übergebener Parameter: »nettobetrag«

3 dessen Datentyp: int

4 keine Rückgabe von Daten

```
int summe (int a, int b)

float kreisflaeche (float radius)
```

Man beachte: Hinter der Kopfzeile der Funktion steht **kein** Semikolon!

Die Parameter sind **Formalparameter** – also Platzhalter. Sie werden bei der Entwicklung der Funktion verwendet und halten den Platz für die Parameter, die bei Aufruf der Funktion aus einem Programm übergeben werden. Diese Parameter werden als **Aktualparameter** bezeichnet. Sei z. B. eine Funktion void fkt(int a, int b, float c) definiert, und wird sie in einem Programm mit fkt(x,y, flaeche) aufgerufen, so wird a durch x, b durch y und c durch flaeche ersetzt.

Diese Tatsache bereitet dem Anfänger erhebliche Schwierigkeiten, weil er es als umständlich ansieht, für dieselbe Größe verschiedene Variablenbezeichnungen zu verwenden. Wenn z.B. in der Kopfzeile des Unterprogramms eine Fläche mit $f$ bezeichnet wird und im Hauptprogramm mit $a$, bedeutet das für den Anwender erhöhte Konzentration – für den Compiler ist es nur ein einfacher Ersetzungs-Vorgang.

Wichtig ist diese Trennung zwischen Formal- und Aktual Parametern jedoch für die Wiederverwendbarkeit von Funktionen, vor allem, wenn man sie in Bibliotheken einbindet. Da man bei der Erstellung eines neuen Programms nicht weiß, welche Buchstabenkombination man im Funktionskopf für eine Variable verwendet hat, müsste man, wenn es diese Trennung nicht gäbe, sich die Quellcodes aller verwendeten Funktionen ansehen, um herauszufinden, welche Bezeichnungen für die einzelnen Parameter verwendet wurden.

Da nichts dagegen spricht, für Formal- und Aktual-Parameter die gleichen Buchstaben bzw. Buchstabenkombinationen zu verwenden, sollte der Anfänger dies zunächst tun, sich aber nach und nach daran gewöhnen, unterschiedliche Bezeichnungen zu verwenden.

Bei Funktionen gilt für die Funktions- und die Variablenbezeichnungen in besonderem Maße, dass sprechende Namen für die einzelnen Variablen verwendet werden sollen, also nicht *f* und *p*, sondern *flaeche* und *preis*.

Jede Funktion besteht aus einem Kopf und einem – wie schon von *main* her bekannten – in geschweiften Klammern »eingerahmten« Rumpf, in C als Block bezeichnet. Dieser besteht aus einem Definitionsteil, in dem die verwendeten Variablen vorab definiert werden, und dem Befehlsteil.

Für die in der Parameterliste angegebenen Variablen werden – nach neuerem C-Standard – von der Funktion Speicherplätze angelegt. Sie dürfen also nicht mehr neu definiert werden. Werden in der Funktion keine anderen Variablen als die in der Parameterliste der Kopfzeile angegebenen verwendet, entfällt der Definitionsteil.

Die Lebensdauer einer in einer Funktion definierten Variablen beschränkt sich auf die Ausführungszeit dieser Funktion, d.h sie endet mit deren Ende. Diese Variablen sind also lokale Variablen!

Sichtbar ist eine lokale Variable nur innerhalb der Funktion, in der sie deklariert wurde. Von Programmteilen außerhalb der Funktion – z. B. von anderen Funktionen aus – kann nicht auf diese Variable zugegriffen werden! Verwendet man also Variablen mit gleichem Namen in verschiedenen Funktionen eines Programms – oder im Hauptprogramm *main* – handelt es sich um eigenständige Variablen!

Globale Variablen sind sowohl im Hauptprogramm als auch in allen Funktionen sichtbar. Wird in einer Funktion eine Variable mit den gleichem Namen wie eine globale Variable definiert, wird letztere überdeckt, das heißt, die lokale Variable hat Vorrang.

Es folgt ein einfaches Anwendungsbeispiel. Zwei Zahlen sollen an eine Funktion übergeben, von dieser addiert und ausgegeben werden. Das ergibt die folgende Funktion:

```
void summe (int a, int b)
{
 int sum;
 sum = a + b;
 printf(Die Summe von %d und %d beträgt %d",a,b,sum);
}
```

Wenn im Hauptprogramm die beiden zu übergebenden Parameter mit x und y bezeichnet werden, erfolgt der Aufruf der Funktion im Hauptprogramm mit:

```
summe(x,y);
```

Wenn, wie das meist der Fall ist, die Deklaration einer Funktion erst nach ihrem Aufruf, also nach dem Hauptprogramm erfolgt, muss vorweg ein Funktionsprototyp angegeben werden, damit der Compiler eine Typ-Überprüfung vornehmen kann. Im einfachsten Fall übernimmt man die Kopfzeile der Funktion. Man kann jedoch die Namen der Formalparameter weglassen, da der Compiler sie ignoriert. Bei dem oben gegebenen Beispiel sieht der Prototyp folgendermaßen aus:

```
void summe(int, int);
```

Stimmen die Datentypen der Formalparameter, ihre Anzahl oder ihre Reihenfolge beim Aufruf oder bei der Deklaration der Funktion nicht mit dem Prototyp überein, erzeugt der Compiler eine Fehlermeldung.

Die Prototypen der verwendeten Funktionen stehen in der Regel vor dem Hauptprogramm. Dann sind die Funktionen sozusagen global, d. h. das Hauptprogramm kann auf sie zugreifen und die einzelnen Funktionen können sich wechselseitig aufrufen.

Man kann die Prototypen auch zu Beginn des Hauptprogramms aufführen, jedoch kann dann nur das Hauptprogramm auf die Funktionen zugreifen.

Man kann sich das Erstellen von Prototypen ersparen, wenn man alle Funktionen vor dem Hauptprogramm (main) deklariert, wie das bei der Programmiersprache Pascal gemacht wird.

Das vollständige Programm sieht folgendermaßen aus:

```
/********************************************/
/* Einfache Funktion 'summe'                */
/* Prog.Name:prog12_1.c                     */
/********************************************/
#include <stdio.h>

void summe(int, int);  /* Prototyp der Funktion
                              'summe' */
void main(void)
{
 int x,y;
 printf("Zwei Summanden eingeben: ");
 scanf("%i %i",&x, &y);
 summe(x,y);       /* Aufruf der Funktion mit
                       Aktualparametern */
}

void summe (int a, int b)   /* Deklaration der
                                 Funktion */
{
 int sum;
 sum = a + b;
 printf("Die Summe von %d und %d betraegt %d",
 a,b,sum);
}
```

**Mögliche Ein- und Ausgabe:**

```
Zwei Summanden eingeben: 5 7
Die Summe von 5 und 7 betraegt 12
```

Man beachte: Im Unterschied zum Funktionskopf wird die Prototyp-Angabe mit einem Semikolon abgeschlossen!

Wir wollen die bisherigen Informationen über Funktionen kurz zusammenfassen.
Jede Funktion benötigt drei Komponenten:

1. Die Deklaration der Funktion mit Formalparametern.

2. Die Angabe eines Prototypen vor der Verwendung der Funktion.

3. Den Aufruf der Funktion mit Aktualparametern im main.

Bei dem bisher betrachteten Programm-Beispiel werden der Funktion vom Hauptprogramm zwei Parameter übergeben, diese gibt aber nichts an das Hauptprogramm zurück. Die Aufgabenstellung soll nun geringfügig geändert werden: Die in der Funktion gebildete Summe soll an das Hauptprogramm zurückgeliefert und von diesem auf dem Bildschirm ausgegeben werden. Damit ist der Return-Datentyp nicht mehr *void*, sondern *int* und der Prototyp der Funktion sieht folgendermaßen aus:

```
int summe(int,int);
```

für die Rückgabe eines Ergebnisses an das Hauptprogramm verwendet man die Anweisung:

```
return  Ausdruck;
```

Der *Ausdruck* kann auch in Klammern gesetzt werden und ist im einfachsten Fall eine Variable, kann aber ein arithmetischer Ausdruck sein, z.B.:

```
return summe;     oder:
return (a + b);
```

Damit ergibt sich das zur oben gegebenen Aufgabenstellung gehörende Programm:

```
/*********************************************/
/* Funktion 'summe' mit Rückgabewert         */
/* Prog.Name:prog12_2.c                      */
/*********************************************/

#include <stdio.h>

int summe(int, int);   /* Prototyp der Funktion
                          'summe' */

void main(void)
{
 int x,y,erg;
 printf("Zwei Summanden eingeben: ");
 scanf("%i %i",&x, &y);
```

```
erg = summe(x,y);    /* Aufruf der Funktion mit
                            Aktualparametern */
printf("Die Summe von %d und %d betraegt d",
x,y,erg);
}


int summe (int a, int b)    /* Deklaration der
                                Funktion */
{
 int sum;
 sum = a + b;
 return sum;
}
```

**Mögliche Ein- und Ausgabe:** Siehe letztes Programm (summe1.c)!

Steht hinter return kein Ausdruck, wird an dieser Stelle in das Hauptprogramm zurückgesprungen und nichts zurückgegeben. Das kann dazu verwendet werden, eine Funktion vorzeitig abzubrechen, z.B.:

```
void division (float a, float b)
{
 float erg;
 if ( b == 0)
 {
   printf("Division durch Null ist nicht möglich");
   return;
 }
 else
   erg = a/b;

printf("Ergebnis der Division: %f", erg);
}
```

Es gibt aber auch Funktionen, an die keine Parameter übergeben werden, und die selbst keine
Parameter an das aufrufende Programm zurückgeben. Zum Beispiel das folgende einfache
Programm zum Bildschirmlöschen (das »Löschen« geschieht durch 25 Zeilenwechsel; die
Bildschirminhalte werden also nach oben aus dem Bildschirm herausgeschoben!)

```
void bs_loeschen (void)
{
 int i;
 for (i = 0; i < 25 ; i++)
   printf("\n");
}
```

Diese Funktion wird im Hauptprogramm folgendermaßen aufgerufen:

```
bs_loeschen();
```

Die Verwendung der beiden runden Klammern ist zwingend erforderlich, damit der Compiler
*bs_löschen( )* als Funktion erkennt!

## 12.2  Funktionen mit mehreren Return-Werten

Die Standardrückgabe von Ergebnissen mit Hilfe von *return* ist in C auf ein Ergebnis beschränkt. Sollen Funktionen mehr als einen Wert zurückliefern, ist das nur durch einen Trick möglich: Man übergibt beim Funktionsaufruf die Adressen (Zeiger) der im Hauptprogramm definierten Variablen. Die Funktion muss die Ergebnis-Werte in die durch die übergebenen Adressen festgelegten Speicherplätze schreiben. Die durch Pointer festgelegten Speicherplätze befinden sich im Datenbereich des Hauptprogramms, d.h. die Funktion schreibt schon während ihres Ablaufs Ergebnisse in den Datenbereich des Hauptprogramms.

Hier sei an das bei der Einführung der Zeiger verwendete Beispiel erinnert: Wenn der Kollege – während sein Schuldner noch an der Bar steht – in dessen Zimmer geht und das geliehene Geld in den Geldbeutel legt, entspricht das der Datenrückgabe bei Funktionen mit Hilfe von Zeigern.

Ein Beispiel ist die schon mehrfach verwendete Funktion

```
int scanf("...",&a);
```

&a – also die Adresse der vorher bereits definierten Variablen a – wird an die Funktion übergeben die das von der Tastatur eingelesene Datum unter dieser Adresse abspeichert.

```
Als Beispiel für die Rückgabe von zwei Ergebnissen soll die Berechnung
von Umfang und Fläche eines Kreise dienen. Der Radius des Kreises wird
im Hauptprogramm eingelesen und zusammen mit den Adressen (Zeiger) der
für die Fläche und den Umfang verwendeten Variablen an die Funktion
übergeben. Diese gibt über die  Zeiger die Ergebnisse an das
Hauptprogramm zurück.
/******************************************/
/* Berechnung von Kreisflaeche und -umfang  */
/* mit Hilfe einer Funktion                 */
/* Name: prog12_3.c                         */
/******************************************/

#include <stdio.h>
#define PI 3.141

void kreis(float,float*,float*);

void main(void)
{
 float r,umf,flae;

 printf("Bitte Radius eingeben: ");
 scanf("%f",&r);
 kreis(r,&umf,&flae);
 printf("Der Umfang ist: %.3f\n",umf);
 printf("Die Flaeche ist: %.3f",flae);
}
```

```
void kreis(float r, float *u, float *f)
{
 *u = 2*PI*r;
 *f = PI*r*r;
}
```

**Mögliche Ein- und Ausgabe:**

```
Bitte Radius eingeben: 1
Der Umfang ist: 6.282
Die Flaeche ist: 3.141
```

Beim Aufruf der Funktion wird mit &umf und &flae die Adresse der beiden Parameter an die Funktion *kreis* übergeben. In der Zeile *u = 2*PI*r; wird auf die übergebene Adresse, an der die Variable *umf* im Hauptprogramm steht, zugegriffen und der berechnete Umfang unter dieser Adresse abgespeichert. Nach Abarbeitung dieser Zeile steht das Ergebnis dem Hauptprogramm bereits zur Verfügung, obwohl die Funktion noch nicht beendet ist!

Anschließend wird noch die Fläche berechnet und das Ergebnis ebenfalls in den entsprechenden Speicherplatz im Hauptprogramm-Datenbereich geschrieben.

## 12.3 Übung X: Funktionen

**Empfehlung:** Entwerfen Sie bei den folgenden Aufgaben zunächst den Lösungsalgorithmus in Form eines Struktogramms!

1. Aufgabe: (Modifikation der Aufgabe VI,2)

> Zwei Gleitkomma-Zahlen sollen eingelesen werden. Bei der zweiten Zahl darf nicht Null eingegeben werden (absichern – evtl. neu einlesen!) Dann soll das untenstehende Menü ausgegeben werden. Durch Wahl eines Buchstabens soll dann eine der vorgegebenen Operationen mit den beiden Zahlen durchgeführt und das Ergebnis
> ausgegeben werden.

> Solange bei der Menüwahl nicht »E« eingegeben wird, soll die Aufgabe immer wieder durchlaufen werden. Menü:

> (A)ddieren
> (S)ubtrahieren
> (M)ultiplizieren
> (D)ividieren
> (E)nde

> Die ersten vier Menüpunkte sollen mit Funktionen realisiert werden. Die Ausgabe des Ergebnisses soll jeweils im Hauptprogramm erfolgen.

2. Aufgabe: Ein Menü soll es einem Kapitalanleger ermöglichen: a) Kn bei gegebenem p, Ko und n b) Ko bei gegebenem p, Kn und n zu bestimmen. (Ko = Anfangskapital, n = Laufzeit, p = Zinssatz in %).

Die einzelnen Menüpunkte sollen als Funktionen programmiert werden. Die Parameter sollen in den Funktionen eingelesen und die Ergebnisse dort auch ausgegeben werden!

Es gilt: $Kn = Ko * (1 + \frac{p}{100})^n$ $\qquad Ko = \dfrac{Kn}{(1 + \frac{p}{100})^n}$

3. Aufgabe: Erstellen Sie ein Programm, das Fläche und Umfang eines Rechtecks berechnet. Es gilt: Fläche = Länge x Breite und Umfang = 2 x (Länge + Breite). Umfang und Fläche sollen in **einer** Funktion berechnet und vom Hauptprogramm ausgegeben werden.

4. Aufgabe: Schreiben Sie eine Funktion void tausch(int*, int*), die zwei per Zeiger übergebene Integer-Zahlen miteinander vertauscht (Geben Sie zum Nachweis die zwei im Hauptprogramm definierten Zahlen vor und nach dem Aufruf der Funktion aus!).

# 13 Felder (Arrays)

## 13.1 Eindimensionale Felder

Bisher hatten wir es stets mit Variablen zu tun, die jeweils einen bestimmten Zahlenwert aufnehmen, also speichern konnten. Des Öfteren hat man Anwendungen, bei denen viele Zahlenwerte der gleichen Größenart auftreten. Soll man z.B. die Ergebnisse von Temperaturmessungen beziehungsweise die Noten von Klausuren auswerten, also zum Beispiel den Durchschnitt bilden oder die Häufigkeitsverteilung (Statistik) ermitteln, bereitet das mit Variablen der bisher verwendeten Art erhebliche Probleme.

Um zum Beispiel fünf Klausuren auszuwerten, müsste man die Variablen sehrgut, gut, befriedigend usw. definieren und benötigte zusätzlich genauso viele Variablen, wie man Klausuren vorliegen hat: schueler1, schueler2,...schuelerN.

In der Technik verwendet man für Variablen, die dieselbe Größe repräsentieren, Indizes z. B. Temperatur(1), Temperatur(2) usw., in der Programmierung bezeichnet man eine solche Gruppierung von verschiedenen Zahlenwerten unter einem Oberbegriff als **Feld** (engl. **array**), die einzelnen Zahlenwerte als **Elemente** des Feldes und die Anzahl der Elemente als **Dimension**.

Im Alltag spricht man auch von »Listen«, z. B. Notenlisten oder Messwertelisten – im mathematisch-technischen Bereich bezeichnet man diese als eindimensionale Felder.

Die einzelnen Elemente verwenden den gleichen Feldnamen und dahinter – in Klammern – die Nummer des Elements. Diese Nummer kann auch eine Ganzzahl-Variable sein, deren Wert erst zur Laufzeit des Programms eingesetzt wird. So kann man auf einfachste Art in einem Programm die verschiedenen Elemente der Felder der Reihe nach ansprechen. In C sieht das folgendermaßen aus: z.B.: note[1], note[2] usw., oder allgemein: note[i]. Man beachte, dass die Indizes hier in **eckigen** Klammern stehen!

Ein solches Feld muss – wie bisher die Variablen – vorab definiert werden. Durch:
**Typ  Name [Anzahl]**

wird ein eindimensionales Feld vom angegebenen Typ und der angegebenen Elementezahl (*Anzahl*) angelegt, oder einfacher: Wird dem Compiler mitgeteilt, dass man unter dem angegebenen Namen die vorgegebene Anzahl Zahlenwerte oder Zeichen speichern möchte. Anzahl muss eine vorzeichenlose Konstante sein! Beispiel:

```
   3   1  2
int feld[10];
```

1. Array-Name: »feld«

2. Anzahl der Feldelemente: 10

3. alle Elemente vom Typ »int«

Im Speicher sieht das folgendermaßen aus:

| | |
|---|---|
| Feld[0] | |
| Feld[1] | |
| : | |
| : | |
| Feld[9] | |

Jedes Feldelement besteht aus so vielen Bytes, wie für die Speicherung des verwendeten Datentyps – hier 'int' – benötigt werden.

Durch die Deklaration eines Feldes wird vom Compiler automatisch der benötigte Speicherplatz reserviert, das heißt bei `int feld[10]` 10 * 4 = 40 Bytes (bei 32-Bit Integers). Gleichzeitig wird die Nummerierung der Elemente durchgeführt und erfolgt die Zuordnung der einzelnen Elemente zu den Speicherplätzen, wobei in C – abweichend von anderen Programmiersprachen – die Zählung mit dem Index 0 begonnen wird.

Das ist eine ungewohnte Vorgehensweise, da üblicherweise die Zählung von Objekten mit Eins beginnt, und leider eine häufige Fehlerquelle beim Programmieren. Die Deklaration `int feld[10];` reserviert also Speicherplatz für 10 Elemente mit den Indizes 0 bis 9!

Im Zeitalter billiger Speicherplätze könnte man zwar das Element mit der Adresse 0 einfach unbenutzt lassen, müsste dann aber Platz für ein Element mehr reservieren. Zur Zeit wird diese Vorgehensweise kaum praktiziert.

Bei manchen Anwendungen ist es erforderlich, die Gesamtzahl der real genutzten Elemente zu speichern. Hierzu bietet sich die Verwendung des Feldes mit dem Index 0 an – sofern es sich bei dem Feld um ein Zahlenfeld handelt.

Bei der Definition des Feldes darf in den eckigen Klammern keine Variable verwendet werden, sondern muss eine Konstante eingesetzt werden. Die Größe des Feldes und damit die des benötigten Speicherplatzes muss also vorab festgelegt werden.

Das ist ein großer Nachteil, denn bei vielen Anwendungen steht erst zur Laufzeit (run-time) des Programms die Anzahl der benötigten Elemente fest – und ändert sich eventuell mit der Zeit, wenn z. B. die Anzahl Kunden oder die der lieferbaren Artikel einer Firma zunimmt.

Hier bleibt nur die Möglichkeit, die bei der Anwendung des Programms voraussichtlich **maximal** auftretende Elemente-Zahl vorweg zu definieren und beim Ablauf des Programms die **real** benötigte Elemente-Zahl zu nutzen; das heißt, es wird bei der Erstellung des Programms für das eindimensionale Feld meist wesentlich mehr Speicherplatz reserviert, als später zur Laufzeit des Programms mit Daten belegt wird.

Will man das vermeiden, bleibt nur die dynamische Speicherplatzreservierung und -verwaltung über Zeiger übrig, die in einem späteren Kapitel behandelt wird.

## 13.1.1 Initialisieren von Feldern

Beim Anlegen von Feldern können diese – wie bisher schon von Variablen gewohnt – zusätzlich initialisiert werden: Bei global definierten Feldern werden alle Elemente mit Null initialisiert, bei lokalen Feldern muss man die Initialisierung bei der Definition der Felder selbst vornehmen. Dies geschieht durch Zuweisung einer in geschweifte Klammern gesetzten Liste von durch Kommata getrennten Konstanten oder Konstantenausdrücken (das sind Rechenanweisungen mit Konstanten, z.B.: 4*5+3 – sie werden vom Compiler ausgeführt und das Ergebnis eingesetzt).

Enthält diese Liste weniger Elemente als die Gesamtzahl reservierter Feldelemente (also die Dimension), werden die restlichen Feldelemente mit Nullen initialisiert.

Beispiele:

```
int feld[5]  = {1};
```

Anordnung im Speicher:

| | |
|---|---|
| feld[0] | 1 |
| feld[1] | 0 |
| feld[2] | 0 |
| feld[3] | 0 |
| feld[4] | 0 |

```
float feld[5]  = {-1.7,5*2,-5.2};
```

Anordnung im Speicher:

| | |
|---|---|
| feld[0] | -1.7 |
| feld[1] | 10.0 |
| feld[2] | -5.2 |
| feld[3] | 0.0 |
| feld[4] | 0.0 |

Zu feld[1]:  Das Ergebnis des Konstantenausdrucks 5*2 = 10 wird vom Compiler hier eingesetzt!

```
char feld[3] = {'a','b','c'};
```

Anordnung im Speicher:

| feld[0] | a |
| feld[1] | b |
| feld[2] | c |

```
int feld[3] = {0};
```

Anordnung im Speicher:

| feld[0] | 0 |
| feld[1] | 0 |
| feld[2] | 0 |

Bei der Feldinitialisierung ist auch eine implizite Vorgabe der Feldgröße möglich: Der Compiler ermittelt dann die Dimension des Feldes durch Abzählen der vorgegebenen Initialisierungswerte.

Diese Art der Festlegung der Dimension erscheint auf den ersten Blick etwas unsinnig. Sie wird fast ausschließlich verwendet bei der Definition von Feldern mit Zeichenketten (Strings). Da bei Zeichenketten auch Interpunktions-Zeichen (Punkt, Komma, Semikolon) und vor allem Leerzeichen Speicherplatz belegen, also als Feldelemente mitgezählt werden müssen, besteht die Gefahr, dass man sich verzählt. In diesen Fällen ist also eine implizite Initialisierung sinnvoll. Beispiel:

```
int feld[ ] = {'a','b'};
```

besteht aus genau zwei Feldelementen! Anordnung im Speicher:

| feld[0] | a |
| feld[1] | b |

Die Ein-und Ausgabe von Zahlenwerten in die Feldelemente lässt sich einfach realisieren.

## 13.1.2  Feld-Eingabe

Der einfachste Zugriff auf ein Feldelement ist eine Wertzuweisung, z.B.:

```
note[3] = 1;
```

Hier wird die 1 in das Feldelement Nr.3 – also das 4.Element – des Felds *note* geschrieben. Will man das gesamte Feld mit Zahlenwerten füllen, bieten sich zwei Möglichkeiten: Sequentielle Eingabe und Random-Access Eingabe. Die sequentielle Eingabe sieht in ihrer einfachsten Form folgendermaßen aus:

```
for (i = 0; i < elementzahl; i++)
   scanf("%d",feld[i]);
```

Bei der Random-Access Eingabe müssen für jedes Element zwei Angaben gemacht werden:
die Nummer (Index) des Feldelements und sein Wert. Beispiel:

```
for(i = 0; i < elementzahl; i++)
{
 scanf("%d",&element_nr);
 scanf("%d",&element_wert);
 feld[element_nr] = element_wert;
}
```

Wenn es sich bei dem Programmteil um eine Funktion handelt, muss die Elementzahl
(Dimension) des Feldes in beiden Fällen, an diese als Parameter übergeben werden.

## 13.1.3 Feld-Ausgabe

Das einfachste Lesen eines Feldelements besteht in einer Wertzuweisung, z. B.:

```
x = note[3];
```

Hier wird das Element *note[3]* gelesen und sein Wert der Variablen *x* zugewiesen.

Will man das gesamte Feld oder größere Teile auslesen, z.B., um seinen Inhalt auszugeben
oder die Daten auszuwerten (Maximum, Minimum, arithmetisches Mittel, usw.), bieten sich
– analog zu der Eingabe – zwei Möglichkeiten: Sequentielles Auslesen und Random-Access
Auslesen.

Das sequentielle Auslesen geschieht im Allgemeinen in einer for-Schleife und sieht in seiner
einfachsten Form – hier in Verbindung mit einer Ausgabe auf Bildschirm – folgendermaßen
aus:

```
for (i = 0; i < elementzahl; i++)
   printf("%d ",feld[i]);
```

Bei der Random-Ausgabe müssen für jedes Element die Nummer (Index) des Feldelements
eingegeben werden. Beispiel:

```
scanf("%d",&element_nr);
while (element_nr >= 0)
{
 printf("%d ",feld[element_nr]);
 scanf("%d",&element_nr);
}
```

Hier wurde gleichzeitig eine implizite Abbruchmöglichkeit der Schleife vorgesehen: Durch
Eingabe einer Element-Nummer kleiner Null.

Die Elementzahl (Dimension) des Feldes muss auch hier in beiden Fällen, wenn es sich bei
dem Programmteil um eine Funktion handelt, an diese als Parameter übergeben werden.

Ein besonders gravierendes Problem bei Feldern ist in der Sprache C die nicht erfolgende Überprüfung der Bereichsgrenzen. In den meisten anderen Programmiersprachen ist es nicht möglich, ein Feldelement mit einem höheren Index anzusprechen, als dem vorweg durch Vorgabe der Dimension des Feldes definierten maximalen Index.

Da C diese Bereichs-Überprüfung nicht macht, ist es zum Beispiel möglich, bei einem mit feld [5] definierten Feld z.B. in das Element feld [6] einen Zahlenwert zu schreiben, beziehungsweise den Inhalt dieses Feldes zu lesen. Wenn man Glück hat, kann man den in dieses Feld geschriebenen Zahlenwert auch wieder zurücklesen, wenn man Pech hat, ist die durch feld [6] angesprochene Speicherstelle für eine andere Variable reserviert und man zerstört auf diese Art und Weise andere Variablenwerte, bzw. geht der Inhalt des Feldelements verloren, wenn diese andere Variable erst später initialisiert wird.

Bei den neueren Windows-Betriebssystemen, die dem Anwenderprogramm jeweils nur einen begrenzten Speicherbereich zur Verfügung stellen und seitens des Betriebssystems diesen Bereich überwachen, kann es zu einem Absturz mit der Fehlermeldung »Speicher-Schutzverletzung ...« kommen – mit dem bekannten blauen Bildschirm. Beim Auftritt dieser Fehlermeldung sollte man daher zunächst einmal nach möglicherweise falsch oder nicht initialisierten Zeigern und überschrittenen Feldgrenzen im Programm suchen.

Beim Arbeiten mit Feldern muss man also dringend dafür sorgen, dass die Bereichsgrenzen nicht überschritten werden. Vor allem wenn Indizes während des Programmablaufs vom Benutzer eingegeben werden sollen, muss eine entsprechende Überprüfung der eingegebenen Werte vorgesehen werden.

Es folgt ein einfaches Beispielprogramm, das die sequentielle Dateneingabe und-ausgabe demonstriert:

```c
/*****************************************/
/* Ein-und Ausgabe in ein 1-dim.Feld     */
/* Prog.Name: prog13_1.c                  */
/*****************************************/

#include <stdio.h>
#define max 4

void main(void)
{
  int a[max],i;
  printf("Bitte %i Zahlen eingeben!\n",max);
  for(i = 0;i < max;i++)
    scanf("%i",&a[i]);
  printf("Die eingegebenen Zahlen lauten:");
  for (i = 0;i < max;i++)
    printf("%2d",a[i]);
}
```

**Mögliche Ein- und Ausgabe:**

```
Bitte 4 Zahlen eingeben!
1 3 5 7
Die eingegebenen Zahlen lauten:  1 3 5 7
```

Die Felddefinition int a[max] scheint etwas ungewöhnlich zu sein, da hier auf den ersten Blick keine Konstante erscheint. Jedoch wurde max vorweg mit einer #define-Anweisung als symbolische Konstante mit dem Wert 4 definiert. Zwar ist diese Verwendung einer symbolischen Konstante aufwendig, doch bringt sie bei einer späteren Überarbeitung des Programms eine wesentliche Erleichterung.

Wenn z.B. beim Anwender der Software die Anzahl der Kunden oder der lieferbaren Artikel so groß geworden ist, dass sie sich in den vorgesehenen Feldern nicht mehr unterbringen lassen, muss man im Normalfall im gesamten Programm nach Operationen in dem vorweg definierten Feld suchen und die Obergrenze der eventuell verwendeten Schleifen-Zählvariablen an die veränderte Feldgröße anpassen.

Verwendet man bei der Erstellung des Programms in den Schleifen (meist for-Schleifen) eine symbolische Konstante, so muss diese bei der Überarbeitung des Programms als einziges geändert werden. Da die define-Anweisungen zudem am Anfang des Programms stehen, entfällt die Sucharbeit.

Bei einem erneuten Compilieren setzt der Precompiler automatisch an allen Stellen, an denen die symbolische Konstante auftritt, den neuen Wert ein und erzeugt der anschließende Compiler-Lauf ein aktualisiertes Programm. Der geringfügig erhöhte Aufwand beim Erstellen des Programms erspart also erheblichen Aufwand bei einer späteren Wartung des Programms!

Bei einfachen Variablen konnte man den Inhalt einer Variablen einer anderen zuweisen, z.B. a = b; mit dieser Anweisung wurde b nach a kopiert. Ein solches Kopieren mit dem Zuweisungsoperator ist bei Feldern nicht möglich. Hier muss man Element für Element vom Quellfeld in das Zielfeld kopieren, wobei vorausgesetzt werden muss, dass das Zielfeld von der Dimension her mindestens so groß ist wie das Quellfeld.

In einfachster Form wird das mit einer for-Schleife realisiert, z. B.

```
int a[10], b[10], i;
for (i = 0; i < 10; i++)
  a[i] = b[i];
```

## 13.2  Zwei- und mehrdimensionale Felder

In der Praxis hat man es nicht nur mit Listen (eindimensionalen Feldern) zu tun, sondern auch mit zweidimensionalen Anordnungen, sogenannten Tabellen (zweidimensionalen Feldern). Im mathematisch-technischen Bereich wird eine solche Anordnung auch als Matrix bezeichnet. Ein einfaches Beispiel ist jedermann von der Grundschule her bekannt: Die 1x1–Tabelle.

Tabellen bestehen aus Zeilen und Spalten. Um die Position eines Elements in der Tabelle genau zu beschreiben, benötigt man zwei Angaben (Indizes): Die Zeilen- und die Spalten-Nummer. Im mathematisch-technischen Bereich ist es üblich, zuerst die Zeilen-, und dann die Spalten-Nummer anzugeben. In der Sprache C deklariert man eine Tabelle, also ein zweidimensionales Feld, folgendermaßen:

```
Typ Name[Vorzeichenlose Konstante][Vorzeichenlose Konstante];
```

z. B.:   `int m[4][3];`

Durch diese Definition ist eine Tabelle, also ein zweidimensionales Feld mit vier Zeilen und drei Spalten festgelegt.

Die Dimension des Feldes – also die Anzahl Zeilen und Spalten – muss bei der Definition feststehen! Auch hier erfolgt also eine statische Speicherzuordnung.

Das ist ein großer Nachteil, denn bei vielen Anwendungen steht erst zur Laufzeit (run-time) die Anzahl der benötigten Zeilen und Spalten fest. Hier bleibt nur die Möglichkeit, die bei Benutzung des Programms voraussichtlich maximal auftretende Zeilen- und Spalten-Zahl vorweg zu definieren und beim Ablauf des Programms die reale Zeilen- und Spalten-Zahl zu nutzen; das heißt, es wird auch beim Start des Programms meist wesentlich mehr Speicherplatz für die Tabelle reserviert, als zur Laufzeit des Programms mit Daten belegt wird.

Will man das vermeiden, bleibt nur die etwas schwieriger zu verstehende, dynamische Speicherplatzreservierung und -verwaltung über Zeiger übrig, die in einem späteren Kapitel behandelt wird.

Bei zweidimensionalen Feldern beginnt – analog zur Zählung bei eindimensionalen Feldern – die Zählung der Zeilen und Spalten mit Null. Das heißt, die erste Zeile ist die Zeile 0 und die erste Spalte die Spalte 0; dementsprechend läuft die Elementbezeichnung bei dem oben gegebenen Beispiel von m[0][0] bis m[3][2].

Bezeichnung der einzelnen Tabellenelemente:

| m[0][0] | m[0][1] | m[0][2] |
|---------|---------|---------|
| m[1][0] | m[1][1] | m[1][2] |
| m[2][0] | m[2][1] | m[2][2] |
| m[3][0] | m[3][1] | m[3][2] |

Die Abspeicherung im RAM erfolgt zeilenweise sequentiell:

| m[0][0] | m[0][1] | m[0][2] | m[1][0] | m[1][1] | m[1][2] | ... | ... | m[3][2] |
|---------|---------|---------|---------|---------|---------|-----|-----|---------|

## 13.2.1 Initialisieren von zweidimensionalen Feldern

Auch bei zweidimensionalen Feldern ist eine zusätzliche Initialisierung der Feldelemente möglich. Dies geschieht in analoger Form wie bei den eindimensionalen Feldern durch Zuweisung einer Liste von durch Kommata getrennten Konstanten oder Konstantenausdrücken, wobei jede Zeile der Tabelle in geschweiften Klammern aufgeführt wird.

Beispiel:

```
int m[2][3] ={{1,2,3},{7,8,9}};
```

dabei wird die erste Zeile mit 1, 2, 3 und die zweite Zeile mit 7, 8, 9 initialisiert. Deutlicher wird das sichtbar, wenn man die obige Felddefinition in folgender Form schreibt:

```
int m[2][3] = { {1,2,3},
                {7,8,9}
              };
```

Da die Zeilen im Speicher hintereinander abgespeichert werden, kann man die inneren geschweiften Klammern auch weglassen.

Enthält diese Liste weniger Elemente als die Gesamtzahl reservierter Feldelemente (also die Dimension), werden die restlichen Feldelemente mit Nullen initialisiert, z. B.:

```
int m[2][3] = { {1},
                {7,8}
              };
```

Das ergibt folgendes Feld:

```
 1 0 0
 7 8 0
```

Die Ein- und Ausgabe von Zahlenwerten in die Feldelemente ist hier etwas aufwendiger als beim eindimensionalen Feld.

## 13.2.2 Feld-Eingabe

Der einfachste Zugriff auf ein Feldelement ist eine Wertzuweisung, z.B.:

```
tabelle[3][5] = 1;
```

Hier wird die 1 in das Feldelement [3][5], also 4.Zeile und 6.Spalte des Felds *tabelle* geschrieben. Will man das gesamte Feld mit Zahlenwerten füllen, bieten sich zwei Möglichkeiten: Sequentielle Eingabe und Random-Eingabe. Die sequentielle Eingabe erfolgt bei Tabellen meist zeilenweise, also bei dem oben betrachteten Feld m[4][3] in folgender Reihenfolge:

m[0][0], m[0][1], m[0][2], m[1][0], m[1][1], ...

das heißt, es wird zunächst der Spaltenindex hochgezählt, dann der Zeilenindex erhöht und wieder ab Spalte 0 beginnend bis zur letzten (hier: 3.) Spalte gezählt. Programmiertechnisch bedeutet das, dass man zwei ineinandergeschachtelte for-Schleifen verwendet, von denen die innere die Spaltenindizes hochzählt und die äußere die Zeilenindizes.

Der entsprechende Programmabschnitt sieht in seiner einfachsten Form folgendermaßen aus:

```
for (i = 0; i < zeilenzahl; i++)
{
 for (j = 0; j < spaltenzahl; j++)
   scanf("%d",&feld[i][j]);
}
```

Die beiden geschweiften Klammern wurden nur verwendet, um zu verdeutlichen, dass die beiden for-Schleifen ineinandergeschachtelt sind. Programmiertechnisch sind sie überflüssig, da die zweite for-Schleife als ein Befehl zählt.

Bei der Random-Eingabe müssen für jedes Element drei Angaben gemacht werden: Der Zeilenindex (z. B. i), der Spaltenindex (z. B. j) und der Wert des Feldelements. Beispiel:

```
for(k = 0; k < zeilenzahl*spaltenzahl; k++)
{
 scanf("%d",&i);
 scanf("%d",&j);
 scanf("%d",&element_wert);
 feld[i][j] = element_wert;
}
```

Hier wird vorausgesetzt, dass man alle Tabellenelemente einlesen will (zeilenzahl * spaltenzahl ergibt die Gesamtzahl der Elemente der Tabelle!). Ist das nicht der Fall, kann man – analog zu dem Programmabschnitt für ein eindimensionales Feld – eine Bedingung für vorzeitigen Abbruch vorsehen.

Wenn es sich bei dem Programmteil um eine Funktion handelt und das zweidimensionale Feld im Hauptprogramm definiert ist, muss in beiden Fällen die Anzahl Zeilen und Spalten des Feldes an die Funktion als Parameter übergeben werden.

## 13.2.3  Feld-Ausgabe

Das einfachste Lesen eines Feldelements besteht in einer Wertzuweisung, z.B.:

```
x = note[3][2];
```

Hier wird das Element *note[3][2]* gelesen und sein Wert der Variablen *x* zugewiesen.

Will man das gesamte Feld oder größere Teile auslesen, z.B., um seinen Inhalt auszugeben oder die Daten auszuwerten (Maximum, Minimum, arithmetisches Mittel, usw.), bieten sich – analog zu der Eingabe – zwei Möglichkeiten: Sequentielles Auslesen und Random-Auslesen.

Das sequentielle Auslesen geschieht im Allgemeinen in zwei ineinandergeschachtelten for-Schleifen. Da das zweidimensionale Feld zeilenweise abgespeichert wurde, muss die innere Schleife die Spaltenindizes hochzählen und die äußere die Zeilenindizes.

Der entsprechende Programmabschnitt sieht in seiner einfachsten Form – hier in Verbindung mit einer Ausgabe auf Bildschirm – folgendermaßen aus:

```
for (i = 0; i < zeilenzahl; i++)
{
 for (j = 0; j < spaltenzahl; j++)
   printf("%d ",feld[i][j]);
}
```

Auch hier wurden die beiden geschweiften Klammern nur verwendet, um zu verdeutlichen, dass die beiden for-Schleifen ineinandergeschachtelt sind. Programmiertechnisch sind sie überflüssig, da eine for-Schleife als ein Befehl zählt.

Bei der Random-Ausgabe müssen für jedes Element zwei Angaben gemacht werden: Der Zeilenindex (z. B. i) und der Spaltenindex (z. B. j) des Feldelements. Beispiel:

```
for(k = 0; k < zeilenzahl*spaltenzahl; k++)
{
 scanf("%d",&i);
 if(i < 0)
   break;
 scanf("%d",&j);
 printf("%d ",feld[i][j]);
}
```

Hier wird davon ausgegangen, dass man maximal die Gesamtzahl der Tabellenelemente ausgibt. Durch Eingabe einer negativen Zahl für die Zeile, lässt sich die Ausgabe jedoch vorzeitig abbrechen!

Wenn es sich bei dem Programmteil um eine Funktion handelt und das zweidimensionale Feld im Hauptprogramm definiert ist, muss auch hier in beiden Fällen die Anzahl Zeilen und Spalten des Feldes an diese als Parameter übergeben werden.

Analog zu der Definition von zweidimensionalen Feldern kann man auch mehrdimensionale Felder definieren. Soll z. B. der Umsatz der Außendienst-Mitarbeiter einer Firma in Abhängigkeit vom Jahr, dem jeweiligen Vertreter und verschiedener Warengruppen in einem Feld dargestellt werden, erhält man ein dreidimensionales Feld:

```
int umsatz[jahr][vertreter][warengruppe];
```

Ein bestimmtes Feldelement wird dann durch den Feldnamen und drei nachfolgende Indizes angesprochen.

Es folgt ein einfaches Beispielprogramm, das die sequentielle Dateneingabe und -ausgabe bei einem zweidimensionalen Feld demonstriert:

```
/*********************************************/
/* Demo-Programm für zweidimensionale Felder */
/* Name: prog13_2.c                          */
/*********************************************/

#include <stdio.h>

void main(void)
{
 int i,j,m[3][4] =
     {{1,2,3,4},{10,11,12,13},{21,22,23,24}};
 /* Ausgeben des vorinitialisierten Feldes */
 for (i = 0; i < 3;i++)
 {
  for (j = 0; j < 4;j++)
   printf("%2d ",m[i][j]);
  printf("\n");
 }
 printf("\n");

 /* Einlesen des Feldes */
 for (i = 0; i < 3;i++)
 {
  for (j = 0; j < 4;j++)
   scanf("%d",&m[i][j]);
 }
 printf("\n");
 /* Ausgabe des Feldes */
 for (i = 0; i < 3;i++)
 {
  for (j = 0; j < 4;j++)
   printf("%2d ",m[i][j]);
   printf("\n");
 }
}
```

**Mögliche Ein- und Ausgabe:**

```
1   2   3   4
10  11  12  13
21  22  23  24

1 3 5 7 9 11 13 15 17 19 21 23

 1   3   5   7
 9  11  13  15
17  19  21  23
```

## 13.3 Felder und Zeiger

### 13.3.1 Einführung

Auch auf Felder kann man mit Zeigern zugreifen. Verwendet man bei eindimensionalen Feldern nur den Namen des Feldes ohne die dahinter stehenden eckigen Klammern, setzt der Compiler die Anfangsadresse des Feldes, also die Adresse des Feldelements mit dem Index [0] bzw. bei zweidimensionalen Feldern mit dem Index [0][0] für diesen Namen ein. Da der Compiler während der Laufzeit des Programms keinen eigenen Speicherplatz für diese Adresse reserviert, spricht man von einem konstanten Zeiger. Er kann also nicht verändert werden.

Damit wird es möglich, Felder – mit Hilfe von Zeigern – an Funktionen zu übergeben, was die Verwendung von Feldern in Funktionen erheblich vereinfacht.

Das folgende kleine Programm zeigt, dass der Zugriff auf ein Feld über *feld[0]* oder über den Zeiger *feld* zum gleichen Ergebnis führt.

```
/*********************************************/
/* Felder und Zeiger                         */
/* Prog.Name: prog13_3.c                     */
/*********************************************/
#include <stdio.h>

void main (void)
{
 int feld[5] = {1};

 printf("Adresse von feld[0]: %p\n", &feld[0]);
 printf("Inhalt von feld[0]:  %d\n",feld[0]);
 printf("Adresse von feld:    %p\n",feld);
 printf("Inhalt von feld:     %d\n",*feld);
}
```

**Ausgabe:**

```
Adresse von feld[0]: 0065FDE4
Inhalt von feld[0]:  1
Adresse von feld:    0065FDE4
Inhalt von feld:     1
```

Hinweis: Die hier und in den weiteren Programm-Beispielen dieses Kapitels im Ausgabe-Rahmen ausgegebenen Adressen sind computerspezifisch. Sie hängen davon ab, von welcher Speicheradresse beim jeweiligen PC die Anwenderprogramme geladen werden und das wiederum hängt von der Betriebssystem-Version und den jeweils geladenen Treibern ab.

Die beiden folgenden Unterkapitel (13.3.2 und 13.2.3) sollte der Anfänger überschlagen, da die in diesem Abschnitt besprochenen Zusammenhänge zwischen Feldern und Zeigern für das Verständnis der nachfolgenden Kapitel ausreichen.

Sie sollen erst durchgearbeitet werden, wenn man genügend Erfahrungen im Umgang mit Zeigern gemacht hat.

## 13.3.2  Zeiger-Arithmetik

In Kapitel 11 wurde der Zeigerbegriff eingeführt und die Verwendung von Zeigervariablen erklärt. Es wurde gezeigt, wie man einen Zeiger initialisiert und dass man den Zeigerinhalt mithilfe des Zuweisungs-Operators auch einem anderen Zeiger zuweisen kann. Neben dieser einfachen Zuweisungsoperation gibt es aber noch weitere arithmetische Operationen, die man mit Zeigervariablen durchführen kann. Im Unterschied zu den sonstigen Variablen gilt hier jedoch eine eigene Arithmetik. Da man diese kennen muss, wenn man mit Hilfe von Zeigern auf Elemente von Feldern zugreifen will, soll im Folgenden darauf eingegangen werden.

Wird eine 1 zu einem Zeiger addiert, so zeigt er nicht auf die um 1 höhere Adresse, also das nächste Byte, sondern er geht davon aus, dass man auf das nächste Daten-Element, das man zum Beispiel in einem Feld abgelegt hat, zugreifen will. Er ermittelt anhand der Zeiger-Deklaration den Datentyp, auf den der Zeiger zeigt und damit die Anzahl Bytes, die eine Variable dieses Typs im Speicher belegt und addiert diese Zahl auf die momentan gespeicherten Adresse.

Damit wird auch klar, warum ein Zeiger nicht einem Zeiger zugewiesen werden kann, der auf einen anderen Datentyp zeigt!

Angenommen, der Zeiger heiße p, dann bedeutet:

p++ bzw. p = p + 1    ⇔    p wird um 1 erhöht    wenn definiert wurde: char *p

p++ bzw. p = p + 1    ⇔    p wird um 4 erhöht    wenn definiert wurde: int *p
(bei 32-Bit Systemen)

p++ bzw. p = p + 1    ⇔    p wird um 4 erhöht    wenn definiert wurde: float *p

p++ bzw. p = p + 1    ⇔    p wird um 8 erhöht    wenn definiert wurde: double *p

Zwei verschiedene Zeiger können auch voneinander subtrahiert werden. Voraussetzung ist allerdings, dass beide auf Variablen vom gleichen Datentyp zeigen!

Das folgende Programm demonstriert die Anwendung der Zeigerarithmetik. Versuchen Sie, die Ausgabe, die das Programm liefert, zu ermitteln und verifizieren Sie Ihre Lösung anhand des vorgegeben Ergebnisses!

```
/********************************************/
/* Zeigerarithmetik                         */
/* Prog.Name: prog13_4.c                    */
/********************************************/
#include <stdio.h>

void main (void)
{
```

```
(1)    int x = 4,*p,*q;
(2)    printf("Adresse von x: %p\n", &x);
(3)    p = &x;
(4)    printf("1.Zeiger-Inhalt: %p\n",p);
(5)    q = p++;
(6)    printf("2.Zeiger-Inhalt: %p\n",p);
(7)    printf("*q = %d      *(p-1)+5 = %d\n",*q,
       *(p-1)+5);
}
```

**Ausgabe:**

```
Adresse von x:    0065FDF4
1.Zeiger-Inhalt: 0065FDF4
2.Zeiger-Inhalt: 0065FDF8
*q = 4        *(p-1)+5 = 9
```

Erklärungen zum Programm:

Die vorangestellten Zeilen-Nummern dienen nur der Programmbeschreibung – bei der Eingabe des Programms dürfen sie nicht verwendet werden!

In (2) wird die Adresse der Variable x ausgegeben. In (3) wird der Zeiger p, für den in Zeile (1) Speicherplatz reserviert wurde, mit der Adresse von x initialisiert. Die Bildschirmausgabe in (4) zeigt, dass der Zeiger die Adresse der Variable x enthält, also auf x zeigt. In Zeile (5) wird q = p gesetzt – und anschließend (!) p um 1 erhöht und sein Wert ausgegeben. Die erneute Ausgabe des Zeigerwerts in Zeile (6) zeigt, dass die Erhöhung des Zeigers um 1 zu einer Adresserhöhung um vier führt, da der Zeiger auf eine 32-Bit Integerzahl zeigt. In Zeile (7) wird der Inhalt der Adresse, auf die q zeigt, also die Variable x ausgegeben und der mit p++ in (5) erhöhte und mit (p-1) wieder um eins verminderte Inhalt des Zeigers, der dann wieder auf x zeigt. Der Inhalt des adressierten Speicherplatzes (*-Operator) – also der Wert von x – wird um fünf erhöht.

Da der Formatbeschreiber %p gewählt wurde, erfolgt die Ausgabe der Adressen aller Variablen im Hex-Format.

## 13.3.3 Zeigerverwendung bei Feldern

Nach der Einführung in die Zeigerarithmetik und dem Hinweis, dass der Name eines Feldes ein Zeiger auf das erste Feldelement ist, lässt sich leicht einsehen, dass man, da alle Elemente sequentiell hintereinander gespeichert werden, vom ersten Element ausgehend, durch Erhöhen des Zeigers auf jedes Element zugreifen kann.

Wenn die Feldvariable eines eindimensionalen Feldes z. B. den Namen a hat, kann man auf das Element mit dem Index i über die Adresse a + i zugreifen, das heißt es gilt:

```
a[i] = *(a+i)
```

Das folgende Programm zeigt, die Verwendung von Zeigern bei eindimensionalen Feldern:

```c
/******************************************/
/* Eindimensionale Felder und Pointer    */
/* Prog.Name: prog13_5.c                  */
/******************************************/
#include <stdio.h>

void main(void)
{
 int a[3],i;
 /* Eingabe */
 printf("Bitte 3 Zahlen eingeben!\n");
 for(i = 0;i < 3;i++)
  scanf("%i",a + i);
 /* Ausgabe */
 printf("Die eingegebenen Zahlen lauten:");
 for (i = 0;i < 3;i++)
  printf("%3d",*(a+i));
}
```

**Mögliche Ein- und Ausgabe:**

```
Bitte 3 Zahlen eingeben!
1
3
5
Die eingegebenen Zahlen lauten:  1  3  5
```

Hinweis zum Programm: Beim Befehl scanf wird **kein Adressoperator** (&) verwendet, da a + i bereits eine Adresse darstellt!

Statt i bei jedem Durchlauf um eins zu erhöhen, und dann über die Summe von a und i auf das Feld zuzugreifen, möchte man gerne a selbst inkrementieren. Da a aber ein konstanter Zeiger ist, ist das in dieser einfachen Form nicht möglich. Man muss daher einen zusätzlichen Zeiger definieren und diesen vorab mit dem Wert von a initialisieren.

Da der Zeiger p nach der Eingabe hinter das Feldende zeigt, muss er vor der Ausgabe des Feldes mit p = x erneut auf den Feldanfang gesetzt werden. Das folgende Programm zeigt diese Vorgehensweise:

```c
/******************************************/
/* Eindimensionale Felder und Pointer    */
/* Prog.Name: prog13_6.c                  */
/******************************************/
#include <stdio.h>

void main(void)
{
 int x[3],i,*p;
 p = x;
```

```
/*Eingabe */
printf("Bitte 3 Zahlen eingeben!\n");
for(i = 0;i < 3;i++)
   scanf("%i",p++);
/* Ausgabe */
p = x;
printf("Die eingegebenen Zahlen lauten: ");
for (i = 0;i < 3;i++)
   printf("%2d ",*(p++));
}
```

**Mögliche Ein- und Ausgabe:**

```
Bitte 3 Zahlen eingeben!
10
20
30
Die eingegebenen Zahlen lauten: 10 20 30
```

Der Zugriff auf zweidimensionale Felder ist etwas für Zeiger-Profis. Er ist zwar einfach zu realisieren, aber sehr schwer zu verstehen, da hier ein Zugriff eines Zeigers auf einen weiteren Zeiger erfolgt.

Wenn oben geschrieben wurde, dass der Name des Feldes ein Zeiger auf das erste Element des Feldes ist, so stimmt das zwar grundsätzlich, reicht aber nicht aus um über Zeiger auf die einzelnen Elemente des zweidimensionalen Feldes zuzugreifen.

Genauer muss man sagen: Bei zweidimensionalen Feldern ist der Name des Feldes ein konstanter Zeiger auf das erste Element einer Liste von Zeigern, die auf das jeweils erste Element der zugehörigen Tabellenzeile zeigen. Sei eine Tabelle z. B. definiert mit:

```
int m[3][4];
```

dann findet man die Zeiger auf die drei Zeilen unter m[0], m[1] und m[2]; oder in Pointer-Schreibweise m + i, wobei i von 0 bis 2 läuft.

Es gilt m = m[0] (da m + 0 = m) und damit auch **m = *(m[0]) = m[0][0].

Damit ergibt sich für die Umsetzung der üblichen Feldschreibweise mit Indizes in die Zeiger-Schreibweise der folgende Zusammenhang:

```
m[i][j] = *(*(m+i) + j)
```

Das folgende Programm zeigt den Zugriff auf ein zweidimensionales Feld. In seinem ersten Teil erfolgt der Zugriff streng zweidimensional, über den Zeilenindex i und den Spaltenindex j.

Im zweiten Teil wird von der Tatsache ausgegangen, dass zweidimensionale Felder zeilenweise sequentiell im Speicher abgelegt werden. Dann kann man die Elemente wie eine eindimensionale Liste der Länge »Zeilenzahl mal Spaltenzahl« (hier: 12) ausgeben.

Im dritten Teil des Programms werden die Adressen des Feldes und der drei Zeilenanfangs-Elemente ausgegeben. Man erkennt, dass m = m[0] und dass die Zeilenanfangs-Adressen sich um 16 unterscheiden, was genau dem für vier Integer-Zahlen benötigten Speicherplatz entspricht.

```c
/**************************************************/
/* Zugriff auf zweidimensionale Felder über Zeiger */
/* Name: prog13_7.c                               */
/**************************************************/

#include <stdio.h>

void main(void)
{
 int i,j,m[3][4] =
 {{1,2,3,4},{10,11,12,13},{21,22,23,24}};

 /* Ausgabe der Feldinhalte mit "Zeiger auf Zeiger" */

 for (i = 0;i < 3;i++)
 {
  for (j = 0;j < 4;j++)
    printf("%2d ", *(*(m+i) + j)); /* Erklärung s.u.*/
  printf("\n");
 }
/*Ausgabe wie ein eindimensionales Feld. Zeigt, dass
 alle Elemente sequentiell im Speicher abgelegt sind*/
 printf("\n");
 printf("Sequentielle Ausgabe: \n");
 for (i = 0;i < 12;i++)    /* i*j = 12 */
   printf("%d ",*(*m+i));
 printf("\nAusgabe der Zeilenadressen:\nm=%p, "
 "m[0]= %p m[1]= %p, m[2]=%p\n",m,m[0],m[1],m[2]);
}
```

**Ausgabe:**

```
1  2  3  4
10 11 12 13
21 22 23 24
```

```
Sequentielle Ausgabe:
1 2 3 4 10 11 12 13 21 22 23 24

Ausgabe der Zeilenadressen:
m=0065FDC0, m[0]= 0065FDC0 m[1]= 0065FDD0, m[2]=0065FDE0
```

Erklärung zur printf-Zeile (also zum Zugriff auf die Feldelemente über Zeiger):

Mit m + i greift man auf die Liste der Zeilenanfangs-Zeiger zu, also z. B. auf die Zeile Nr. 1 (zweite Zeile) mit: m + 1. Unter dieser Adresse findet der Computer die Anfangsadresse der Zeile Nr. 1: *(m+1).

Um von der Anfangsadresse der Zeile Nr. i auf das Element der Spalte j zu kommen, muss auf die bisher gebildete Adresse j aufaddiert werden und wenn man den Inhalt dieses Speicherplatzes haben will, muss man wieder den Sternoperator verwenden, das heißt *(*(m + i) + j).

## 13.4 Feldübergabe an Funktionen

Soll ein Feld an eine Funktion übergeben werden, so geht dies nur über Zeiger. Da, wie oben dargelegt, der Feldname ein Zeiger auf das erste Element des Feldes darstellt, wird er für die Übergabe des Feldes verwendet. Bei der Definition einer Funktion müssen in der Parameterliste Formalparameter angegeben werden. Hier gibt es zwei Möglichkeiten: Die Deklaration als 'offenes' Feld z.B.:

```
int m[];
```

oder als Zeigervariable z.B.

```
int *m;
```

Wenn man nicht mit dem oben erwähnten Trick arbeitet und z.B. bei einem eindimensionalen Feld die Dimension des Feldes, also die Anzahl seiner Elemente im ersten Feldelement (Index 0) speichert, muss man zwingend die Dimension als weiteren Parameter in der Parameterliste aufführen.

Im Folgenden Programm werden die Elemente eines eindimensionalen Feldes eingelesen und anschließend ausgegeben. Einlesen und Ausgeben wurden als selbständige Funktionen entwickelt. Das Hauptprogramm besteht im Wesentlichen also nur aus den Aufrufen der beiden Funktionen. In der Kopfzeile der Einlesefunktion *feldeinlesen* wird das Feld als offenes Feld deklariert, bei der Ausgabefunktion *feldausgeben* wird es in Form eines Zeigers deklariert.

Da die Elementezahl erst in der Funktion eingelesen wird, wird der Parameter elem_zahl an die Funktion *feldeinlesen* als Zeiger übergeben.

```
/*********************************************/
/* Feldübergabe an Funktionen                */
/* Prog.Name: prog13_8.c                     */
/*********************************************/
#include <stdio.h>
#define max 10

void feldeinlesen(int [], int*);
void feldausgeben(int *, int);

void main (void)
{
 int a[max], i, elem_zahl;
 feldeinlesen(a, &elem_zahl);
 feldausgeben(a, elem_zahl);
}

void feldeinlesen(int a[], int *elem_zahl)
/*oder: void feldeinles(int *a,int *elem_zahl)*/
{
 int i;
 printf("Elementezahl(max.%d)? ", max);
 scanf("%i",elem_zahl);
 printf("Bitte die Elemente eingeben:\n");
 for(i = 0;i < *elem_zahl;i++)
   scanf("%i",&a[i]);
}

void feldausgeben(int *a, int elem_zahl)
/*oder: void feldausgeben(int a[],int elem_zahl)*/
{
 int i;
 printf("Im Feld gespeicherte Elemente: ");
 for (i = 0;i < elem_zahl;i++)
  printf("%5d",a[i]);
}
```

**Mögliche Ein- und Ausgabe:**

```
Elementezahl(max.10)? 4
Bitte die Elemente eingeben:
2
4
6
8
Im Feld gespeicherte Elemente:   2   4   6   8
```

Bei der Übergabe mehrdimensionaler Felder an Funktionen ist die Parameterübergabe etwas aufwendiger. Grundsätzlich muss man bei den Formalparametern die der Dimension entsprechende Anzahl Paare eckiger Klammern verwenden.

Da die Sprache C mehrdimensionale Felder wie eindimensionale Felder speichert und verwaltet, ist eine offene Felddeklaration in der Kopfzeile der Funktion nicht möglich.

Bei zweidimensionalen Feldern ist bestenfalls eine halboffene Deklaration möglich, insofern, als nur die Spaltenzahl der Tabelle zwingend angegeben werden muß! Sinnvollerweise gibt man jedoch beide Dimensionen, also maximale Zeilen- und maximale Spaltenzahl an.

Das folgende Programm ist ein einfaches Beispiel für die Übergabe eines zweidimensionalen Feldes an zwei Funktionen.

```c
/*********************************************/
/* Demo-Programm für zweidimensionale Felder*/
/* Name: prog13_9.c                          */
/*********************************************/

#include <stdio.h>
void eingeben(int[3][4]);
        /* oder: void eingeben(int[][4]); */
void ausgeben(int[3][4]);
        /* oder: void ausgeben(int[][4]); */

void main (void)
{
 int i,j,m[3][4];

 eingeben(m);
 ausgeben(m);
}
/* Standard Eingabe für ein 2-dim. Feld */

void eingeben(int a[3][4])
{
 int i,j;
 printf("Bitte das 2-dim. Feld zeilenweise "
    "eingeben (12 Elemente):\n");
 for (i=0;i<3;i++)
 {
  for (j=0;j<4;j++)
   scanf("%d",&a[i][j]);
 }
}
/* Standard Ausgabe für ein 2-dim. Feld */

void ausgeben(int a[3][4])
{
 int i,j;
 printf("\nDas eingelesene 2-dim. Feld sieht "       "so
aus:\n\n");
 for (i=0;i<3;i++)
 {
  for (j=0;j<4;j++)
```

```
      printf("%2d ",a[i][j]);
   printf("\n");
 }
}
```

**Mögliche Ein- und Ausgabe:**

```
Bitte das 2-dim. Feld zeilenweise eingeben (12 Elemente):
1 3 5 7 9 11 13 15 17 19 21 23

Das eingelesene 2-dim. Feld sieht so aus:

 1  3  5  7
 9 11 13 15
17 19 21 23
```

## 13.5 Übung XI: Arrays

**Empfehlung:** Entwerfen Sie bei den folgenden Aufgaben zunächst den Lösungsalgorithmus in Form eines Struktogramms!

1. Aufgabe: Wie viel Speicherplatz wird für die folgenden Felddefinitionen reserviert? sizeof(int) sei 4!

   ```
   a) int    x[15];
   b) char   y[13];
   c) float  z[10];
   d) double v[5];
   ```

2. Aufgabe: Maximal 10 Integer-Zahlen (> 0) sollen von Tastatur eingelesen und in einem Array gespeichert werden (Abprüfen der Eingabe auf numerisch?). Die Eingabe kann mit einer Null vorzeitig abgebrochen werden.

   Dann soll mit zwei Funktionen:

   a) das größte und das kleinste Element ermittelt und ausgegeben werden

   b) das arithmetische Mittel aller Zahlen gebildet und ausgegeben werden.

3. Aufgabe: Ein Programm soll fortlaufend Zahlen von Tastatur einlesen und aus den jeweils letzten n Zahleingaben (maximal 10) den gleitenden Mittelwert bilden und ausgeben (n soll vorab eingelesen werden!).

4. Aufgabe: Erstellen Sie ein Hauptprogramm, das max. 20 Noten in ein eindimensionales Feld einliest (vorzeitiger Abbruch mit 0). Mit Hilfe zweier Unterprogramme soll dann a) die Durchschnittsnote (arithmetisches Mittel) und b) die Notenverteilung angegeben werden (Anzahl Einsen, Zweien usw.)

5. Aufgabe: Wieviel Speicherplatz wird durch im Folgenden definierten zweidimensionalen Felder reserviert, wenn sizeof(int) mit 4 angenommen wird?

   ```
   a) int matrix[2][3];
   b) float tabelle[7][9]
   ```

6. Aufgabe: Definieren Sie ein zweidimensionales Ganzzahl-Feld (10x10 Elemente) und füllen Sie dieses Feld mit dem Einmaleins bis 10.

    a) Geben Sie die Zeilen des Felds untereinander auf dem Bildschirm aus.

    b) Lesen Sie von Tastatur zwei Zahlen (<10) ein und ermitteln Sie deren Produkt aus dem zweidimensionalen Feld.

Die folgende Aufgabe testet Ihre Zeiger-Kenntnisse. Sie sollten sie nur bearbeiten, wenn Sie besonderes Interesse an Zeigern haben!

7. Aufgabe: a) Was lässt sich aus den ausgegebenen Adressen folgern?
           b) Ermitteln Sie die weiteren Ausgaben!

```
/************************************************/
/* Programm zur Demonstration von Zeigeradressen*/
/* und Zeigerarithmetik bei arrays              */
/* Prog.Name: prog13_10.c                       */
/************************************************/

#include <stdio.h>

void main(void)
{
 int feld[4]={3,6,9,12};
 int *p;
 p = feld;
 printf("\nDie Adresse von p ist:   %p",p++);
 printf("\nDie Adresse von p++ ist: %p",p);
 p = feld;
 printf("\n%d ",*p);
 printf("%d ",*p+1);
 printf("%d ",*(p++));   /*  *(p++) = *p++  */
 p = feld;
 printf("%d ",*(p+1));
 printf("%d ",(*p)+1);
 printf("\n%d ",*(p++));
 printf("%d ",*(p+1));
 printf("%d ",(*p)+1);
}
```

**Ausgabe:**

```
Die Adresse von p ist:   0065FDE8
Die Adresse von p++ ist: 0065FDEC
```

_____

_____

# 14  Zeichenketten (Strings)

## 14.1  Einführung

Eine Aneinanderreihung von Zeichen (Buchstaben, Ziffern, Sonderzeichen – also: ASCII-Zeichen) bezeichnet man als Zeichenkette (String). Wir haben bereits mit Zeichenketten gearbeitet, z.B.: Bei Textausgaben mit der Funktion printf(»....«). Diese Zeichenketten stehen bereits zur Entwicklungszeit des Programms fest, sind also konstante Zeichenketten. Häufig hat man es jedoch mit Zeichenketten zu tun, die erst während des Programmablaufs eingelesen werden, z.B. Kunden-Namen und -Adressen. Wie für die Verwendung von Zahlenwerten, so lassen sich auch für Zeichenketten Variablen definieren.

Da die Länge eines Strings – also die Anzahl Zeichen, aus denen er besteht – im Unterschied zu Zahlenwerten variabel ist, muss dem Compiler die gewünschte Maximallänge vorgegeben werden, damit er bei dem zu übersetzenden Programm den für den String erforderlichen Speicherplatz bereitstellen kann. Da die reale Zeichenkettenlänge meist von der vorgesehenen Maximallänge abweicht, wird am Ende jedes Strings ein Endezeichen (Terminator) angefügt. In C ist das '\0' (binär 0).

## 14.2  Definition von Stringvariablen

Die Definition einer Zeichenketten-(String-)Variablen geschieht folgendermaßen z.B.:

```
char text[10];
```

Diese Schreibweise erinnert sehr an die Definition eines Feldes (arrays). In der Tat werden in C Zeichenketten als Felder von Zeichen betrachtet. Mit der als Beispiel gegebenen Definition einer Zeichenketten-Variablen *text* werden zehn Bytes reserviert. Sie kann also maximal neun Nutzzeichen und den Terminator aufnehmen. Wichtig für die Definition von Stringvariablen ist also: Man muss stets **ein Byte mehr** reservieren als die maximale Länge der Zeichenkette beträgt.

Wie andere Variablen so kann auch die Stringvariable direkt initialisiert werden, z.B.:

```
char name[8] = {'E','m','i','l','\0'}; oder:
char name[8] = {"Emil"}   oder:
char name[8]  = "Emil"
```

**Wichtig:** Für Strings werden Anführungszeichen verwendet, für einzelne Zeichen Hochkommata!

Also: 'A' ist das Zeichen A. »A« ist die Zeichenkette, die aus dem Zeichen A und dem Terminator besteht, also 'A' '\0':

'A' sieht im Speicher so aus (also 1 Byte):

| A |
|---|

»A« sieht im Speicher so aus (also 2 Byte):

| A | \0 |
|---|----|

Leider macht C keine Überprüfung der realen Länge eines Strings. Das heißt, wenn der String z.B. beim Einlesen länger wird, als der dafür angeforderte und reservierte Speicherplatz, wird keine Fehlermeldung ausgegeben und der String wird in voller Länge in den Speicher geschrieben – also über den reservierten Bereich hinaus. Dadurch können unangenehme Fehler auftreten. Zum Beispiel können mehrere, im Speicher hintereinander gespeicherte Strings sich wechselseitig teilweise oder ganz überschreiben, was dann zur Ausgabe unsinniger Texte führt. Will man dies vermeiden, muss man softwaremäßig die Länge überwachen.

## 14.3  Einlesen von Strings

Strings lassen sich mit der bisher schon bekannten Funktion scanf(..) mit Hilfe des Formatbeschreibers %s einlesen, z.B.:

```
char text[20];
scanf("%s",text);
```

Hier fällt das Fehlen des Adressoperators (&) bei der Variablen *text* auf. Analog zu Feldern gilt bei Zeichenketten: Der Name einer Zeichenkette ist ein konstanter Zeiger (Pointer) auf den Stringanfang.

Ein Nachteil der Funktion scanf( ) ist: Sie bricht bei Blank oder Enter-Taste (erzeugt Carriage-Return-Zeichen) die Eingabe ab! Alternativ bietet sich folgende Funktion an:

```
char *gets (char *s)                              definiert in stdio.h
```

Sie wandelt das abschließende Carriage-Return Zeichen, das die Enter-Taste erzeugt, in '\0' um und – das ist ein entscheidender Vorteil – ignoriert Blanks im String und liefert bei fehlerfreier Ausführung die Stringvariable s zurück – sonst NULL, z.B.:

```
char text[10];
gets(text);
```

## 14.4  Ausgeben von Strings

Strings lassen sich mit der schon bekannten Funktion printf(..) unter Verwendung des Formatbeschreibers %s ausgeben, z.B.:

```
char text[10];
printf("%s",text);
```

oder mit der Funktion:

```
int puts(const char *s) (def. in stdio.h)
```

Sie gibt den String aus und erzeugt – im Unterschied zu printf – einen Zeilenwechsel.

```
char text[10];
puts(text);  oder:
puts("Guten Morgen!");
```

Rückgabewert der Funktion ist eine Zahl größer 0, im Fehlerfall EOF (End of File).

Die Tatsache, dass Zeichenketten in C wie Felder behandelt werden, ermöglicht den Zugriff auf einzelne Elemente – hier also Zeichen des Feldes – durch Verwendung eines Index, wie das folgende Beispiel-Programm zeigt:

```
/******************************************/
/* Zugriff auf einzelne Zeichen einer     */
/* Zeichenkette                           */
/* Prog.-Name: prog14_1.c                 */
/******************************************/
#include <stdio.h>
#include <conio.h>

void main(void)
{
 char text[13] = {"Guten Morgen"};
 int i;
 for (i = 0; i < 12; i++)
   printf("%c",text[i]);
 /* getch(); */
}
```

**Ausgabe:**

Guten Morgen

## 14.5  Zeichenketten und Zeiger

Der Name eines Strings ist ein konstanter Zeiger (Pointer) auf den Stringanfang. Daher ist auch folgende String-Deklaration und Initialisierung möglich:

```
char *text = "Adam und Eva";
```

Entscheidender Unterschied: text ist kein konstanter Pointer – kann also verändert werden. Damit ist z.B. auch eine Zuweisung eines anderen Strings oder ein zeichenweises Durchlaufen des Strings möglich!

Beispiel-Programm:

```
/**********************************************/
/* Strings als Pointer                        */
/* Prog.Name: prog14_2.c                       */
/**********************************************/
#include <stdio.h>

void main(void)
{
 int i;
 char text1[]="Guten Morgen";
 char *text2;
 text2=text1;    /*Zuweisung des String an text2*/
 for (i = 0; i < strlen(text1); i++)
   printf("%c",*(text2++));
                    /*zeichenweises Ausgeben*/
}
```

**Ausgabe:**

Guten Morgen


## 14.6  Weitere Stringfunktionen

Von den vielen Stringfunktionen, die Standard-C anbietet, sollen im Folgenden einige häufig benötigte vorgestellt werden.

```
size_t   strlen(char *str)
```

definiert in string.h, berechnet die Länge eines String – also die Anzahl seiner Zeichen. Wichtig: Der Terminator '\0' wird nicht mitgezählt (size_t ist ein Integer-Format)!

Beispiel-Programm:

```
/**********************************************/
/* Ermittlung der Stringlänge                 */
/* Prog.-Name: prog14_3.c                      */
/**********************************************/
#include <stdio.h>
#include <string.h>

void main(void)
{
 char text[20] = {"Hugo"};
 printf("Laenge von 'Hugo': %d Zeichen",strlen(text));
 /* getch(); */
}
```

**Ausgabe:**

```
Laenge von 'Hugo':
4 Zeichen
```

Da man beim Arbeiten mit Strings häufig deren wahre Länge benötigt und nicht die bei der Definition gewählte maximale Länge (hier: 20 Zeichen), ist das eine sehr nützliche Funktion.

Eine direkte Zuweisung von Text (Strings) an String-Variablen (z.B.: name = "Hugo") ist – außer bei der Deklaration (s.o.) nicht möglich. Stattdessen muss man die Funktion

```
char * strcpy(char * ziel,char * quelle)
```

– definiert in string.h – verwenden. Sie kopiert jedes Zeichen vom Quellstring in den Zielstring, z.B.:

```
strcpy(string,"Hugo");
```

<pre>
         wohin?  was?

       (Adresse) (Text)
</pre>

Hier wird der Name *Hugo* in die Zeichenkette *string* kopiert; oder:

```
strcpy(string1,string2)
```

hier wird *string2* in *string1* kopiert (string2 bleibt unverändert erhalten!

Vorsicht: string1 muss gross genug sein um string2 aufnehmen zu können!).

Rückgabewert der Funktion ist in beiden Fällen ein Zeiger auf den Zielstring.

Beispiel-Programm:

```
/****************************************/
/* Demo-Programm für strcpy()           */
/* Prog.-Name: prog14_4.c               */
/****************************************/
#include <stdio.h>
#include <string.h>
#include <conio.h>

void main(void)
{
 char text1[10] = {"Wolfgang"};
 char text2[] = {"Klaus"};
 strcpy(text1,"Hugo");
 printf("%s\n",text1);
 strcpy(text1,text2);
 printf("%s\n",text1);
 /* getch(); */
}
```

**Ausgabe:**

```
Hugo
Klaus
```

Will man an einen vorhandenen String einen zusätzlichem Text anhängen (engl.: concatenate), geschieht dies mit der Funktion:

```
char * strcat(char * ziel, char * quelle)
```

definiert in string.h

```
strcat(string,"Otto");
```
          wohin?  was?

Hier wird der Terminator von *string* entfernt und der Name Otto direkt an *string* angehängt und das Ganze mit einem Terminator abgeschlossen, wie die folgende Abbildung zeigt:

Sei die Variable *string* mit »Guten Morgen« initialisiert:

| G | u | t | e | n |   | M | o | r | g | e | n | \0 |   |   |   |   |
|---|---|---|---|---|---|---|---|---|---|---|---|---|---|---|---|---|

dann ergibt sich nach Aufruf der Funktion:

| G | u | t | e | n |   | M | o | r | g | e | n | O | t | t | o | \0 |   |
|---|---|---|---|---|---|---|---|---|---|---|---|---|---|---|---|---|---|

Soll der in der Zeichenkettenvariablen *string2* gespeicherte Text an die Zeichenkette in *string1* angehängt werden, verwendet man die strcat-Funktion in der Form:

```
strcat(string1,string2)
```
          woran?   woher?

Rückgabewert der Funktion ist auch hier ein Zeiger auf den Zielstring (hier string1).

Beispiel-Programm siehe nächste Funktion!

```
char * strncat(char *ziel,char *quelle, size_t
               maxlaenge)
```
                                                    definiert in string.h.

Arbeitet wie die Funktion strcat( ), jedoch werden maximal *maxlaenge* Zeichen vom Quell- an den Zielstring gehängt; ist der Quellstring kürzer als *maxlaenge*, wird er ganz angehängt.

Die Funktion liefert einen Zeiger auf das erste Zeichen des Zielstrings zurück!

z.B.: `strncat(text1,text2,5);` hier werden maximal fünf Zeichen von Text 2 an Text 1 angehängt.

Der Vorteil dieser Funktion gegenüber strcat( ) ist, dass man die Maximalzahl anzuhängender Zeichen schon bei der Programmerstellung begrenzen kann, so dass es nicht zu einer Überschreitung der für den Zielstring reservierten Gesamtlänge kommen kann.

Beispiel-Programm:

```
/*********************************************/
/* Demo-Programm für die strcat() und        */
/* die strncat()- Funktion                    */
/* Prog.-Name: prog14_5.c                     */
/*********************************************/

#include <stdio.h>
#include <string.h>

void main(void)
{
 char text1[40] = {"Guten Morgen"};
 char text2[40] = {"Guten Morgen"};
 char text3[]  = {" liebe Sorgen"};

 strcat(text1,text3);
 strncat(text2,text3,7);
 printf("%s\n",text1);
 printf("%s\n",text2);
 /* getch(); */
}
```

**Ausgabe:**

```
Guten Morgen liebe Sorgen
Guten Morgen liebe
int strcmp(char *s1, char *s2)  definiert in string.h
```

vergleicht die beiden Strings zeichenweise; liefert Wert: < 0 , wenn s1 bei alphabetischer Sortierung vor s2 liegt; liefert 0, wenn s1 gleich s2; liefert Wert > 0, wenn s1 bei alphabetischer Sortierung hinter s2 liegt.

```
z.B.: erg = strcmp(text1,text2);
```

Beispiel-Programm:

```
/*********************************************/
/* Demo-Programm für strcmp() - Funktion     */
/* Prog.-Name: prog14_6.c                     */
/*********************************************/
#include <stdio.h>
#include <string.h>

void main(void)
{
 char namliste[3][10] = {"Fritz","Franz","Hugo"};
 char name[10];
 int i, gefunden = 0;
```

```
 printf("Gesuchten Namen eingeben: ");
 scanf("%s",name);
 for (i=0;i < 3; i++)
 {
  if (strcmp(namliste[i], name) == 0)
  {
   printf("%s ist in der Liste enthalten!\n",name);
   gefunden = 1;
  }
 }
 if (gefunden == 0)
  printf ("Name nicht in der Liste!\n");
  /* getch(); */
}
```

**Mögliche Ein- und Ausgabe:**

```
Gesuchten Namen eingeben: Franz
Franz ist in der Liste enthalten!
```

Diese Funktion wird benötigt, wenn man in einer Liste nach Zeichenketten – zum Beispiel Namen oder Artikel-Nummern sucht bzw. eine solche Liste sortieren will.

```
char * strstr(const char *s1, const char *s2)
```

definiert in string.h, durchsucht String s1 nach dem Vorkommen des Teilstrings s2 – liefert einen Zeiger auf das erste vorkommende Zeichen von s2 in s1 – oder NULL, wenn s2 nicht in s1 enthalten ist.

```
(z.B.: position = strstr(str1,str2) )
```

**Beispiel-Programm:**

```
/******************************************/
/* Demo-Programm für strstr() - Funktion  */
/* Prog.-Name: prog14_7.c                  */
/******************************************/
#include <stdio.h>
#include <string.h>

void main(void)
{
 char text[] = {"Guten Morgen liebe Sorgen"};
 char suchtext[8], *p;
 int posit;

 printf("Gesuchten Text eingeben: ");
 scanf("%s",suchtext);
 printf("Guten Morgen liebe Sorgen\n");
 p = strstr(text,suchtext);
 if (p != NULL)
 {
```

```
     posit = p - text + 1;
     printf("\"%s\" steht ab dem %d.ten Zeichen!\n",
         suchtext,posit);
  }
  else
    printf("Suchtext nicht im Text enthalten!\n");
  /* getch(); */
}
```

**Mögliche Ein- und Ausgabe:**

```
Gesuchten Text eingeben: Morgen
Guten Morgen liebe Sorgen
"Morgen" steht ab dem 7.ten Zeichen!
```

char * **strtok**(char *s1, const char *s2)

definiert in string.h, betrachtet den String s1 als Folge von Zeichenfolgen, die voneinander durch eines oder mehrere der in s2 Zeichen getrennt sind.

Der 1.Aufruf liefert einen Pointer auf den 1.Teilstring, der – sofern vorhanden – vor einem der Trennzeichen von s2 endet; weitere Aufrufe mit NULL anstelle s1 liefern weitere Pointer auf Teilstrings oder NULL, wenn das Ende von s1 erreicht ist.

(z.B.: p=strtok(string,"a-;"); dann: p=strtok(NULL,"a-;"); )

**Beispiel-Programm:**

```
/*****************************************/
/* Demo-Programm für strtok() - Funktion /
/* Prog.-Name: prog14_8.c                /
/*****************************************/
#include <stdio.h>
#include <string.h>

void main(void)
{
 char str[12]="Hal-;lao";
 char *p;
 p=strtok(str,"a;");
 printf("%s\n",p);
 while((p=strtok(NULL,"a;"))!=NULL)
 {
    printf("%s\n",p);
 }
}
```

**Ausgabe:**

```
H
l-
l
o
```

Die folgenden Funktionen sind nützlich zur Überprüfung von Stringelementen (sie sind alle in ctype.h definiert!):

```
int isalpha(int)
```

überprüft, ob das vorgegebene Zeichen ein Groß- oder Kleinbuchstabe ist,

```
int isdigit(int)
```

überprüft, ob das vorgegebene Zeichen eine Dezimal-Ziffer ist,

```
int isalnum(int)
```

überprüft, ob das vorgegebene Zeichen im Bereich (A-Z, a-z oder 0-9) liegt,

```
int isascii(int)
```

überprüft, ob das vorgegebene Zeichen ein 7-Bit ASCII-Zeichen ist.

Die Funktionen liefern als Rückgabewert eine 1, wenn die Abfrage positiv beantwortet wird, im anderen Fall eine 0.

z.B.:

```
char a;
scanf("%c",&a);
if(isdigit(a))
{
    ......
}
```

## 14.7 Felder mit Zeichenketten

Gelegentlich muss man eine Liste von Zeichenketten – z.B. von Namen – anlegen. Programmiertechnisch gesehen entsteht dadurch ein Feld von Zeichenketten – also ein zweidimensionales Feld, das über einen Namen ansprechbar ist und dessen einzelne Elemente über Indizes erreichbar sind. Es wird folgendermaßen angelegt: Durch

```
char kdnamen[3][8]
```

wird ein Feld von Strings, also ein zweidimensionales Zeichen-Feld mit dem Namen *kdnamen* definiert, das drei Strings zu je maximal 8 Zeichen (inklusive '\0') aufnehmen kann.

Dieses Feld kann auch vorweg initialisiert, also mit Zeichenketten belegt werden, z.B.:

```
char kdnamen[3][8]={"Meier","Schulze","Bond"};
```

Das ergibt dann folgende zweidimensionale Struktur:

| M | e | i | e | r | '\0' |    |      |
|---|---|---|---|---|------|----|------|
| S | c | h | u | l | z    | e  | '\0' |
| B | o | n | d | '\0' |    |    |      |

Wie bei zweidimensionalen Zahlen-Feldern wird auch diese Tabelle zeilenweise hintereinander im Speicher abgelegt!

Die einzelnen Namen, also die Elemente des Felds *kdnamen* lassen sich folgendermaßen über ihre Indizes ansprechen:

```
kdnamen[0] = "Meier", kdnamen[1] = "Schulze", usw.
```

Beispiel:

```
#include <stdio.h>
void main(void)
{
 int i;
 char kd[3][6]={"Peter","Xaver","Hugo"};

 for (i = 0;i < 3;i++)
  printf("\n%s",kd[i]);
}
```

**Ausgabe:**

```
Peter
Xaver
Hugo
```

# 14.8  Übergabe von Zeichenketten an Funktionen

Will man Zeichenketten an Funktionen übergeben, kann man das wie bei Zahlen-Feldern machen. Da der Name einer Zeichenkette ein Zeiger ist, kann man sie an Unterprogramme übergeben bzw. eine im Unterprogramm eingelesene Zeichenkette an das Hauptprogramm zurückgeben. Letzteres soll das folgende Programmbeispiel zeigen. In der Funktion wird – über Zeiger – eine Zeichenkette eingelesen, die im Hauptprogramm definiert ist. Diese wird anschließend im Hauptprogramm ausgegeben:

```
/**********************************************/
/* Übergabe von Strings an Funktionen         */
/* Prog.Name: prog14_9.c                      */
/**********************************************/
#include <stdio.h>
void stringeingabe(char[]);  /* oder .(char*) */
void main(void)
{
 char string[20];
 stringeingabe(string);
 printf("%s",string);
}
```

```
void stringeingabe(char text[])
      /* oder...(char *text) */
{
 scanf("%s",text);
}
```

## 14.9 Übergabe von Zeichenketten-Feldern an Funktionen

Auch Listen von Zeichenketten, also zweidimensionale Zeichenketten, lassen sich vom Haupt- an das Unterprogramm und umgekehrt übergeben. Da auch bei ihnen der Name ein Zeiger auf den Feldanfang ist, lässt sich diese Übergabe einfach gestalten. Im Folgenden Programm-Beispiel wird eine String-Liste im Unterprogramm eingelesen und anschließend an das Hauptprogramm übergeben:

```
/*********************************************/
/* Aufgabe:  Übergabe Stringarray an Fkt.    */
/* Prog.Name: prog14_10.c                    */
/*********************************************/
#include <stdio.h>
#include <string.h>

void streinles(char [][]);

void main(void)
{
 char texte[3][10];
 int j;
 streinles(texte);
 for(j=0;j<3;j++)
  printf(" %s",texte[j]);
}
void streinles(char x[][])
{
 int j;
 for(j=0;j<3;j++)
 {
   scanf("%s",&x[j]);
 }
}
```

## 14.10 Übung XII: Strings

**Nützliche Funktionen:**

Die Funktion:

```
int getchar(void)
```
definiert in: stdio.h

liest ein einzelnes Zeichen von Tastatur (genauer: Aus dem Tastaturpuffer) ein.
Beispiel: `zeichen = getchar();`

Die Funktion:

```
int atoi(const char *string)
```
definiert in: stdlib.h

wandelt die Zeichenkette *string*, die nur führende Leerzeichen beziehungsweise Tabulatoren, ein Vorzeichen und dann eine Ziffernfolge enthalten darf, in eine Integerzahl um. Die Konvertierung endet automatisch beim ersten nicht erlaubten Zeichen.

Rückgabewert der Funktion ist eine Integerzahl.

Beispiel :

```
int x; char s;
x = atoi(s);
```

Die Funktion:

```
char * itoa(int zahl, char *string, int basis)
```
definiert in: stdlib.h

wandelt den übergebenen Wert *zahl* in die Zeichenkette *string* um. Der Parameter *basis* legt dabei die Basis des zugrundeliegenden Zahlensystems fest. Die Länge der Zeichenkette beträgt maximal 17 Bytes!

Rückgabewert der Funktion ist ein Zeiger auf *string*.
Beispiel:

```
int x; char s;
itoa(x, s, 10);
```

**Empfehlung:** Entwerfen Sie bei den folgenden Aufgaben zunächst den Lösungsalgorithmus in Form eines Struktogramms!

1. Aufgabe: Ein String soll eingelesen werden (max. 300 Zeichen). Für den eingelesenen Textstring soll folgende Statistik erstellt und ausgegeben werden:

Anzahl der Zeilen: XX

Anzahl der Worte: XX

Anzahl der Zeichen: XX

(Die Zeilenlänge sei mit 80 Zeichen angenommen!)

2. Aufgabe: Legen Sie ein Textfeld mit 200 Bytes an. Lesen Sie 3 Textstrings von Tastatur ein und verbinden Sie die Teilstrings zu einem String, der sich im reservierten Feld befindet.

Geben Sie anschließend den Gesamtstring aus.

3. Aufgabe: Die Funktion `fflush(stdin)` funktioniert z.B. bei Unix-Rechnern nicht. Schreiben Sie – unter Verwendung der Funktion `getchar()` – eine Befehlssequenz, die den Tastatur-Puffer löscht (= ausliest). (Hinweis: Die Enter-Taste erzeugt als Zeichen '\n' ).

4. Aufgabe: Schreiben Sie eine Funktion `str_inv(char *str)`, die die Reihenfolge der Zeichen im String umkehrt.

5. Aufgabe: Schreiben Sie eine Funktion `int isinteger(char *string)`, die 1 liefert, wenn die eingegebene Zahl eine korrekte positive Ganzzahl ist – sonst 0.

**Hinweis:** Verwenden Sie die C-Funktion *isdigit()*.

Hinweise zu den Aufgaben:

Zu Aufgabe 1:

Zur Zeilenzahl: Die sich auf den ersten Blick anbietende Integer-Division durch 80 liefert nur dann einen korrekten Wert, wenn die letzte Zeile vollgeschrieben ist. Zur Lösung dieses Problems bieten sich zwei Möglichkeiten:

a)  Man prüft, ob die Zeichenzahl durch 80 ohne Rest teilbar ist (modulo-Funktion), dividiert dann die Zeichenzahl durch 80, und wenn bei der Überprüfung nicht Null herauskommt, addiert man eins.

b)  Ein besonderer Trick: auf die Zeichenzahl wird 79 aufaddiert und dann eine Integer-Division durch 80 durchgeführt.

Die Anzahl Worte findet man, indem man die Anzahl Leerstellen (Blanks) ermittelt.

Zu Aufgabe 3:
Man liest solange zeichenweise den Tastaturpuffer aus, bis man '\n' findet.

Zu Aufgabe 4:
Es gibt zwei Möglichkeiten: Entweder legt man in der Funktion ein separates Feld an, in das man die Zeichen in umgekehrte Reihenfolge aus der übergebenen Zeichenfolge einliest oder man tauscht innerhalb der übergebenen Zeichenkette das erste mit dem letzten, das zweite mit dem vorletzten Zeichen usw. bis man in der Mitte der Zeichenkette angekommen ist.

Zu Aufgabe 6:
Man lese die Zahl als Zeichenkette ein, prüfe dann Zeichen für Zeichen, ob es eine Ziffer ist und verwandle die Zeichenkette dann in eine Integer-Zahl.

# 15 Strukturen

## 15.1 Einführung

Für viele Anwendungen reichen Feldvariablen nicht aus, weil z.B. Datenverbunde benötigt werden, deren Komponenten Daten verschiedenen Datentyps sind. Diese Strukturen werden als »Datensätze« (engl.: records) bezeichnet. Beispiel:

1000 Peter Mustermann, Jedermannstr. 10, 12345, Xstadt

Abstrahiert sieht die Struktur dieses Datensatzes folgendermaßen aus:

| Kunden-Nr. | Kunden-Name | Straße+Nr. | PLZ | Stadt |
|------------|-------------|------------|-----|-------|

Typ:        int          char           char           int        char

In C werden Datensätze mit dem Schlüsselwort »struct« ( von structure) definiert, z.B.:

       Name der Komponentenliste

               ↓

```
struct  kundensatz
{
   int kd_nr;
   char kd_name[20];
   char strasse[20];
   int plz;
   char stadt[20];
};
```

Durch diese Definition wird ein neuer Datentyp »struct kundensatz« definiert, der aus einem Verbund von int- und char-Daten besteht. Wichtig ist: Für jede Komponente muss deren Namen und ihr Datentyp angegeben werden!

Wenn mehrere Komponenten den gleichen Datentyp haben, lässt sich die Struktur-Deklaration etwas einfacher vornehmen, z.B.:

```
struct abc                              struct abc
{                                       {
 int x;      ist identisch mit:          int x,y;
 int y;                                 }
}
```

Eine Struktur ist nur eine **Schablone**, sie belegt noch keinen Speicherplatz! Dies geschieht erst durch Zuordnung einer Variablen, z.B:

```
struct kundensatz   kunde;
```

oder in Verbindung mit der Strukturdeklaration (s.o.):

```
struct kundensatz
{
 int kd_nr;
 .....
} kunde; ← Variable vom Typ struct kundensatz
```

Der Zugriff auf die einzelnen Komponenten der Struktur erfolgt mit dem Punkt-Operator ».«:

z.B.: `kunde.plz = 33100`    oder:

strcpy(kunde.kd_name, "Meier");

Hinweis: Auch bei Strukturkomponenten kann eine Zuweisung von Strings nicht durch den Zuweisungsoperator (» = «), sondern nur durch die Funktion strcpy( ) erfolgen.

Bei der Variablen-Definition ist auch eine Initialisierung möglich, z.B.:

```
struct artikel
{
 int art_nr;
 char art_name[20];
} wurstwaren = {1010,"Salami"};
```

Auch folgende Zuweisung zwischen zwei Struktur-Variablen ist möglich:

```
kd_neu = kd_alt;
```

Nach dieser Operation enthalten beide Strukturvariablen identische Daten (implizites Kopieren!).

Auch ein Ineinanderschachteln von Strukturen ist möglich (Struktur in einer Struktur)!

Es sei zum Beispiel in einem Raum über Tag in regelmäßigen Zeitabständen die Temperatur zu messen und diese und der Zeitpunkt der Messung zu speichern. Dazu werde eine Struktur *zeit* folgendermaßen definiert:

```
struct zeit
{
   int std;
   int min;
};
```

Dann lässt sich diese neu definierte Datenstruktur bei der Definition einer Struktur für Messwerte verwenden:

```
struct messwert
{
  float temperatur;
  struct zeit messzeit;
};
```

Eine Wertzuweisung an die einzelnen Komponenten sieht dann folgendermaßen aus, z.B.:

```
struct messwert mw;
mw.temperatur = 10;
mw.messzeit.std = 5;
mw.messzeit.min = 7;
```

Das liest man folgendermaßen: Von der Strukturvariablen *mw* die Komponente *temperatur*, oder: Von *mw* die Komponente *messzeit* und von dieser die Komponente *std*, usw.

Für manche Anwendungen benötigt man die Größe einer Struktur, also die Anzahl Bytes, die sie im Speicher belegt. Hierfür kann die von den Zeichenketten her bekannte Funktion sizeof( ) verwendet werden, z.B.:

```
groesse = sizeof(struct messwert);
```

Will man zwei Strukturvariablen auf Gleichheit hin untersuchen, ist das nur durch Vergleich aller Einzelkomponenten möglich!

Einfaches Programm-Beispiel für die Verwendung einer Struktur:

```
/*********************************************/
/* Einfache Struktur                        */
/* Prog.Name:prog15_1.c                     */
/*********************************************/
#include <stdio.h>

void main(void)
{
  struct messwert
  {
    int std;
    int min;
    float temperatur;
  } mw = {4,15,18.5};

  printf("Zeit: %d Uhr %d Minuten Temperatur: "
    "%.1f Grad\n",mw.std,mw.min,mw.temperatur);
  scanf("%d %d %f",&mw.std, &mw.min,
        &mw.temperatur);
  printf("Zeit: %d Uhr %d Minuten Temperatur: "
    "%.1f Grad\n",mw.std,mw.min,mw.temperatur);
  /* getch(); */
}
```

**Mögliche Ein- und Ausgabe:**

```
Zeit: 4 Uhr 15 Minuten  Temperatur: 18.5 Grad
5 12 20
Zeit: 5 Uhr 12 Minuten  Temperatur: 20.0 Grad
```

Programm-Beispiel für ineinandergeschachtelte Strukturen:

```
/*****************************************/

/* Ineinandergeschachtelte Strukturen    */
/* Prog.Name:prog15_2.c                   */
/*****************************************/
#include <stdio.h>

void main(void)
{
 struct zeit
 {
   int std;
   int min;
 };

 struct messwert
 {
   struct zeit z;
   float temperatur;
 } mw = {{4,15},18.5};

 printf("Zeit: %d Uhr %d Minuten Temperatur: "
 "%.1f Grad\n",mw.z.std,mw.z.min,mw.temperatur);
 scanf("%d %d %f",&mw.z.std, &mw.z.min,
       &mw.temperatur);
 printf("Zeit: %d Uhr %d Minuten Temperatur: "
 "%.1f Grad\n",mw.z.std,mw.z.min,mw.temperatur);
}
```

**Ausgabe:** Siehe letztes Programm

## 15.2  Umbenennung von Datentypen

Die Verwendung der Struktur-Datentypen ist wegen des vorangestellten Schlüsselwortes struct etwas schreibaufwendig; daher erweist sich die im Folgenden dargestellte Möglichkeit, für Datentypen neue Namen einzuführen, vor allem bei Strukturen als sehr nützlich. Durch die Vereinbarung:

```
typedef  Datentyp  NEU_NAME
```

können neue Namen für Datentypen eingeführt werden, z.B.:

```
typedef  int  GANZZAHL
```

**Mit diesem neuen Datentyp-Namen lässt sich eine Variable** *otto* **beispielsweise folgendermaßen deklarieren:**

```
GANZZAHL  otto
```

(Empfehlung: Selbstdefinierte Datentypen sollten mit Großbuchstaben geschrieben werden!)

Diese neuen Namen sind Aliasnamen, d. h. sie können parallel zu den ursprünglichen Namen verwendet werden. Bei dem letzten Beispiel definieren also int und GANZZAHL eine Integerzahl.

Mit Hilfe des Schlüsselworts typedef könnte man z.B. dem im letzten Unterkapitel definierten Struktur-Datentyp *struct zeit* einen einfacher zu schreibenden Aliasnamen ZEIT zuordnen:

```
typedef struct zeit   ZEIT;
```

Man kann aber auch alternativ einer Struktur bei ihrer Deklaration sofort einen neuen Datentyp-Namen zuordnen. Sei zum Beispiel für eine Telefonbuch-Eintragung eine neue Datenstruktur *struct telefon_liste* zu definieren, kann man ihr gleichzeitig den neuen Datentyp-Namen *EINTRAGUNG* zuordnen:

```
typedef struct  telefon_liste
{
 char name[20];
 long int nummer[3]; /*mehrere Telef.-Nrn.,z.B.:
                       bei ISDN */
} EINTRAGUNG;
```

d.h.: *EINTRAGUNG* ist neuer Datentyp-Name für *struct telefon_liste*. Man kann auch den Namen der Komponentenliste *telefon_liste* weglassen, kann dann im Programm aber nur noch den Aliasnamen verwenden!

## 15.3 Zeiger auf Strukturen

C erlaubt Zeiger auf Datensätze (structs). Damit ist die Rückgabe von Datensätzen von Unterprogrammen (Funktionen) an ein Hauptprogramm mit Hilfe von Zeigern möglich.

Sei z.B. eine Struktur *KDSATZ* – bestehend aus einer Kunden-Nr. und dem Kunden-Namen definiert, dann kann man eine Funktion zum Einlesen des Kundensatzes schreiben:

```
void erfassen(KDSATZ *kunde)
```

wenn im Hauptprogramm die Strukturvariable *kd* heißt, erfolgt der Aufruf der Funktion im Hauptprogramm mit:

```
erfassen(&kd);
```

Der Zugriff auf den Datensatz erfolgt in der Funktion durch z.B:

```
(*kunde).kdnr = 1234
```

Die Klammern sind erforderlich – sonst würde *kdnr* als Zeiger angenommen – wegen der Priorität des '.' - Operators!

Diese Schreibweise ist etwas aufwendig, daher hat man einen neuen Operator eingeführt, der eine vereinfachte Schreibweise ermöglicht, den sogenannten Pfeiloperator '->', der aus dem Gedankenstrich und dem Größerzeichen zusammengesetzt ist. Damit lässt sich die obige Wertzuweisung verkürzt schreiben:

```
kunde -> kdnr = 1234
```

Grundsätzlich kann man also sagen: greift man direkt auf eine Komponente einer Strukturvariable zu, verwendet man den Punkt-Operator, greift man über einen Zeiger auf die Komponente zu, verwendet man den Pfeiloperator!

## 15.4 Übergabe von Strukturen an Funktionen

Strukturen lassen sich als Rückgabe-Parameter von Funktionen an das zugehörige Hauptprogramm übergeben. Dazu kann man die schon für die Rückgabe von einfachen Variablen benutzte Anweisung *return* verwenden.

Das ist eine ungeheure Erleichterung. Diejenigen Programmierer, die sich mit Zeigern schwer tun, können mehrere Rückgabeparameter nun in Form einer einzigen Strukturvariablen – also ohne Zeiger – zurückgeben. So könnte man bei dem im Kapitel »Funktionen« aufgeführten Beispielprogramm für die Berechnung von Fläche und Umfang eines Kreises eine Struktur *kreis* entwickeln, die die Komponenten *Fläche* und *Umfang* enthält.

Wenn im Hauptpgrogramm verwendete Strukturen bzw. Strukturkomponenten in Unterprogrammen verwendet werden sollen, müssen sie vor dem main-Programm, genauer gesagt vor dem Prototyping, deklariert werden!

Das folgende Beispielprogramm gibt zunächst einen vorinitialisierten Kunden-Datensatz aus, liest dann in der Funktion einen Kundensatz ein und übergibt ihn an das aufrufende Hauptprogramm, das ihn auf dem Bildschirm ausgibt:

```
/**************************************************/
/* Rückgabe von Strukturen aus Funktionen an main */
/* Prog.-Name: prog15_3.c                         */
/**************************************************/
#include <stdio.h>

typedef struct
{
 int kdnr;
 char kdname[20];
}KDSATZ;

KDSATZ erfassen(void);

void main(void)
{
 KDSATZ kd ={1234,"Maier"};
 printf("\n %i, %s",kd.kdnr, kd.kdname);
```

```
 kd=erfassen();
 printf(" %i, %s",kd.kdnr, kd.kdname);
}


KDSATZ erfassen(void)
{
 KDSATZ kunde;
 printf("\n Kunden-Nummer und -Name eingeben: ");
 scanf("%i %s",&kunde.kdnr,kunde.kdname);
 return(kunde);
}
```

**Mögliche Ein- und Ausgabe:**

```
1234, Maier
Kunden-Nummer und -Name eingeben: 5678 Schulze
5678, Schulze
```

Man beachte: Der Rückgabe-Datentyp der Funktion ist KDSATZ! Mit return(kunde) werden automatisch **alle** Komponenten der Struktur an das Hauptprogramm zurückgegeben.

Das folgende Programm erledigt die gleiche Aufgabe, jedoch wird der Kundensatz als Zeiger an die Funktion übergeben. Die Funktion liest die eingegebenen Daten in eine lokal angelegte Strukturvariable *ku* und verwendet dann den vom Hauptprogramm übergebenen Zeiger, um die eingelesenen Daten am Ende der Funktion in die im Hauptprogramm definierte Struktur-variable *kd* zu schreiben:

```
/**********************************************/
/* Rückgabe von Strukturen aus Funktionen     */
/* an main mit Pointer                         */
/* Prog.-Name: prog15_4.c                      */
/**********************************************/
#include <stdio.h>

typedef struct
{
 int kdnr;
 char kdname[20];
}KDSATZ;

void erfassen(KDSATZ *);

void main(void)
{
 KDSATZ kd ={1234,"Maier"};
 printf("\n %i, %s",kd.kdnr, kd.kdname);
 erfassen(&kd);
 printf(" %i, %s",kd.kdnr, kd.kdname);
}


void erfassen(KDSATZ *kunde)
{
```

```
KDSATZ ku;
printf("\n Kunden-Nummer und -Name eingeben: ");
scanf("%i %s",&ku.kdnr,ku.kdname);
*kunde = ku;
}
```

**Mögliche Ein- und Ausgabe:** Siehe Programm struct3.c

Das folgende Programm erledigt die gleiche Aufgabe, jedoch werden die eingelesenen Komponenten des Kundendatensatzes mit Hilfe des Verweisoperators direkt in die einzelnen Komponenten der im Hauptprogramm definierten Struktur-Variablen *kd* geschrieben:

```
/**********************************************/
/* Rückgabe von Strukturen aus Funktionen     */
/* an main mit Hilfe des Verweisoperators "->" */
/* Prog.-Name: prog15_5.c                      */
/**********************************************/

#include <stdio.h>
#include <conio.h>
#include <string.h>

typedef struct
{
 int kdnr;
 char kdname[20];
}KDSATZ;

void erfassen(KDSATZ *);

void main(void)
{
 KDSATZ kd ={1234,"Maier"};
 clrscr();
 printf("\n %i, %s",kd.kdnr, kd.kdname);
 erfassen(&kd);
 printf(" %i, %s",kd.kdnr, kd.kdname);
}


void erfassen(KDSATZ *kunde)
{
 int nr;
 char name[20];
 printf("\n Kunden-Nummer und -Name eingeben: ");
 scanf("%i %s",&nr, name);
 kunde->kdnr = nr;   /*oder: (*Kunde).kdnr = nr;*/
 strcpy(kunde->kdname, name);
  /*oder: strcpy((*Kunde).name,name)*/
}
```

**Mögliche Ein- und Ausgabe:** Siehe Programm struct3.c

## 15.5 Übung XIII: Strukturen

**Empfehlung:** Entwerfen Sie bei den folgenden Aufgaben zunächst den Lösungsalgorithmus in Form eines Struktogramms!

1. Aufgabe: Ein Mitarbeiter-Datensatz besteht aus folgenden Komponenten: Personalnummer, Name, Geburtsdatum.

   a) Deklarieren Sie einen Struktur-Datentyp MITARBEITERSATZ unter Verwendung eines ebenfalls zu deklarierenden Struktur_Datentyps DATUM (bestehend aus Tag, Monat und Jahr).

   b) Schreiben Sie die Befehlssequenz zum Einlesen eines Mitarbeiterdatensatzes!

   c) Wie b), jedoch mit Absicherung gegen Fehleingabe bei der Personal-Nr. (z.B.: Nummern-Bereich 100-999) und bei der Stringlänge des Namens (z.B.: max.20 Zeichen).

2. Aufgabe: Verwenden Sie die in Aufgabe 1(a) deklarierte Struktur MITARBEITER und schreiben Sie ein Programm, das in einer Funktion die einzelnen Komponenten des Datensatzes einliest und die Struktur an das Hauptprogramm zurückgibt. Im Hauptprogramm soll dann der Datensatz auf dem Bildschirm ausgegeben werden.

3. Aufgabe: Definieren Sie eine Struktur »Bruch«. Schreiben Sie dann ein Programm, das Addition, Subtraktion, Multiplikation und Division von Brüchen realisiert.

   Nach Einlesen von zwei Brüchen soll per Menü die gewünschte Operation gewählt werden können. Die Ausgabe des Ergebnisses erfolgt im Hauptprogramm!

# 16 Speicherklassen bei Variablen und Funktionen

Hinsichtlich der Lebensdauer und der Gültigkeit von Variablen haben wir bisher nur zwischen globalen und lokalen Variablen unterschieden – je nachdem, ob sie innerhalb oder außerhalb einer Funktion definiert wurden. In der Sprache C gibt es aber noch weitere Möglichkeiten, Lebensdauer und Gültigkeit von Variablen zu beeinflussen. Diese Speicherzuordnungsverfahren (Speicherklassen) sollen im Folgenden dargestellt werden. Es sind dies:

- **auto**
  Beim Eintritt in einen Block ( {..}) wird für die dort definierten lokalen Variablen automatisch Speicherplatz reserviert und nach Verlassen des Blocks wieder freigegeben – ohne dass der Programmierer sich darum kümmern muss. Daher heißen diese Variablen auch automatische Variablen; sie bilden die Speicherklasse auto (englisch: automatic). Da diese Speicherzuordnung die Standard-Zuordnung ist, muss man sie nicht extra angeben. Möchte man dies jedoch besonders betonen, schreibt man z.B.:

```
auto float summe;
```

- **register**
  Bei Verwendung der Speicherklasse register wird der Compiler angewiesen, die Variablen möglichst in einem Register des Rechnerkerns (Prozessors) zu speichern (das bedeutet für die Programmierung: Ihre Adresse darf nicht als Pointer verwendet werden!). Wenn sich Variablen in einem Prozessorregister befinden, spart man die Zugriffszeit auf den Speicher. Damit erhöht sich die Verarbeitungs-Geschwindigkeit. Diese Anweisung wird heute kaum noch verwendet, da die neueren Compiler optimierende Compiler sind, die selbständig entscheiden, wann eine Variable aus Geschwindigkeitsgründen besser in einem Prozessorregister gespeichert wird. Beispiel:

```
register int summe;
```

- **static**
  Bei einer mit der Speicherklasse static definierten Variablen wird, wie üblich, Speicherplatz reserviert und – sofern kein Initialisierungswert vorgegeben wird – automatisch mit Null initialisiert. Der Speicherplatz der Variablen bleibt während der gesamten Programmlaufzeit erhalten - wird jedoch **nur einmal** initialisiert! Das ist vor allem bei Funktionen interessant, da die Lebensdauer einer in ihr definierten Variablen standardmäßig auf die Laufzeit der Funktion begrenzt ist, eine Variable also bei jedem Funktionsaufruf neu angelegt wird. Eine mit der Speicherklasse static definierte Variable enthält jedoch, da ihr Speicherplatz erhalten bleibt, bei einem erneuten Aufruf der Funktion den beim letzten Ablauf der Funktion enthaltenen Zahlenwert – der Gültigkeitsbereich der Variablen ist allerdings auf die Funktion beschränkt, in der sie definiert wurde.

Im folgenden Beispiel-Programm wird in einer Funktion bei jedem Aufruf ein Messwert in ein im Hauptprogramm definiertes Feld eingelesen. Die Nummer des Messwerts wird in einer static-Variablen `static int zahl` erfasst und bei jedem Aufruf der Funktion um eins erhöht.

```
/***********************************************/
/* Demoprogramm für die Speicherklasse 'static'.*/
/* Funktion: Unterprogramm: Einlesen des i.ten  */
/* Messwerts                                     */
/* Hauptprogramm: Ausgabe der Messwert-Liste     */
/* Datei-Name: prog16_1.c                        */
/***********************************************/

#include <stdio.h>
int erfassen(int*);

void main(void)
{
 int feld[10],i,anzahl;
 char antw='j';
 printf("Messwert eingeben: ");
 while (antw == 'j')
  {
   anzahl=erfassen(feld);
   fflush(stdin);
   printf("Nächsten Messwert erfassen? ");
   scanf("%c",&antw);
  }
 for (i=0;i<anzahl;i++)
 printf(" %d",feld[i]);
}

int erfassen(int *mw)
{
 static int zahl = 0;
 printf("\n%d. Messwert: ",zahl+1);     scanf("%d",&mw[zahl]);
 zahl++;
 return(zahl);
}
```

- **extern**

   Wenn ein Programm auf mehrere Dateien, die separat compiliert werden, verteilt ist, verhindert diese Angabe, dass in dem gerade bearbeiteten Modul ein neuer Speicherplatz für die Variable reserviert wird. Der Compiler geht davon aus, dass die Variable in einer anderen Datei gerade nicht zu compilierenden Datei als globale Variable definiert ist, wobei Name und Typ übereinstimmen müssen. Es ist zu beachten, dass eine als extern deklarierte Variable nicht neu initialisiert werden kann. Beispiel:

Existiert z.B. ein Hauptprogramm in der Datei d1.c:

```
int x=10;
void main(void)
{

}
```

und eine Funktion in der Datei d2.c:

```
extern int x;
void funktion( )
{

}
```

dann erkennt der Compiler beim Compilieren der separaten Datei d2 anhand der extern-Angabe, dass x in einer anderen Datei definiert ist, er also keine Fehlermeldung wegen fehlender Variablen-Definition machen und keinen neuen Speicherplatz anlegen darf.

- **volatile**
  bedeutet, dass diese Variable – unabhängig vom Programmablauf – durch externe Ereignisse z.B. durch Hardwarekomponenten bzw. Treiber verändert werden kann. Der Compiler muss dafür Sorge tragen, dass die Variable nicht aus Optimierungsgründen in ein Internregister des Prozessors verlagert wird.

- **const**
  eine mit const definierte Variable wird als Konstante betrachtet und lässt sich nach ihrer Initialisierung nicht mehr ändern. Das gilt auch bei Funktionen: Eine in der Parameterliste mit const spezifizierte Variable kann in der Funktion nicht mehr geändert werden, z.B.:

```
void funktion( int x, const int y)
```

const kann auch in Verbindung mit einer Pointerdeklaration verwendet werden: z.B.:

```
const int *p;
```

Dadurch ist es nicht mehr möglich, den Inhalt des Speicherplatzes, auf den p zeigt, innerhalb des Programms zu verändern.

Bei Funktionen gibt es die Speicherklassen extern und static. Standardmäßig sind Funktionen extern und damit in jeder Teildatei eines Programms sichtbar, so dass man diese Angabe nicht zu machen braucht. Wenn aber in einer separat erstellten Datei der Funktionsprototyp mit extern gekennzeichnet wird, z.B.:

```
extern int summe(int x, int y);
```

ist es für den Programmierer deutlicher erkennbar, dass die Funktion in einer anderen Datei deklariert wird.

Wird eine Funktion als static deklariert, so ist sie nur in der Datei sichtbar, in der sie deklariert wird. Man schreibt z.B.:

```
static int summe (int x, int y).
```

Aus anderen Teildateien des Gesamtprogramms kann dann nicht mehr auf die Funktion *summe* zugegriffen werden!

# 17 Rekursion

## 17.1 Einführung

Ruft eine Funktion bei der Berechnung des Funktionswerts sich selbst wieder auf, spricht man von Rekursion. Damit eine solche Rekursion nicht zur Endlosschleife wird, muss eine Ende- bzw. Abbruchbedingung vorgegeben werden!

Viele mathematische Funktionen lassen sich rekursiv definieren, z.B. die Berechnung der Faktultät. Es gilt: n! = n(n-1)! – wobei 1! =1 (per Definition)

Eine solche Rekursion kann man sich einfach vorstellen, wie das Spiel »Stille Post«. Die erste Person wird gebeten, n! zu berechnen. Sie sagt zu ihrem Nachbarn: wenn du mir (n-1)! berechnest, kann ich das Ergebnis bilden, indem ich berechne: n * (n-1)!. Diese zweite Person sagt zur dritten Person: wenn du mir (n-2)! berechnest, kann ich (n-1)! berechnen usw. bis zur vorletzten Person. Sie sagt zur letzten: wenn du mir 1! berechnest, kann ich 2! bilden. Da diese Person weiß, dass 1! = 1 ist, braucht sie keinen weiteren Nachbarn, um das Ergebnis anzugeben. Nun läuft die »Stille Post« wieder rückwärts und wenn niemand einen Fehler macht, kann die allererste Person das Ergebnis nennen. Die Tatsache, dass erst beim Rücklauf das Ergebnis berechnet wird, hat diesem Verfahren den Namen gegeben.

```c
/*********************************************/
/* Rekursive Berechnung der Fakultät         */
/* Prog.Name: prog17_1.c                     */
/*********************************************/
#include <stdio.h>

long int fakultaet(long int);
void main(void)
{
 long int fak;
 int n;
 printf("\nBitte n eingeben: ");
 scanf("%i",&n);
 fak = fakultaet((long)n);
 printf("\nErgebnis: %d! = %ld",n,fak);
}

long int fakultaet(long int m)
{
 long int erg;
 if(m > 1)
   erg = m * fakultaet(m - 1);
             /* return(m * fak....) */
```

```
else
    erg = 1;
return(erg);
}
```

Wie man sieht, wird im Hauptprogramm einmal das Unterprogramm zur Berechnung der Fakultät aufgerufen. Dieses ruft dann wieder sich selbst zur Berechnung der um eins kleineren Fakultät auf – und das solange, bis die Fakultät von 1 gebildet werden soll (else-Zweig).

## 17.2 Übung XIV: Rekursion

1. Aufgabe: Man bestimme rekursiv den ggT zweier Zahlen x und y

   (Es gilt: ggT(a,b)=ggT(b,a mod b) für b>0 und ggT(a,0)=a für b=0)

2. Aufgabe: Man berechne rekursiv die Summe aller Zahlen von 1 bis x

3. Aufgabe: Man berechne rekursiv das Endkapital, auf das sich ein heute eingezahlter Geldbetrag nach n Jahren verzinst (Das Kapital zu Ende eines Jahres ergibt sich als Kapital des vorangegangenen Jahresendes + der Zinsen für das laufende Jahr (=Zinseszins!))

   also K(n) = K(n-1) + Zinsen

4. Aufgabe: Eine eingegebene ganze Dezimalzahl soll rekursiv als Binärzahl ausgegeben werden.

# 18 Dateiverarbeitung unter C

Spätestens wenn man mit Strukturen arbeitet, also Datensätze erfasst und in den Speicher schreibt, besteht der Wunsch, diese mühsam erfassten Sätze dauerhaft zu speichern, um später wieder darauf zugreifen zu können. Dies geschieht in Dateien.

Dateien sind Sache des Betriebssystems. Für die verschiedenen Speichermedien, wie Platte, Diskette, Band usw. werden von den Betriebssystemen komfortable Dateisysteme und zugehörige Zugriffsfunktionen zur Verfügung gestellt. Die Hochsprachen, z.B. C, bieten Befehle beziehungsweise Funktionen, die weitgehend standardisiert sind, so dass der Programmierer sich nicht mit Besonderheiten des jeweiligen Betriebssystems beschäftigen muss.

Eine Datei stellt eine Folge logisch zusammengehörender Daten dar, die als eine Einheit betrachtet und unter einem Dateinamen abgespeichert werden. Die Formatierung des Dateinamens wird dabei vom jeweiligen Betriebssystems vorgegeben, z.B. in der DOS/Windows-Welt »summe.exe«, also einen Namen, gefolgt durch eine durch Punkt abgetrennte Erweiterung, die den Dateityp kennzeichnen soll, z.B. exe (engl.: executable) für lauffähige Programmdateien.

Bisher hatten wir es nur mit Programm-Dateien zu tun, in die wir die erstellten Programme speicherten. Neben Programm-Dateien kann man aber auch Daten-Dateien z.B. auf der Festplatte speichern, um sie bei Bedarf von dort wieder in den Hauptspeicher einzulesen.

Bei Dateien unterscheidet man eine physikalische und eine logische Ebene. Die physikalische Ebene beschreibt die durch das jeweilige Speichermedium vorgegebene Art der Datenaufzeichnung und ist somit Sache des Betriebssystems. Zum Beispiel kann man auf Platten Daten nicht byteweise speichern bzw. lesen, sondern nur in Blöcken von z.B. 512 Bytes. Ein solcher Datenblock wird in einen Sektor, der kleinsten Schreib-Lese-Einheit der Platte, geschrieben bzw. aus ihm gelesen.

Für den Programmierer ist nur die logische Ebene interessant, also die Organisation seiner Daten in Datensätzen, die ihrerseits wieder aus einzelnen Feldern bestehen und ihrer Abfolge innerhalb der Datei. Im Kapitel »Strukturen« wurden die Operationen mit Datensätzen und ihren Komponenten, den Feldern, bereits besprochen.

Was die Abfolge innerhalb der Datei angeht, spricht man von sequentiellem und wahlfreiem (engl.: Random-) Zugriff. Im ersten Fall werden die Sätze nacheinander geschrieben bzw. gelesen, im zweiten Fall wird ein beliebiger Satz der Datei gelesen oder überschrieben. C bietet Funktionen für beide Organisationsformen.

Einige Betriebssysteme, z.B. MS-DOS bzw. WINDOWS unterteilen Datendateien noch einmal in zwei Gruppen: Binärdateien oder Textdateien (UNIX kennt diesen Unterschied nicht). Bei binären Dateien wird der Speicherinhalt Byte für Byte aus dem Hauptspeicher in die

Datei geschrieben bzw. aus der Datei in den Hauptspeicher gelesen. Jeder Datensatz hat also die gleiche Struktur und Länge. Bei Textdateien wird jeweils eine Zeile gespeichert, wobei eine Zeile alle Zeichen bis zum Zeilenende-Zeichen (ASCII-Bezeichnung LF = Linefeed d. h. Zeilenvorschub), dass durch die Enter-Taste erzeugt wird, umfasst. Sie kann also auch aus mehreren Bildschirmzeilen bestehen.

Das Zeilenende-Zeichen '\n' (LF) wird unter DOS bzw. Windows beim Schreiben in die Datei im Textmodus durch CR/LF (ASCII-Bezeichnung CR = Carriage-Return d. h. Wagen-(heute: Cursor-) und verwenden EOF (=1Ah) als Dateiende-Zeichen Rücklauf) ersetzt und beim Lesen wieder durch LF ersetzt. Dieses Ersetzen entfällt bei Binärdateien.

## 18.1 Übersicht über die Dateifunktionen

### 18.1.1 Befehle für Öffnen, Schließen, Puffer-Leeren, Löschen (elementare Datei-Operationen)

Eine Datei muss vor einem ersten Zugriff geöffnet und nach dem letzten Zugriff wieder geschlossen werden:

Beim Öffnen wird dem Betriebssystem mitgeteilt, unter welchem Namen es die Datei abspeichern soll, bzw. suchen soll, wenn sie schon existiert. Das Betriebssystem liefert einen File-Pointer zurück, auch als handle (Henkel,Griff) bezeichnet. Wie der Name besagt, handelt es sich um einen Zeiger, der auf eine vordefinierte Datenstruktur vom Typ FILE* zeigt, in der alle wichtigen Parameter der jeweiligen Datei enthalten sind u.a. ein Dateizeiger, der beim Schreiben in die Datei dafür sorgt, dass die Datenbytes bei wiederholten Schreibvorgängen exakt hintereinander geschrieben werden und schon geschriebene Daten nicht irrtümlich überschrieben werden.

Beim Lesen aus der Datei sorgt er dafür, dass die Daten bei aufeinanderfolgenden Lesevorgängen sequentiell, also ohne Lücken oder Wiederholungen ausgelesen werden.

Der Dateizeiger bietet aber noch weitere Vorteile. Er lässt sich mit bestimmten Funktionen auf einen definierten Wert setzen. Damit wird es möglich, in einer Datei hin und her zu springen, also Datensätze in beliebiger Reihenfolge, also mit Random-Zugriff aus ihr zu lesen. Das Gleiche ist auch beim Schreiben in die Datei möglich. Auf diese Weise kann man einzelne Datensätze, die z.B. geändert wurden, selektiv überschreiben.

Beim Öffnen wird auch auf der physikalischen Ebene vom Betriebssystem ein Eingabe- und/ oder Ausgabepuffer im Hauptspeicher angelegt, dessen Größe der Blockgröße des Speichermediums (z.B. 512 Bytes) entspricht. Ob ein oder zwei Puffer angelegt werden, hängt davon ab, ob die Datei zum Schreiben, zum Lesen oder zum Schreiben und Lesen geöffnet werden soll.

In diesem Puffer werden die in die Datei geschriebenen Daten erst einmal gesammelt, bis er voll ist. Dann wird sein Inhalt auf die Platte geschrieben, also »entleert«. Beim Lesen aus der

Datei wird vorab in diesen Puffer jeweils ein Block Daten gelesen. Und wenn alle diese Daten vom Programm eingelesen sind, wird der Puffer automatisch vom Betriebssystem wieder »aufgefüllt«. Man braucht sich als Programmierer darum nicht zu kümmern, benötigt jedoch diese Hintergrund-Information für bestimmte Dateifunktionen.

Vorweg ein Hinweis zu den im Folgenden beschriebenen Funktionen: Die für die Dateiverarbeitung verwendeten Funktionen benötigen die Header-Datei <stdio.h>!

Das Öffnen einer Datei (in C als stream bezeichnet), geschieht mit der Funktion:

```
FILE *fopen(const char *dateiname, char *modus)
```

Sie liefert einen Zeiger (File-Pointer) auf die Datei mit dem Namen *dateiname* – im Fehlerfall NULL zurück.

Mögliche Werte für *modus* liefert die folgende Tabelle 18.1.

| modus | Lesen | Schreiben | Anhängen | Neu-Erzeugen mit Löschen - falls vorhanden | Neu-Erzeugen - falls nicht vorhanden |
|---|---|---|---|---|---|
| r | x | | | | |
| w | | x | | x | |
| a | | | x | | x |
| r+ | x | x | | | |
| w+ | x | x | | x | |
| a+ | x | | x | | x |

Tab. 18.1  Datei-Modi

Handelt es sich um eine Binärdatei, muss »b« angehängt werden, z.B.: rb. Bei Textdateien kann »t« angehängt werden, z.B.: wt.

Beispiel:

```
FILE fp    /*Deklaration der file-pointer-Variablen */
fp = fopen("text.dat","r");
```

Befindet sich die zu öffnende Datei nicht im Arbeitsverzeichnis, muss man einen Pfad angeben. Wichtig ist hierbei, dass man in DOS- bzw. Windows-Betriebssystemen jeweils Doppel-Backslash verwenden muss; bei UNIX entfällt das, z.B.:

```
fp = fopen ("c:\\daten\\test1","r");
```

Eine geöffnete Datei wird automatisch beim Programmende geschlossen. Man sollte dies jedoch selbst tun, wenn die Datei nicht mehr benötigt wird. Das geschieht mit der Funktion:

```
int fclose(FILE *datei)
```

Sie schließt die angegebene Datei, ruft vorab fflush auf, damit Reste von Daten, die sich noch im Schreib-Puffer befinden, z.B. auf die Festplatte geschrieben werden und gibt belegte Puffer wieder frei.

Als Rückgabewert bei fehlerfreier Ausführung wird 0 geliefert, sonst EOF

Beispiel:

```
fclose (fp);
```

Wenn man – ohne eine Datei zu schließen – vom Schreiben zum Lesen übergeht, muss auf alle Fälle vorab die Funktion

```
int fflush (FILE *datei)
```

aufgerufen werden. Sie leert den Ausgabe-Puffer und schreibt die Daten in die zugehörige Datei; sie liefert bei Fehler EOF, sonst 0 zurück Beispiel:

```
fflush (fp);
```

Will man eine Datei aus einem Programm heraus löschen – was meist nur gemacht wird, wenn es sich um eine temporäre Datei handelt – geschieht dies mit der Funktion:

```
int remove(const char *dateiname)
```

Sie löscht die durch *dateiname* angegebene Datei und liefert bei korrekter Ausführung 0 zurück, bei Fehler 1. Beispiel:

```
remove ("text.dat");
```

Zwar wurde oben geschrieben, dass jede Datei vorab geöffnet und nach dem letzten Zugriff wieder geschlossen werden muss, doch gibt es Ausnahmen: Einige Dateien müssen nicht explizit geöffnet bzw. geschlossen werden. Es sind dies vordefinierte Standarddateien mit folgenden Namen:

| | |
|---|---|
| stdin | Standardeingabe (Tastatur) |
| stdout | Standardausgabe (Bildschirm) |
| stderr | Standardfehlerausgabe |

Unter DOS und Windows gibt es zusätzlich:

| | |
|---|---|
| stdprn | Standarddrucker (PRN) |
| stdaux | Standardschnittstelle(AUX) |

## 18.1.2  Befehle für Schreiben und Lesen

C bietet Dateifunktionen für vier Ein-/Ausgabeklassen an:

Zeichenweise-, formatierte-, stringweise- und blockweise(binäre) Ein-/Ausgabe und zwei zusätzliche Funktionen für die Ein-/Ausgabe im Binärmodus. Diese Funktionen werden im Folgenden – nach diesen Klassen sortiert – beschrieben. Bei den Beispielen denke man sich stets vorweg die Datei-Deklaration:

```
FILE *fp;
```

### Zeichenweise E/A

```
int fputc(int zeichen, FILE *datei)
```

> schreibt ein Zeichen in die Datei; liefert das ausgegebene Zeichen zurück, im Fehlerfalle EOF

Beispiel:

```
fputc('E',fp);
int fgetc(FILE *datei)
```

> liest ein Zeichen aus der Datei; liefert das ausgegebene Zeichen zurück, bei Dateiende oder Fehler: EOF

Beispiel:

```
char c;
c = fgetc(fp);
```

### *Formatierte E/A*

```
int fprintf(FILE *datei, Formatbeschreibung und Variable(n)- wie bei
printf)
```

> schreibt formatiert in eine Textdatei; liefert die Anzahl ausgegebener **Bytes** – im Fehlerfall EOF zurück

Beispiel:

```
int x;
fprintf(fp," %i",x);
```

```
int fscanf(FILE *datei, Formatbeschreibung und Variablenadresse(n) wie
bei scanf)
```

> liest formatiert aus einer Textdatei; liefert die Anzahl gelesener Felder (Variablen) – im Fehlerfall EOF zurück (Abbruch des Lesevorgangs z.B. bei Leerzeichen (Blank) wie bei scanf).

Beispiel:

```
int x;
fscanf(fp,"%i",&x);
```

### *Stringweise E/A*

```
int fputs(const char *zeichenkette, FILE *datei)
```

> schreibt eine Zeichenkette - ohne '\0'- in die Datei; liefert das zuletzt ausgegebene Zeichen zurück, im Fehlerfalle EOF

Beispiel:

```
fputs("Guten Morgen", fp);
char *fgets(char *zeichenkette, int groesse, FILE *datei)
```

> liest eine Zeichenkette aus der Datei in den String *zeichenkette*, und bricht bei '\n' oder nach n-1 Zeichen ab. Der Zeilenvorschub wird am Ende von s gespeichert. Die Funktion fügt am Ende '\0' an und liefert einen Zeiger auf die Zeichenkette zurück, im Fehlerfall oder bei Dateiende NULL.

Beispiel:

```
char str[100];
fgets(str,100,fp);
```

### 18.1.3 Befehle für Schreiben und Lesen, die beim Binärmodus verwendet werden

```
unsigned fwrite(const void *puffer, unsigned groesse, unsigned anzahl,
FILE *datei)
```

> überträgt aus dem *puffer* die *anzahl* Datenelemente von *groesse* Bytes Länge in die Datei; liefert die Anzahl fehlerfrei übertragener **Datenelemente** zurück

Beispiel:

```
int x;
fwrite(&x,sizeof(int),1,fp);
```

> Als »Puffer« dient hier die Integer-Variable x!

```
unsigned fread(void *puffer, unsigned groesse, unsigned anzahl, FILE
*datei)
```

> liest *anzahl* Datenelemente von *groesse* Bytes Länge aus der Datei *datei*; liefert – auch bei Fehler oder Dateiende – die Anzahl fehlerfrei gelesener **Datenelemente** zurück

Beispiel:

```
int x;
fread(&x,sizeof(int),1,fp);
```

### 18.1.4 Befehle für den direkten Datenzugriff (Positionieren in Dateien)

```
void rewind(FILE *datei)
```

> setzt den Dateizeiger auf den Dateianfang zurück; nach diesem Befehl kann zwischen »Schreiben« und »Lesen« gewechselt werden

Beispiel:

```
rewind(fp);
```

```
int feof(FILE *datei)
```

> liefert Zahl $\neq 0$, wenn das Dateiende-Flag gesetzt ist, (= TRUE), sonst 0. (Das Dateiende-Flag wird gesetzt, wenn ein Leseversuch vergeblich war!)

Beispiel:

```
while(!feof(fp))
{
  ...
}
```

```
int fseek(FILE *datei, long anzahl, int bpkt)
```

> setzt den Dateizeiger der Datei *datei* auf die Position, die *anzahl* Bytes von dem durch *bpkt* gegebenen Bezugspunkt entfernt ist.
>
> Werte für *bpkt*:
>
> SEEK_SET     (0)     Dateianfang
>
> SEEK_CUR     (1)     aktuelle Position
>
> SEEK_END     (2)     Dateiende
>
> liefert im Fehlerfall $\neq 0$, sonst 0
>
> Bei Textdateien muss *bpkt* = SEEK_SET und anzahl = 0 sein – oder ein mit der Funktion ftell ermittelter Wert!
>
> Spezialfall: fseek(datei,0L,SEEK_SET) $\equiv$ rewind!

Beispiel:

```
fseek(fp,(long)(-1)*sizeof(struct kunde),SEEK_CUR);
```

**Wirkung:** Hier wird der Dateizeiger um einen Datensatz der Struktur *kunde* zurückgesetzt.

```
int fgetpos(FILE *datei, long *pos)
```

> speichert die Position des Dateizeigers in *pos; liefert im Fehlerfall $\neq 0$, sonst 0 zurück.

```
long ftell(FILE *datei)
```

> liefert die aktuelle Position des Dateizeigers in Bytes – relativ zum Dateianfang – bei Fehler: -1

Beispiel:

```
int posit;
posit = ftell(fp);
```

**Hinweis:** Bei mit r+ bzw. w+ geöffneten Dateien muss bei einem Wechsel von Schreiben nach Lesen erst fflush, dann fseek oder rewind, beim Wechsel von Lesen nach Schreiben fseek oder rewind aufgerufen werden.

**Ergänzungen:** Der formatiert ausgebende Befehl *fprintf()* schreibt Strings ohne '\0' in die Datei und Zahlen in ASCII-Darstellung (z.B.: die Zahl 125: 31h 32h 35h; kurz: 313235h) – einschließlich des Kommata bei den Gleitkommformaten. Bei char-Feldern in Strukturen wird **nur die benötigte Anzahl** Zeichen in die Datei geschrieben, nicht die in der struct-Deklaration gewählte. Vorteil dieser Speicherung ist, dass sie platzsparend ist. Der Nachteil ist, dass Struktur-Variablen (Datensätze) unterschiedliche Länge haben.

Mit fprintf erzeugte Dateien können also mit einem ASCII-Editor gelesen werden – das gleiche gilt für die Befehle *fputc* und *fputs*. Damit es beim formatierten Lesen mit *fscanf( )* keine Probleme gibt, muss zwischen Zahlen bzw. Text und Zahlen zumindest ein Blank in die Datei geschrieben werden.

*fwrite(..)* schreibt die Zahlen binär in die Datei (z.B: 255 (int): 00FFh) – also sehr platzsparend. Die char-Felder bei structs allerdings in voller Länge – so wie sie in der struct-Deklaration festgelegt sind. Das führt bei Datensätzen (structs) dazu, dass diese mit stets gleicher Länge in die Datei geschrieben werden. Damit bietet sich die Verwendung der Befehle *fwrite/fread* an, wenn ein beliebiger Zugriff auf einzelne Datensätze einer Datei gewünscht wird (Die Entfernung des Beginns des n-ten Datensatzes vom Dateianfang ergibt sich dann zu (n-1) * sizeof(struct Datensatz) ).

Zum besseren Verständnis der unterschiedlichen Speicherungsformen hier die Speicherauszüge von drei Datensätzen der folgenden Struktur:

```
struct satz
{
 int kundennummer;
 char vornamen[10];
 char name[10];
}
```

Speicherung als Textdatei:

| '1' | '0' | P | e | t | e | r | M | a | i | e | r | '1' | '2' | E | v | a | Z | e | r | g | '1' | '2' | '7' |
|---|---|---|---|---|---|---|---|---|---|---|---|---|---|---|---|---|---|---|---|---|---|---|---|
| W | a | l | d | e | m | a | R |  |  |  |  |  |  |  |  |  |  |  |  |  |  |  |  |

Speicherung als Binärdatei:

| 00 | 00 | 00 | 0A | P | e | t | e | r | '\0' |  |  | M | a | i | e | r | '\0' |  |  |
|---|---|---|---|---|---|---|---|---|---|---|---|---|---|---|---|---|---|---|---|
| 00 | 00 | 00 | 0C | E | v | a | '\0' |  |  |  |  | Z | e | r | g | '\0' |  |  |  |
| 00 | 00 | 00 | 7F | W | a | l | d | e | m | a | r | '\0' |  |  |  |  |  |  |  |

## 18.2 Standard-Struktur für Datei-Schreiben bzw. -Lesen

Im Folgenden soll der Standardaufbau je eines Programms, das Daten in eine Datei schreibt und eines Programms, das Daten aus einer Datei liest, dargestellt werden. In beiden Programmfragmenten sind nur das Deklarieren einer Datei, das Schreiben bzw. Lesen und das Schließen der Datei dargestellt.

**Standard-Aufbau für »Schreiben in eine Datei«**

```
int main(void)
{
 char z;
 int i;
 FILE *fp;

 if((fp=fopen("test1","w"))== NULL)
  /*  "wb" bei fwrite(..) */
 {
  printf("Datei konnte nicht geöffnet werden");
  return(1);
 }
 ...
 fprintf(...); oder fputs(..);
  oder fputc(z,fp);
   oder fwrite(&i,sizeof(int),1,fp); /* nur bei          Binärdatei */
 ...
 ...
 fclose(fp);
 return(0);
}
```

Hinweis zum Programm: Die Funktion zum Dateiöffnen wurde hier in eine Bedingungsstruktur eingebaut. Wenn eine Datei nicht geöffnet werden kann, z.B. wenn eine zu lesende Datei nicht gefunden werden kann oder wenn eine zu schreibende Datei nicht angelegt werden kann, weil z.B. die Festplatte keine freie Kapazität mehr hat, macht es meist keinen Sinn, mit dem weiteren Programm fortzufahren. Daher ist hier die return-Funktion vorgesehen. Sie liefert eine Eins an das Betriebssystem zurück, um einen Fehler im Programm zu signalisieren. Daher ist das Hauptprogramm mit int main zu deklarieren. Die Rückgabe einer Null wird in der Microsoft-Welt als korrekter Programmablauf interpretiert.

Erfolgt das Öffnen der Datei in einem Unterprogramm, verwendet man statt der return- die exit-Funktion, damit das Programm durch Rücksprung ins Betriebssystem abgebrochen und nicht in das Hauptprogramm zurückgekehrt wird.

**Standard-Aufbau für »Lesen aus einer Datei«**

```
int main(void)
{
 char z;
 int i;
 FILE *fp;

 if((fp=fopen("test1","r"))== NULL)
  /*  "rb" bei fread(..) */
 {
  printf("Datei konnte nicht geöffnet werden");
```

```
  return(1);
}
while((z=fgetc(fp))!= EOF); oder      while(fgets(str,n,fp)!=NULL)
  oder while(fscanf(fp,"%i",&i) != EOF)
    oder while(fread(&i,sizeof(int),1,fp)!=0) /* nur bei   Binärdatei */
{
  ...
  ...
}
fclose(fp);
return(0);
}
```

## 18.3 Musterprogramme

Die folgenden Musterprogramme geben einen umfassenden Überblick in die Möglichkeiten der Dateiverarbeitung unter C. Sie sollen jeweils kurz kommentiert werden.

Bei den Programmen wird als minimale Sicherheitsmaßnahme stets beim Öffnen der Datei gefragt, ob das Öffnen erfolgreich war. War das nicht der Fall, wird das Programm vorzeitig beendet.

Das erste Programm liest Zeichenketten von Tastatur ein und schreibt sie in eine Textdatei. Anschließend wird die Datei wieder gelesen und werden die Zeichenketten auf dem Bildschirm ausgegeben.

Verwendung finden die Funktionen fgets( ) und fputs( ). Die Anzahl eingegebener Strings braucht nicht gezählt und abgespeichert zu werden. Man verwendet die Tatsache, dass fgets( ) am Dateiende als Rückgabewert NULL liefert, um die while-Schleife, die beim Lesen verwendet wird, am Dateiende automatisch abbrechen zu lassen.

```
/***********************************************/
/* Schreiben von Tastatur eingegebener Strings */
/* in eine Datei mit anschließendem Lesen und  */
/* Ausgeben                                     */
/* Datei-Name: prog18_1.c                       */
/***********************************************/
#include <stdio.h>
#include <stdlib.h>
/* #include <conio.h> */

int main(void)
{
 char string[20];
 int i;
 FILE *fp;
```

```
if((fp=fopen("test2","w")) == NULL)
  /* bei Pfadangabe: z.B.: c:\\daten\\test1 */
{
 printf("Datei konnte nicht geöffnet werden");
 return(1);
}
printf("Drei Texte eingeben:\n");
for(i = 0;i < 3; i++)
{
  gets(string);
  fputs(string,fp);
  fputs("\n",fp); /*damit fgets das
                    Stringende findet*/
}
fclose(fp);
fp=fopen("test2","r");
printf("\nDie gespeicherten Texte lauten:\n");
while((fgets(string,20,fp)) != NULL)
{
  printf("%s",string);
}
fclose(fp);
/* getch(); */
return(0);
}
```

**Mögliche Ein- und Ausgabe:**

```
Drei Texte eingeben:
Guten
Morgen
liebe Sorgen

Die gespeicherten Texte lauten:
Guten
Morgen
liebe Sorgen
```

Im folgenden Programm werden Ganzzahlen in eine Datei geschrieben und zur Kontrolle wieder ausgelesen. Verwendung finden die Funktionen fprintf( ) und fscanf( ). Da die Funktion fprintf( ) die Zahlen ziffernweise abspeichert, haben sie in der Datei unterschiedliche Länge. Damit die Lesefunktion fscanf( ) automatisch am Zahlenende abbricht, wird ein Blank als Trennzeichen zwischen die einzelnen Zahlen in die Datei geschrieben (Zur Erinnerung: fscanf( ) bricht den Lesevorgang automatisch bei Auftreten eines Blanks ab.).

Interessant ist auch hier die Erkennung des Dateiendes beim Lesen der Datei. Da die Funktion fscanf als Rückgabewert die Anzahl korrekter gelesener Variablenwerte liefert (hier: 0 oder 1), kann man in einer while-Schleife solange lesen, bis die Funktion Null liefert, weil der letzte Leseversuch wegen des Dateiendes fehlgeschlagen war.

```
/*********************************************/
/* Schreiben von Tastatur eingegebener       */
/* Zahlenwerte in eine Datei mit             */
/* anschließendem Lesen und Ausgeben         */
/* Datei-Name: prog18_2.c      (printf/fscanf) */
/*********************************************/
#include <stdio.h>
#include <stdlib.h>
/*#include <conio.h>*/

int main(void)
{
 int i,mw;
 FILE *fp;

 if((fp=fopen("test3","w")) == NULL)
 {
  printf("Datei konnte nicht geöffnet werden");
   return(1);
 }
 for(i = 0;i < 3; i++)
 {
  printf("Bitte Messwert eingeben: ");
  scanf("%d",&mw);
  fprintf(fp,"%d ",mw);
  /*wichtig: 1 Blank als Trennzeichen für scanf!*/
 }
 fclose(fp);
 printf("\nDie gespeicherten Messwerte sind:\n");
 fp=fopen("test3","r");
 while(fscanf(fp,"%i",&mw) > 0)
 {
  printf("%d ",mw);
 }
 fclose(fp);
 /*getch();*/
 return(0);
}
```

**Mögliche Ein- und Ausgabe:**

```
Bitte Messwert eingeben: 1
Bitte Messwert eingeben: 2
Bitte Messwert eingeben: 3

Die gespeicherten Messwerte sind:
1 2 3
```

Im folgenden Programm werden Strukturen, die aus zwei Komponenten bestehen, einer Messwert-Nr. und einem Messwert sequentiell in eine Datei geschrieben und anschließend wieder ausgegeben. Die Nummer des Messwerts wird nicht eingelesen, sondern von eins beginnend automatisch mitgezählt. Pro Datensatz erfolgt ein Schreibvorgang und bei der Ausgabe ein Lesevorgang.

Interessant ist die Erkennung des Dateiendes beim Lesen der Datei. Da die Funktion fread( ) als Rückgabewert die Anzahl gelesener Bytes liefert, kann man solange lesen, bis die Funktion Null liefert, weil der Lesevorgang am Dateiende angekommen war und die Funktion fread( ) keine Bytes mehr lesen konnte.

```c
/***********************************************/
/* Sequentielles Schreiben von Tastatur        */
/* eingegebener Strukturen in eine Datei mit    */
/* anschließendem sequent. Lesen und Ausgeben   */
/* Datei-Name: prog18_3.c        (fwrite/fread) */
/***********************************************/
#include <stdio.h>
#include <stdlib.h>
/* #include <conio.h> */

struct mdat
{
    int nr;
    int mw;
};

int main(void)
{
 FILE *fp;
 struct mdat mess;
 int i;

 if((fp=fopen("test4","wb")) == NULL)
 {
  printf("Datei konnte nicht geöffnet werden");
  return(1);
 }
 for(i = 0;i < 5; i++)
 {
  printf("Bitte Messwert eingeben: ");
  scanf("%d",&mess.mw);
  mess.nr = i+1;
  fwrite(&mess,sizeof(struct mdat),1,fp);
 }
 fclose(fp);
 fp=fopen("test4","rb");
 printf("\nMesswert-Nummern und Messwerte:");
 while(fread(&mess,sizeof(struct mdat),1,fp)>0)
 {
    printf("\n%d      %d",mess.nr,mess.mw);
```

```
}
fclose(fp);
/*getch();*/
return(0);
}
```

**Mögliche Ein- und Ausgabe:**

```
Bitte Messwert eingeben: 1
Bitte Messwert eingeben: 3
Bitte Messwert eingeben: 5
Bitte Messwert eingeben: 7
Bitte Messwert eingeben: 9

Messwert-Nummern und Messwerte:
1     1
2     3
3     5
4     7
5     9
```

Bei den folgenden Programmen wird mit zwei Dateien gearbeitet. Zum einen mit der im Programm 4a erzeugten Messwertdatei, zum anderen mit einer im Programm neu angelegten Datei. Beide Dateien werden gleichzeitig geöffnet, daher benötigt man zwei file-pointer. Die in der ersten Datei befindlichen Datensätze werden überprüft und alle Datensätze, die eine bestimmte Bedingung erfüllen (hier: Messwert größer 5), in die zweite, neue Datei geschrieben.

Wenn die erste Datei zu Ende gelesen ist, wird der Schreibpuffer der zweiten Datei geleert (fflush(fp2)). Damit wird sichergestellt, dass Bytes, die sich noch im Puffer befinden, auf die Platte geschrieben werden. Dann werden beide Dateizeiger auf den Dateianfang zurückgesetzt (rewind-Funktion), und anschließend wird zunächst die erste Datei gelesen und die gelesenen Strukturen werden auf dem Bildschirm ausgegeben, dann die zweite Datei. Der Ordnung halber werden beide Dateien anschließend geschlossen.

```
/**********************************************/
/* Sequentielles Lesen der Datensätze einer mit */
/* Programm prog18_3 erzeugten Datei und       */
/* Schreiben der Datensätze mit Messwerten > 5  */
/* in eine zweite Datei                        */
/* Datei-Name: prog18_4.c                      */
/**********************************************/
#include <stdio.h>
#include <stdlib.h>
/* #include <conio.h> */

struct mdat
{
  int nr;
  int mw;
```

```
};

int main(void)
{
 FILE *fp1,*fp2;
 struct mdat mess;

 if((fp1 = fopen("test4","rb")) == NULL)
 {
  printf("Datei konnte nicht geöffnet werden");
  return(1);
 }
 if((fp2 = fopen("test5","w+b")) == NULL)
 {
  printf("Datei konnte nicht geöffnet werden");
  return(1);
 }
 while((fread(&mess,sizeof(struct mdat),1,fp1))>0)
 {
  if(mess.mw > 5)
    fwrite(&mess,sizeof(struct mdat),1,fp2);
 }
 fflush(fp2);
 rewind(fp1);
 rewind(fp2);
 printf("Datei 1: ");
 while(fread(&mess,sizeof(struct mdat),1,fp1)>0)
 {
  printf("%d. %d    ",mess.nr,mess.mw);
 }
 printf("\nDatei 2: ");
 while(fread(&mess,sizeof(struct mdat),1,fp2)>0)
 {
  printf("%d. %d    ",mess.nr,mess.mw);
 }
 fclose(fp1);
 fclose(fp2);
 /*getch();*/
 return(0);
}
```

**Ausgabe:**

```
Datei 1: 1. 1    2. 3    3. 5    4. 7    5. 9
Datei 2: 4. 7    5. 9
```

Das folgende Programm hat die gleiche Wirkung wie das vorangegangene Programm, jedoch wird hier eine Besonderheit der fwrite- bzw. fread-Funktion genutzt, nämlich die Möglichkeit, gepuffert zu arbeiten, d.h. mit einem Schreib-/Lesevorgang eine größere Zahl von Datensätzen in die Datei zu schreiben beziehungsweise aus ihr zu lesen.

Dazu muss ein separater Puffer im Hauptspeicher angelegt werden, in den zunächst die Datensätze, die die Bedingungen erfüllen (Messwert größer 5) geschrieben werden. Die Anzahl der in den Puffer geschriebenen Messwerte wird laufend hoch gezählt und wenn der Lese- und Prüfvorgang bei der ersten Datei beendet ist, werden mit einem Aufruf der fwrite-Funktion alle Datensätze (hier i) aus dem Puffer in die zweite Datei geschrieben.

Beim anschließenden Lesen der beiden Dateien wird hier satzweise gelesen. Man könnte auch hier bei der zweiten Datei versuchen, zunächst die maximal möglichen 20 Datensätze in den Messwerte-Puffer zu lesen, müsste dann anhand des Rückgabewerts von fread( ) prüfen, wie viele Datensätze wirklich gelesen wurden, indem man die zurückgelieferte Anzahl Bytes durch die Größe der Struktur (sizeof(struct mdat)) dividiert.

Dieses Arbeiten mit einem Puffer bringt einen entscheidenden Geschwindigkeitsvorteil, wenn man vor dem Schreiben der Daten in die Datei die Daten für verschiedene Auswertungen im Programm noch einmal benötigt, da Zugriffe auf den Hauptspeicher wesentlich schneller erfolgen als Schreiben und Lesen von der Platte.

```c
/**************************************************/
/* Sequentielles Lesen der Datensätze einer mit  */
/* Programm prog18_3 erzeugten Datei und         */
/* Schreiben der Datensätze mit Messwerten > 5 in */
/* eine zweite Datei                             */
/* Datei-Name: prog18_5.c (gepuffertes Schreiben)*/
/**************************************************/
#include <stdio.h>
#include <stdlib.h>
/*#include <conio.h>*/
struct mdat
{
  int nr;
  int mw;
};

int main(void)
{
 FILE *fp1,*fp2;
 struct mdat mess,mess_buffer[20];
 int i=0;

 if((fp1=fopen("test4","rb")) == NULL)
 {
  printf("Datei konnte nicht geöffnet werden");
  exit(1);
 }
 if((fp2=fopen("test5","w+b")) == NULL)
 {
  printf("Datei konnte nicht geöffnet werden");
  exit(1);
 }
```

```
while((fread(&mess,sizeof(struct mdat),1,fp1))>0)
{
 if(mess.mw > 5)
 {
  mess_buffer[i]=mess;
  i++;
 }
}
fwrite(mess_buffer,sizeof(struct mdat),i,fp2);
fflush(fp2);
rewind(fp1);
rewind(fp2);
while(fread(&mess,sizeof(struct mdat),1,fp1)>0)
{
 printf("%d. %d    ",mess.nr,mess.mw);
}
printf("\n");
while(fread(&mess,sizeof(struct mdat),1,fp2)>0)
{
 printf("%d. %d    ",mess.nr,mess.mw);
}
fclose(fp1);
fclose(fp2);
/*getch();*/
return(0);
}
```

**Ausgabe:**

```
1. 1    2. 3    3. 5    4. 7    5. 9
4. 7    5. 9
```

Man beachte: Da der Messwerte-Puffer maximal 20 Elemente aufnehmen kann, können maximal 20 Werte, die die Bedingung > 5 erfüllen, auftreten. Die korrekte Dimensionierung des Puffers muss also stets überdacht werden.

Beim Folgenden letzten Demo-Programm für Dateihandling wird das häufig auftretende Problem betrachtet, einen Datensatz in einer Datei zu suchen, ihn zu überarbeiten und ihn erneut in die Datei hinein zu schreiben. In diesem Programm wird vorab die Nummer des gesuchten Messwerts eingelesen. Dann werden sequentiell die Datensätze gelesen, solange bis der Datensatz mit der gesuchten Nummer gefunden wird.

Da die Möglichkeit besteht, dass der gesuchte Datensatz nicht in der Datei vorhanden ist, wird dies separat abgeprüft. Wenn der letzte gelesene Datensatz immer noch nicht der gesuchte Satz ist, wird nach dem letzten Leseversuch die while-Schleife mit erg = 0 verlassen und führt die anschließende if-Abfrage zu der Fehlermeldung »Datensatz nicht gefunden«.

Würde man den gesuchten Datensatz nach der Änderung direkt in die Datei schreiben, würde er den nachfolgenden Datensatz überschreiben, da der Dateizeiger nach dem Lesen eines Satzes auf das erste Zeichen des nächsten Satzes zeigt. Daher muss er mit der Funktion fseek( ) um eine Datensatz-Länge zurückgesetzt werden, also auf den Anfang des gelesenen Satzes.

```
/****************************************************/
/* Sequent. Suchen und Ändern eines Datensatzes  */
/* aus der mit Programm prog18_3 erzeugten Datei */
/* und anschließendes Ausgeben der geänderten    */
/* Datei                                          */
/* Datei-Name: prog18_6.c                         */
/****************************************************/
#include <stdio.h>
#include <stdlib.h>
/*#include <conio.h> */
struct mdat
{
  int nr;
  int mw;
};

int main(void)
{
 struct mdat mess;
 FILE *fp;
 int mwnr,erg;

 if((fp=fopen("test4","r+b")) == NULL)
 {
   printf("Datei konnte nicht geöffnet werden");
   return(1);
 }
 printf("Bitte Messwert-Nr. eingeben: ");
 scanf("%d",&mwnr);

 /* Sequentielle Suche des Messwerts */
 while((erg=fread(&mess,sizeof(struct mdat),1,fp))>0)
 {
   if(mess.nr == mwnr) break;
 }
 if (erg == 0)
  printf("Datensatz nicht gefunden");
 else
 {
   printf("\nAlter MW.Nr.%d: %d",mess.nr,mess.mw);
   printf("\nNeuer Wert: ");
   scanf("%d",&mess.mw);
   fseek(fp,(long)(-1)*sizeof(struct mdat),SEEK_CUR);
   /* = Rückpositionieren des Datensatzzeigers! */
   fwrite(&mess,sizeof(struct mdat),1,fp);
   fflush(fp);
 }
 rewind(fp);
 while(fread(&mess,sizeof(struct mdat),1,fp)>0)
```

```
{
   printf("\n%d %d",mess.nr,mess.mw);
}
fclose(fp);
/*getch();*/
return(0);
}
```

**Mögliche Ein- und Ausgabe:**

```
Bitte Messwert-Nr. eingeben: 3

Alter MW.Nr.3: 5
Neuer Wert: 9


1 1
2 3
3 9
4 7
5 9
```

## 18.4  Übung XV:  Dateiverarbeitung

**Empfehlung:** Entwerfen Sie bei den folgenden Aufgaben zunächst den Lösungsalgorithmus in Form eines Struktogramms!

1. Aufgabe: Schreiben Sie ein Programm mit folgenden Funktionen:

    a) Fkt. »Anlegen einer Notendatei«: Von Tastatur sollen Datensätze (Struktur: Schüler-Name, -Nr., -Note) eingelesen und sequentiell in eine Datei (*schueler.dat*) geschrieben werden (keine Noteneingabe!).

    b) Fkt. »Noten-Eingabe«: Von Tastatur soll random die Schüler-Nr. und die -Note eingelesen und sequentiell in die Datei *schueler.dat* geschrieben werden.

    c) Fkt.»Ausgabe«: Die Datei soll gelesen und seitenweise auf dem BS ausgegeben werden.

    d) Fkt.»Datensatz suchen und ausgeben«. Die Schüler-Nr. soll von Tastatur eingelesen und der zugehörige Datensatz soll gesucht und ausgegeben werden. (Verwenden Sie sequentielle/m-Wege/binäre Suche).

    e) Fkt.»Datensatz ändern«. Nach Eingabe der Schüler-Nr. soll der entsprechende Datensatz gesucht und ausgegeben werden. Dann soll der geänderte Datensatz eingegeben und in die Datei gespeichert werden.

2. Aufgabe: Schreiben Sie ein Programm, das die Datei *schueler.dat* durchsucht und die Datensätze der Schüler mit der Note gut bzw. sehr gut in eine zweite Datei kopiert, die anschließend ausgegeben wird.

3. Aufgabe: Schreiben Sie ein Datei-Programm mit folgenden Funktionen:

a)  Fkt. »Anlegen einer Artikeldatei«: Von Tastatur sollen Datensätze (Struktur: Artikel-Nr., -Name, Preis) eingelesen und sequentiell in eine Datei (*artikel.dat*) geschrieben werden.

b)  Um einen schnelleren Datenzugriff zu haben soll eine Funktion »Datei-Einlesen« die Datei in ein Array (alternativ: eine dynamische Liste) im Hauptspeicher lesen.

c)  Eine Funktion »Artikelsuchen« soll nach Eingabe der Artikel-Nr. den vollständigen Datensatz suchen und ausgeben. Wird der Datensatz nicht gefunden, soll eine entsprechende Fehlermeldung ausgegeben werden.

# 19  Dynamische Datenstrukturen

## 19.1 Dynamische Speicher-Zuordnung

Bisher haben wir stets im Hauptprogramm bzw. in den Funktionen Variablen deklariert (z.B:
int x) und damit Speicherplatz für diese Variablen angefordert. Nach dem Laden des ausführ-
baren EXE-Programms ist dieser Platz für das Programm reserviert und er bleibt reserviert,
solange die Variablen gültig sind – längstens jedoch bis zur Beendigung des Programms. Man
nennt diese Zuordnung **statisch bzw. automatisch**.

Nachteil dieser Zuordnung ist – speziell bei Feldern (arrays) – dass schon bei der Erstellung
des Programms festgelegt werden muss, aus wie viel Elementen die Felder bestehen sollen,
was häufig aber erst zur Laufzeit des Programms endgültig feststeht.

Das führt dazu, dass man grundsätzlich ein- und zweidimensionale Felder überdimensionie-
ren muss und dass trotzdem später beim Anwender des Programms nach längerer Nutzungs-
zeit wegen z.B. gestiegener Kundenzahlen der vorab reservierte Speicherplatz nicht ausreicht
und es zu Fehlermeldungen kommt, die eine Überarbeitung des Programms notwendig
machen.

Neben der statischen Zuordnung von Speicherplätzen durch Deklarieren einer Variablen ist
auch eine während des Programmablaufs erfolgende **dynamische** Speicherplatz-Zuordnung
möglich.

Dazu wird vom Betriebssystem ein dynamischer Speicherbereich – engl. Heap = Haufen
genannt – zur Verfügung gestellt und verwaltet. Die dynamische Speicherplatz-Zuordnung
geschieht mit Hilfe der Funktion:

```
void * malloc(unsigned size)
```
                                                    definiert in der Datei stdlib.h,

(malloc = Abkürzung von memory allocation, size = Größe, d. h. Anzahl Bytes). Diese Funktion reserviert den geforderten Speicherplatz und liefert einen Zeiger auf das erste Byte des
Bereichs, oder, wenn kein Speicherbereich der geforderten Größe reserviert werden konnte,
den NULL-Zeiger.

Da malloc einen nicht typisierten (void) Zeiger zurückliefert, ist die Verwendung des cast
Operators erforderlich, z.B.:

```
ptr = (char *) malloc(10);
```

Wenn beim Reservieren eines Speicherbereichs mit *malloc* der Typ der Daten, auf die die
Zeigervariable zeigen soll, noch nicht feststeht, unterlässt man zunächst diese Umwandlung
in einen bestimmten Datentyp, verwendet also den Typ void. Da dieser typfreie Zeiger dann
noch nicht auf die richtigen Daten zeigt, darf er nicht zur Dereferenzierung verwendet werden
und auch nicht zu den bei Zeigern möglichen arithmetischen Operationen herangezogen werden – außer der Zuweisung an einen anderen Zeiger.

Die Angabe der Anzahl benötigter Bytes ist nicht sehr wartungsfreundlich. Wenn nämlich beim Wechsel der Hardware, also beim Übergang von einem 16- zu einem 32-Bit Computer z.B. für Integer-Werte doppelt soviel Speicherplatz benötigt wird, muss man in allen Programmen, die mit dynamischer Speicherplatz-Reservierung arbeiten, den angeforderten Speicherplatz aktualisieren. Einfacher ist es, mit Hilfe des *sizeof*-Operators dem Compiler diese Aufgabe zu übertragen. Mit Hilfe des Operators

```
sizeof(Typ)
```

kann man automatisch die Anzahl Bytes, die ein vorgegebener Datentyp im Speicher belegt, ermitteln lassen, z.B.:

```
p = (int *) malloc(sizeof(int));   oder:
q = (float *) malloc(10*sizeof(float));
```

Beim zweiten Beispiel wird Speicherplatz für zehn float-Zahlen angefordert!

Bei konsequenter Verwendung des sizeof-Operators ist zur Aktualisierung des Programms lediglich ein neuer Compiler-Lauf erforderlich, wodurch die Programmwartung sehr vereinfacht wird.

Der dynamisch reservierte Speicherplatz sollte, wenn er nicht mehr benötigt wird, mit der Funktion

```
void free (void * Zeiger_Variable)
```

wieder freigegeben werden. Als Zeigervariable wird hier die dem freizugebenden Speicherbereich zugeordnete Zeigervariable verwendet, z.B.:

```
free(ptr);
```

Wegen 'void *' kann diese Funktion für Zeiger, die auf einen beliebigen Datentyp zeigen, verwendet werden.

Auf den so freigegeben Bereich darf daraufhin natürlich nicht mehr zugegriffen werden – genauer gesagt: Soll die für den freigegebenen Speicherbereich benutzte Zeigervariable wieder verwendet werden, muss sie vorab mit *malloc( )* oder *calloc( )* erneut initialisiert werden. Auf den Inhalt des zuvor freigegebenen Speichers kann aber trotzdem nicht mehr zugegriffen werden, man erhält lediglich einen neuen Speicherblock der benötigten Größe.

Wenn beim weiteren Programmablauf der zunächst reservierte Speicherplatz nicht mehr ausreicht oder nur noch teilweise benötigt wird, kann er mit der Funktion *realloc( )* verkleinert bzw. vergrößert werden. Format:

```
void * realloc(void * ptr, unsigned size)
z.B.:  ptr = (char*) realloc(ptr,20);
```

Wirkung: Der bereits vorhandene, für die Zeiger-Variable *ptr* reservierte Bereich wird auf eine Länge von 20 Bytes verkleinert oder, wenn er vorher kleiner war, – sofern möglich – am Ende erweitert, andernfalls wird ein neuer freier Bereich gesucht, in den dann auch der Inhalt des alten Bereichs verschoben wird. Ist auch das nicht möglich, wird der NULL-Zeiger zurückgeliefert.

Der von malloc und realloc bereitgestellte dynamische Speicherbereich ist nicht initialisiert. Es gibt eine Standard-Funktion, die zusätzlich den angeforderten Speicherplatz mit Null (binär) initialisiert und ansonsten wie *malloc* arbeitet:

```
void * calloc(unsigned Anzahl Elemente, unsigned size)
```

calloc ist abgeleitet von »clear and allocate«. Man beachte: Im Unterschied zu den anderen Funktionen zur Reservierung von Speicherplatz werden an diese Funktion die Anzahl Elemente, für die man Speicherplatz benötigt und ihre Größe (in Bytes) als Parameter übergeben. Reserviert werden also so viele Bytes, wie dem Produkt: *Anzahl Elemente \* Daten-Größe* entspricht. Beispiel:

```
p = (int *) calloc(10, sizeof(int));
```

hier wird also für zehn Integer-Zahlen Speicherplatz angefordert, also 10*4 = 40 Bytes (bei 32 Bit Integer-Zahlen).

Da bei häufiger Anforderung von dynamischem Speicherplatz u.U. kein Platz mehr zur Verfügung steht, sollte man zur Vermeidung von Fehlern dringend den Rückgabewert der verwendeten Speicheranforderungs-Funktion abfragen, z.B. in folgender Form

```
 if ((ptr = (char *) malloc(10)) == NULL)
{
 printf ("Zuwenig Speicher vorhanden");
 exit(1);
}
```

Ob man, wie hier vorgesehen, das Programm mit *exit* komplett abbricht, oder eventuell zunächst noch eine Sicherungs-Funktion aufruft, um die bis dahin verarbeiteten Daten zu sichern, muss im konkreten Fall entschieden werden.

## 19.2  Dynamische Speicheranforderung für Strukturen

Wie für einzelne Standard-Variablentypen kann auch für Strukturen dynamisch Speicherplatz bereitgestellt werden. Sei z.B. folgende Struktur gegeben:

```
struct neu
{
  int ...;
  char...;
} v;
```

dann lässt sich mit Hilfe der malloc-Funktion folgendermaßen dynamischer Speicherplatz für eine Strukturvariable anfordern:

```
p = (struct neu*) malloc(sizeof(struct neu));
```

Bei Verwendung der typedef-Anweisung:

```
typedef struct
{
  int ...;
```

```
  char...;
} NEU;
```

sieht das folgendermaßen aus:

```
p = (NEU*) malloc(sizeof(NEU));
```

Im folgenden Programm werden Datensätze eingelesen und dynamisch im Speicher abgelegt. Anschließend folgt die Ausgabe auf Bildschirm. Da es sich um Zeiger, also Adressen handelt, erfolgt der Zugriff auf die einzelnen Komponenten der Struktur mit Hilfe des Pfeil-Operators.

```
/**********************************************/
/* Dynamische Speicherung von Strukturen      */
/* Prog.Name: prog19_1.c                       */
/**********************************************/
#include <stdio.h>
#include <stdlib.h>

typedef struct
{
  int kdnr;
  int name[10];
} KD;

void main(void)
{
 KD kunde,*p;
 int i;
 p=(KD*) malloc(3*sizeof(KD));
 for (i = 0; i < 3; i++)
 {
  scanf("%i %s",&kunde.kdnr,kunde.name);
  *(p+i)=kunde;
 }
 for (i = 0; i < 3; i++)
 {
  printf("\n%i %s",(p+i)->kdnr,(p+i)->name);
 }
}
```

**Ausgabe:**

```
1000
Muster
1001
König
1002
Kaiser

1000 Muster
1001 König
1002 Kaiser
```

## 19.3 Dynamische Listen

Nachdem im vorigen Abschnitt dargelegt wurde, wie man zur Laufzeit des Programms - also dynamisch - Speicherplatz reserviert, sollen nun die Operationen bei dynamischen Listen – also dynamischen eindimensionalen Feldern - behandelt werden.

Im konkreten Fall muss man vorweg abfragen, wie viele Listenelemente eingegeben werden sollen und dann den benötigten Speicherplatz mit malloc( ) oder calloc( ) reservieren oder zunächst nur für ein Element Speicherplatz mit malloc( ) anfordern und dann bei jeder weiteren Element-Eingabe mit realloc( ) einen vergrößerten Speicherbereich anfordern. Beim zweiten Verfahren läuft man allerdings Gefahr, dass nach mehreren Eingaben unter Umständen kein erweiterter Speicherplatz vom Betriebssystem bereitgestellt werden kann.

### Listen-Eingabe

Beim Eingeben von Zahlenwerten bieten sich zwei Möglichkeiten: Sequentielle Eingabe oder Random-Eingabe. Die sequentielle Eingabe sieht in ihrer einfachsten Form folgendermaßen aus:

```
for (i = 0; i < elementzahl; i++)
   scanf("%d",p+i);
```

wobei *p* der von malloc( ) bzw. calloc( ) gelieferte Zeiger auf den Anfang des reservierten Speicherbereichs ist. Die Elementzahl (also die Größe der Liste) muss natürlich vom Programm-Kontext her bekannt sein, oder, wenn es sich um eine Funktion handelt, an diese als Parameter übergeben werden.

(Hinweis: Statt p + i kann man auch schreiben: &p[i] - was die Beziehung der Pointer zu den statischen Feldern erkennen lässt. Pointer-Freaks vermeiden natürlich diese Schreibweise)

Die Random-Eingabe ist nur möglich, wenn vorab der gesamte für die Liste benötigten Speicherplatz mit malloc( ) oder calloc( ) reserviert wurde. Bei dieser Eingabeart müssen für jedes Element zwei Angaben gemacht werden: Die Nummer (Index) des Listenelements und der Wert des Listenelements. Beispiel:

```
for(i = 0; i < elementzahl; i++)
{
 scanf("%d",&element_nr);
 scanf("%d",&element_wert);
 *(p + element_nr) = element_wert;
}
```

### Listen-Ausgabe

Beim Auslesen der Listenwerte bieten sich - analog zu der Eingabe - zwei Möglichkeiten: Sequentielles Auslesen und Random-Auslesen. Die Größe der Liste muss hierbei vom Programm-Kontext her bekannt sein, oder, wenn es sich um eine Funktion handelt, an diese als Parameter übergeben werden.

Die sequentielle Ausgabe sieht in ihrer einfachsten Form folgendermaßen aus:

```
for (i = 0; i < elementzahl; i++)
   printf("%d ",*(p + i));
```

wobei p der von malloc( ) bzw. calloc( ) gelieferte Zeiger auf den Anfang des reservierten Speicherbereichs ist.

(Hinweis: Statt *(p + i) kann man auch schreiben: p[i] )

Bei der Random-Ausgabe müssen für jedes Element zwei Angaben gemacht werden: Die Nummer (Index) des Listenelements und der Wert des Listenelements. Beispiel:

```
for(i = 0; i < elementzahl; i++)
{
 scanf("%d",&element_nr);
 printf("%d", *(p+element_nr));
}
```

**Beispiele**

Beim Folgenden Programmbeispiel für eine dynamische Liste soll zur Laufzeit des Programms erfragt werden, wie viele Messwerte in die Liste eingegeben werden sollen. Dann wird der benötigte Speicherplatz angefordert, die Messwerte werden eingelesen und anschließend zur Kontrolle noch einmal ausgegeben:

```
/***********************************************/
/* Aufgabe: Einlesen von Messwerten in eine     */
/* dynamische Liste und anschließende Ausgabe auf */
/* Bildschirm. Die Anzahl der Messwerte wird vorab*/
/* eingelesen!                                   */
/* Prog.Name: prog19_2.c                         */
/***********************************************/

#include <stdio.h>
#include <stdlib.h>

int main(void)
{
 int *p,anzahl,i;

 printf("\nWieviel Messwerte werden eingegeben? ");
 scanf("%d",&anzahl);
 p = (int*) malloc(anzahl*sizeof(int));
 if(p == NULL)
 {
  printf("Kein Speicherplatz vorhanden");
  exit(-1);
 }

 printf("%d Messwerte eingeben!\n",anzahl);
 for (i=0;i<anzahl; i++)
  scanf("%d",p+i);
 printf("Eingegebene Messwerte: ");
 for (i=0; i<anzahl; i++)
  printf("%i ",*(p+i));
 return(0);
}
```

```
Wieviel Messwerte werden eingegeben? 5
5 Messwerte eingeben!
1
3
5
7
9
Eingegebene Messwerte: 1 3 5 7 9
```

Das folgende Beispiel zeigt, dass man auch Datensätze (Strukturen) in Form von dynamischen Listen speichern kann:

```c
/***********************************************/
/* Dynam.angelegte Struktur-Liste             */
/* mit Verwaltung über Zeigerarray            */
/* Prog.Name: prog19_3                         */
/***********************************************/

#include <stdio.h>
#include <string.h>
#include <stdlib.h>
#define TPL fflush(stdin)

typedef struct
{
  char name[20];
  int  alter;
} MITARB;

int main(void)
{
 MITARB *ma;
 int i,anzahl;

 printf("Wieviel Datensaetze werden eingegeben? ");
 scanf("%d",&anzahl);
 TPL;
 ma = (MITARB*) malloc(anzahl*sizeof(MITARB));
 if(ma == NULL)
 {
  printf("Kein Speicherplatz vorhanden");
  return (-1);
 }

 for (i = 0;i < anzahl;i++)
 {
  printf("Name: ");
  gets((ma+i)->name);
  printf("  Alter: ");
  scanf("%d",&((ma+i)->alter));
  /* oder: scanf("%d",&((*p[i]).alter));*/
```

```
  TPL;
 }

 for (i = 0;i < anzahl;i++)
 {
  printf("\n%i.Mitarbeiter  Name: %s \tAlter: %i",
      i+1,(ma+i)->name,(ma+i)->alter);
 }
 return (0);
}
```

**Ausgabe:**

```
Wieviel Datensaetze werden eingegeben? 3
Name: Meier
  Alter: 30
Name: Schulze
  Alter: 40
Name: Muster
  Alter: 50

1.Mitarbeiter  Name: Meier   Alter: 30
2.Mitarbeiter  Name: Schulze  Alter: 40
3.Mitarbeiter  Name: Muster   Alter: 50
```

## 19.4 Verkettete Listen

Will man Speicherplatz für eine Liste zu Beginn eines Programms reservieren, reserviert man ihn als dynamischen Speicherplatz mit Hilfe der malloc-Funktion. Weiß man zu Beginn eines Programms noch nicht, wieviel Speicherplatz man benötigt - z.B., weil man Datensätze aus einer Datei liest, deren genaue Größe man nicht kennt - kann man mit realloc( ) arbeiten. Will man jedoch z.B. Elemente in diese Liste einfügen – z.B. bei einem Sortiervorgang – lässt sich das mit dieser Funktion nicht realisieren. Hier hilft nur das Arbeiten mit einer sogenannten »verketteten« Liste. Die Grundidee zeigt Abbildung 19.1.

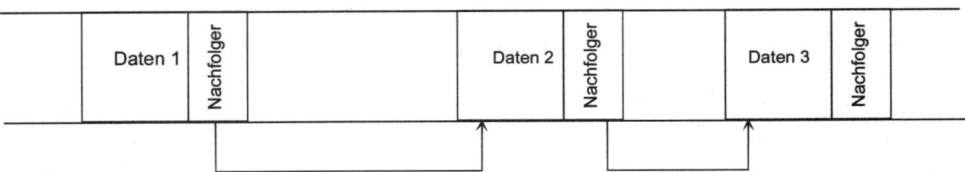

Abb. 19.1   Verteilte Speicherung und Verkettung von Datenblöcken im RAM

An jeden Datenblock wird die Adresse des nächstfolgenden Datensatzes angehängt. Damit hat man stets beim Lesen eines Datensatzes einen Zeiger auf den nachfolgenden Datensatz.

Man bezeichnet das als Verkettung. Dieses angehängte Adressfeld erhöht geringfügig den Speicherbedarf - das ist der Preis für die erhöhte Flexibilität und insgesamt effizientere Nutzung des Speichers.

Um mit einer verketteten Liste erfolgreich arbeiten zu können, muss diese folgende Funktionen bieten:

- Einfügen von neuen Elementen
- Suchen eines einzelnen Elements
- Löschen eines Elements
- Ausgeben der Liste

Diese Funktionen sollen im Folgenden besprochen werden.

## 19.4.1 Einfügen eines Elements in die Liste

Hier bieten sich drei Möglichkeiten: Einfügen am Kopf der Liste, Einfügen am Ende der Liste und sortierendes Einfügen eines Elements an der Stelle der Liste, an die es nach einem vorgegebenen Sortierkriterium (z.B. alphabetische Sortierung) hingehört.

Wir betrachten hier die einfache Vorgehensweise »Einfügen am Kopf«, wobei wir eine verbesserte Listenform wählen, die schneller im Zugriff und einfacher zu programmieren ist – ohne im einzelnen auf die Unterschiede dieser Listenform gegenüber der in der Literatur als »Einfach verkettete Liste« beschriebenen Form einzugehen.

Wir beginnen mit zwei Elementen, einem Kopf- und einem Ende-Element, die die gleiche Struktur haben wie alle Elemente der Liste und die vorweg angelegt werden und keine Datensätze enthalten (siehe Abb. 19.2).

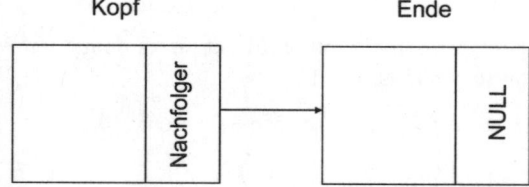

Abb. 19.2 Anfangsaufbau der verketteten Liste

Der Zeiger auf das Kopfelement wird als Anker oder root (Wurzel) bezeichnet und in einer Variablen gespeichert; ebenso wird der Zeiger auf das Endelement gespeichert. Das Kopfelement enthält zu Beginn als Nachfolger-Adresse einen Zeiger auf das Endelement. Da das Endelement keinen Nachfolger hat, wird in dessen Adressfeld als Zeiger NULL eingetragen. Das ist sozusagen die Ende-Kennzeichnung der verketteten Liste.

Man kann auch – und das wird im Folgenden gemacht – als Nachfolgeadresse die Adresse des Endelements eintragen. Vergisst der Programmierer beim Durchlaufen der Liste die

Abfrage auf das End-Element wird immer wieder auf das End-Element zugegriffen und nicht im Speicher herumgesprungen, was meist zu einem System-Absturz wegen Speicher-Schutz-verletzung führt.

Das Einfügen in die Liste geschieht in der Form, dass jedes neue Element unmittelbar hinter dem Kopf-Element eingefügt wird. Die folgende Abbildung 19.3 zeigt den Ablauf.

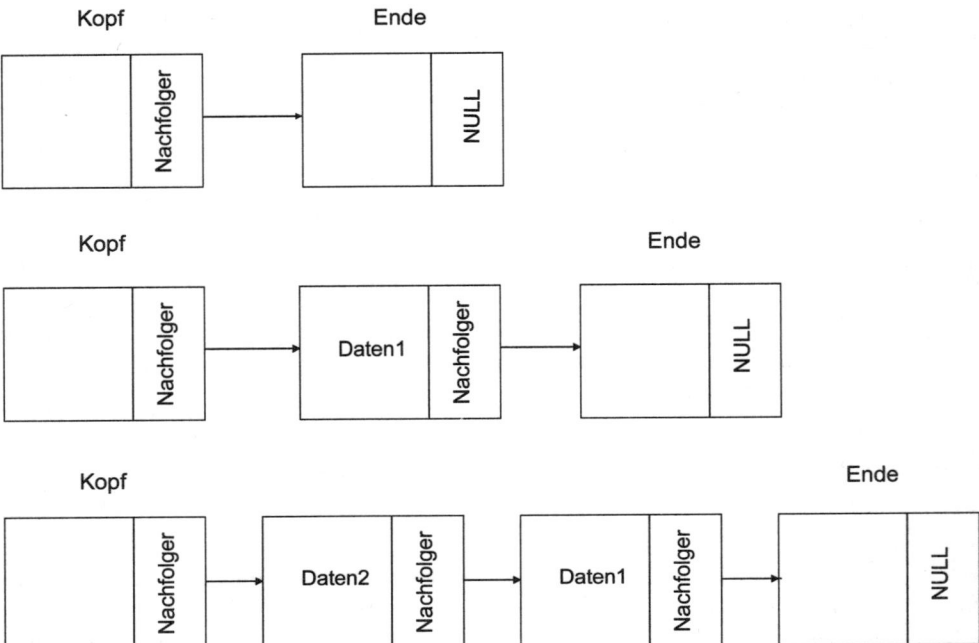

Abb. 19.3  Einfügen von Elementen in eine verkettete Liste

Wie man sieht, befindet sich das zuletzt eingefügte Element immer direkt hinter dem Kopf-element. Wie läuft nun dieser Einfügevorgang softwaremäßig ab?

Der Einfügevorgang - also der Aufbau der Liste - erfolgt in folgenden Schritten:

- Bereitstellung eines Speicherbereichs für ein Element mit malloc( )
  z.B.: `p = malloc(sizeof(struct element));`

- Kopieren des Nachfolger-Zeigers des Kopfelements in das Nachfolger-Feld des neuen Elements. Damit wird der ursprüngliche Nachfolger des Kopfelements zum Nachfolger das neu eingefügten Elements
  z.B.: `neuelem.next = kopf.next;`

- Übertragen des durch die Funktion malloc( ) gelieferten Zeigers auf das neue Element in das Nachfolgerfeld des Kopfelements
  z.B.: `kopf.next = p;`

Damit ist der Einfügevorgang beendet. Die Kette ist wieder »geschlossen«.

Das folgende Struktogramm stellt den Ablauf grafisch dar (Abb.19.4 )

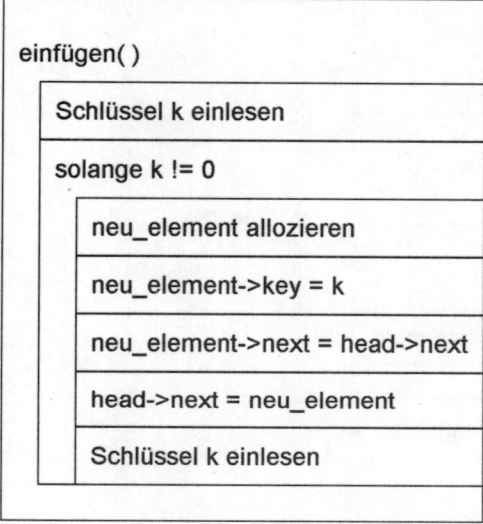

Abb. 19.4    Struktogramm für das Einfügen in eine verkettete Liste

## 19.4.2  Suchen eines Elements

Beim Suchen eines Elements sucht man nach einer bestimmten Komponente des Datensatzes, z.B. dem Namen, der Kunden- bzw. Artikel-Nr. Diese Komponente wird als Schlüssel (key) oder Ordnungsbegriff bezeichnet.

Beim Suchen eines Elements muss man die Kette sequentiell durchlaufen, sich also von Element zu Element hangeln und jedes Mal fragen, ob der Schüssel des momentan betrachteten Elements mit dem gesuchten Schüssel übereinstimmt. Ist man beim End-Element angekommen, ohne das Element gefunden zu haben, befindet sich das gesuchte Element nicht in der Liste!

Zur Beschleunigung des Suchvorgangs wird im Folgenden noch ein Trick verwendet: Um die beim Lesen **jedes** Elements erforderliche Abfrage, ob es sich um das End-Element handelt, zu sparen, wird der gesuchte Ordnungsbegriff in das Schlüsselfeld des End-Elements kopiert. Damit wird der Ordnungsbegriff auf alle Fälle gefunden. Man braucht daher nur einmal, und zwar, wenn man das Element mit dem gesuchten Ordnungsbegriff gefunden hat, zu überprüfen, ob es sich evtl. um das Ende-Element handelt.

Das folgende Struktogramm stellt den Ablauf grafisch dar (Abb.19.5 )

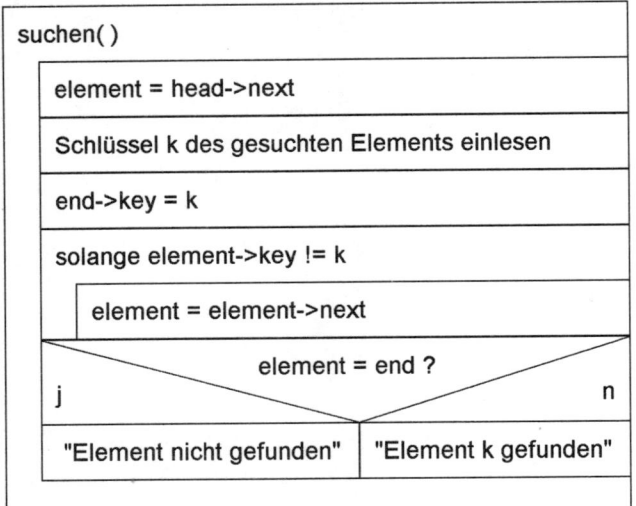

**Abb. 19.5**    Suchen eines Elements in einer verketteten Liste

### 19.4.3 Löschen eines Elements

a)

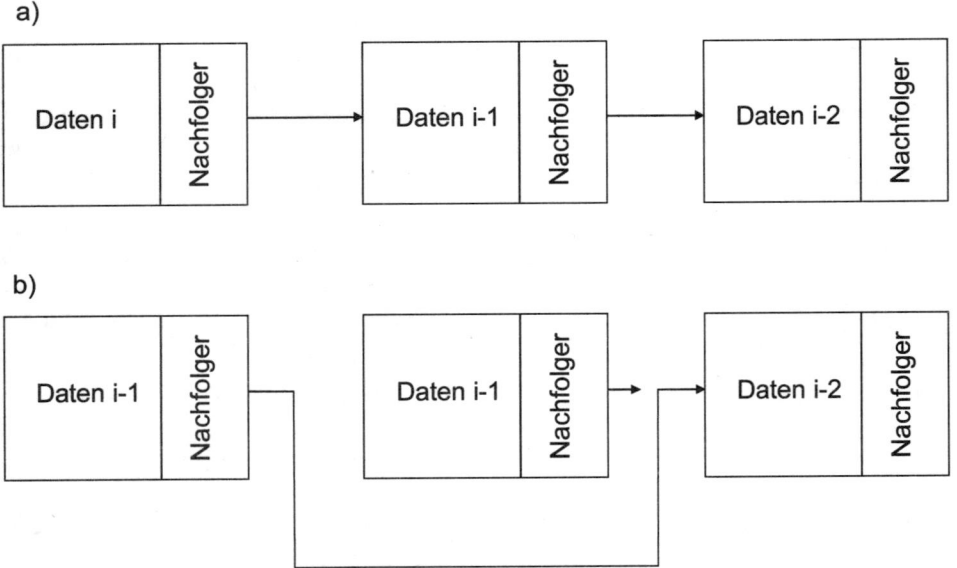

b)

**Abb. 19.6**    Löschen eines Elements der verketteten Liste

Das Löschen eines Elements ist etwas schwieriger. Zunächst muss man das zu löschende Element suchen. Die Grundidee des Löschens ist einfach: Man kopiert das Nachfolger-Feld des zu löschenden Elements in das Nachfolgerfeld seines Vorgängers (siehe Abbildung 19.4). Damit wird das zu löschende Element beim Lesen einfach »übersprungen«.

Dieser scheinbar einfache Vorgang ist allerdings schwer zu realisieren. Wenn man bei der Suche bei dem zu löschenden Element angekommen ist, ist der Bezug zum Vorgänger-Element, dessen Nachfolger-Feld überschrieben werden muss, weg (da dessen Adresse nicht mehr bekannt ist). Abhilfe bestände darin, den Zeiger auf das jeweilige Vorgängerelement jedes Mal zu speichern. Das würde den Suchvorgang in der Liste allerdings verlangsamen.

Am einfachsten geht man folgendermaßen vor:

* Zunächst wird der Zeiger auf das Nachfolge-Element des zu löschenden Elements gesichert.

* Dann wird der Inhalt des nachfolgenden Elements komplett in das zu löschende Element kopiert.
  Spezialfall: Ist das zu löschende Element das vorletzte Element der Kette, ist also element->next = end, wird dieses Element zum neuen Ende-Element.

* Schließlich wird der mit dem gesicherten Zeiger verbundene Datenbereich – mit free(Zeiger) – freigegeben (also wieder an das Betriebssystem zurückgegeben).

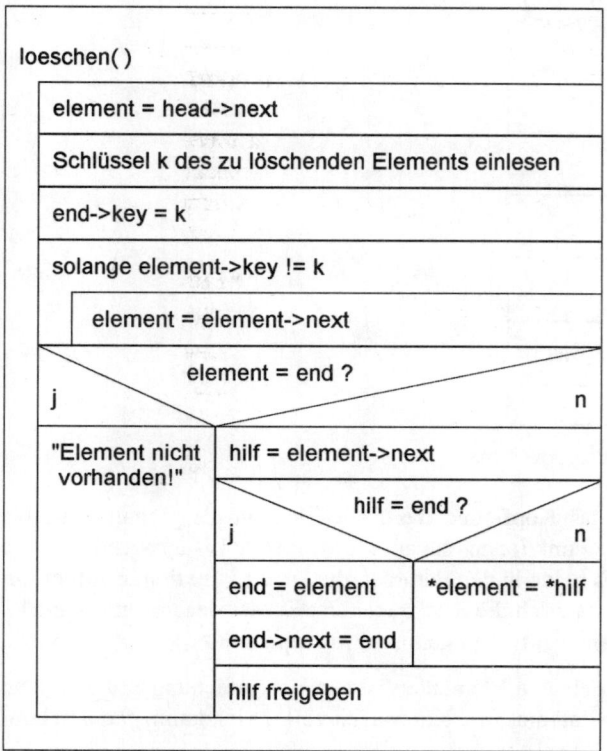

Abb. 19.7   Struktogramm für das Löschen eines Elements der verketteten Liste

Das vorherige Struktogramm stellt den Ablauf grafisch dar (Abb. 19.7). Um den vor dem eigentlichen Löschen eines Elements erforderlichen Suchvorgang zu beschleunigen, wird auch hier – wie bei der Such-Funktion – der Schlüssel des zu löschenden Elements in das Schlüssel-Feld des End-Elements eingetragen. Auch hier muss daher, wenn ein Element mit dem zu löschenden Ordnungsbegriff gefunden wird, einmal abgefragt werden, ob es das Ende-Feld ist. Ist das gefundene Feld identisch mit dem Ende-Feld entfällt das Löschen.

Bleibt nun nur noch die Darstellung des Hauptprogramms. Es stellt den Speicherplatz für Kopf- und Ende-Element bereit und nimmt die Start-Verkettung beider Elemente vor. Dann gibt es das Menü mit den möglichen Funktionen der verketteten Liste aus, liest die Nummer der gewünschten Funktion ein und startet letztere.

Um die Wirkung des Einfügens und Löschens direkt sichtbar zu machen, wird im Folgenden Programm in beiden Fällen zusätzlich die Funktion *ausgeben( )* aufgerufen, die Liste also unmittelbar nach einer der beiden Funktionen zusätzlich auf dem Bildschirm ausgegeben.

Das folgende Struktogramm stellt den Ablauf des Hauptprogramms grafisch dar (Abb. 19.8).

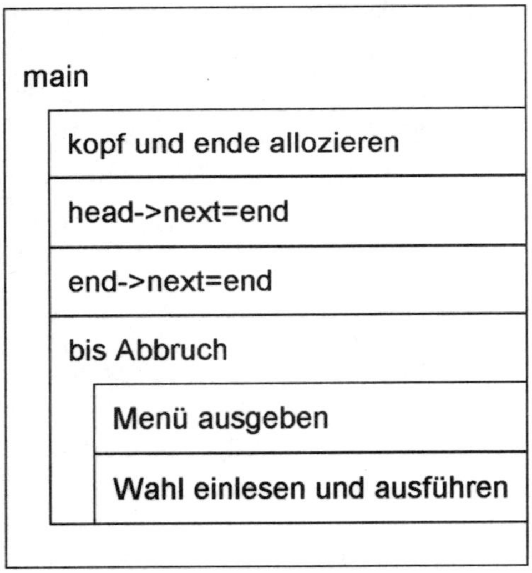

Abb. 19.8    Struktogramm des Hauptprogramms

Beim Folgenden Programm wird das Kopf- und das Ende-Element als globale Variable deklariert. Das macht Sinn, weil alle Funktionen, die auf die verkettete Liste zugreifen, diese Zeiger benötigen und sie andernfalls beide in den Parameterlisten der Funktionen aufgeführt werden müssten. Gleichzeitig wird dadurch die Rückgabe der Adresse des neuen Ende-Elements, das bei der Funktion loeschen( ) auftreten kann, sehr vereinfacht.

Bei den in der verketteten Liste angelegten Elementen ist aus Vereinfachungsgründen kein Nutzdatenfeld vorhanden. Im realen Fall muss die Kommentarzeile /* int datum */ durch konkrete Daten ersetzt werden!

```c
/************************************************/
/* Verkettete Liste mit Zahlenfeldern: Anlegen,*/
/* Ausgeben auf Bildschirm, Elemente loeschen  */
/* und suchen                                   */
/* Prog.-Name: prog19_4.c                       */
/************************************************/
#include <stdio.h>
#include <stdlib.h>

typedef struct element
{
  int key;
  /* int datum;  */
  struct element *next;
} ELEMENT;

ELEMENT *head,*end;

void einfuegen(void);
void ausgeben(void);
void loeschen(void);
void suchen(void);

void main(void)
{
 int wahl;

 head = (ELEMENT*) malloc(sizeof(ELEMENT));
 end  = (ELEMENT*) malloc(sizeof(ELEMENT));
 head->next = end;
 end->next = end;
 do
 {
  printf("\n\nBitte gewuenschte Listen-Funktion"         " angeben!\n"
   "Elemente einfuegen (Abbruch mit 0!): 1\nElement"  "suchen:
2\nElement loeschen: 3\nListe ausgeben:"
   " 4\nEnde: 5\n");
  scanf("%d",&wahl);
  switch(wahl)
  {
   case 1: einfuegen();
           ausgeben();break;
   case 2: suchen();break;
   case 3: loeschen();
           ausgeben();break;
   case 4: ausgeben();
  }
 }while (wahl!=5);
}
```

```
void einfuegen(void)
{
 int k;
 ELEMENT *neuelem;
 printf("Schluessel eingeben: ");
 scanf("%d",&k);
 while(k != 0)
  {
    neuelem = (ELEMENT*) malloc(sizeof(ELEMENT));
    if(neuelem == NULL)
    {
     printf("Kein Speicherplatz vorhanden!");
     exit(0);
    }
    neuelem->key = k;
    neuelem->next = head->next;
    head->next = neuelem;
    printf("Schlüssel eingeben: ");
    scanf("%d",&k);
  }
}

void ausgeben(void)
{
 ELEMENT *elem;
 printf("\nElemente der Liste: ");
 for(elem = head->next;elem != end;elem = elem->next)
    printf("%d ",elem->key);
}

void suchen(void)
{
 ELEMENT *elem;
 int k;
 elem = head->next;
 printf("Ordnungsbegriff des zu suchenden "
        "Elements: ");
 scanf("%d",&k);
 end->key = k;/* Ordnungsbegriff in das
                 Ende-Element kopieren!*/
 while(elem->key != k)
    elem = elem->next;
 if(elem==end)
    printf("Element nicht gefunden");
 else printf("Element %d gefunden",elem->key);
}

void loeschen(void)
```

```
{
 ELEMENT *elem,*hilf;
 int k;

 elem = head->next;
 printf("Schlüssel des zu loeschenden Elements  eingeben: ");
 scanf("%i",&k);
 end->key = k;/*Ordnungsbegriff in das
                Ende-Element kopieren!*/
 while(elem->key != k)
   elem = elem->next;
 if(elem == end)
   printf("Element nicht vorhanden!\n");
 else
 {
  hilf = elem->next;
  if(hilf == end) /* Abfrage erforderlich, da
                     sonst Ausgabe falsch läuft*/
  {
   end = elem;
   end->next = end;
  }
  else
   *elem = *hilf; /* Kopieren des Folgeelements
                    in das momentane Element */
  free(hilf);
 }
}
```

## 19.4.4 Erstellen einer sortierten Liste durch korrektes Einfügen von Neuelementen

Manchmal möchte man die Liste sortiert anlegen, weil eine sortierte Ausgabe auf dem Bildschirm für viele Anwendungen benutzerfreundlicher ist.

Das Anlegen einer sortierten Liste geschieht in der Form, dass man die vorhandene Liste durchsucht, bis man ein Element findet, dessen Ordnungsbegriff größer ist, als der Ordnungsbegriff des einzufügenden Elements. Das neu einzufügende Element muss nun vor dem gerade gefundenen Element eingefügt werden.

Dabei tritt das gleiche Problem auf wie beim Löschen eines Elements aus einer verketteten Liste. Wenn beim Durchsuchen der Liste das erste Element gefunden wurde, dessen Schlüssel größer als der des einzufügenden Elements ist, fehlt der Zeiger zum vorangehenden Element. Hier bieten sich zwei Möglichkeiten:

a)  Man speichert stets den Zeiger auf das vorangehende Element oder

b) man fordert mit malloc( ) Speicherplatz für ein neues Element an und kopiert die Inhalte des gerade gefundenen Elements – dessen Ordnungsbegriff größer ist, als der des einzufügenden Elements – in das neu erzeugte Element. Dann fügt man dieses in die Kette – hinter das momentane Element – ein und schreibt die Daten des neuen Elements in das durch Kopieren frei gewordene Element.

Dieses Verfahren ist zwar schneller als Verfahren a), kann jedoch dann nicht angewandt werden, wenn anderweitig Zeiger auf einzelne Elemente der Liste verweisen.

Die folgende Abb.19.9 zeigt das Struktogramm der Funktion für das sortierte Einfügen (alle anderen Funktionen sind identisch mit dem vorangegangen Programm). Wie man sieht, gibt es noch zwei Sonderfälle, die unterschiedlich behandelt werden müssen: Wenn die Liste noch kein Element – außer Kopf- und Ende-Element – enthält, entfällt das Suchen und Kopieren. Das neue Element wird hinter dem Kopf-Element eingekettet. Muss das neue Element am Ende der vorhandenen Liste eingefügt werden, wird das neu erzeugte Element zum neuen Ende-Element!

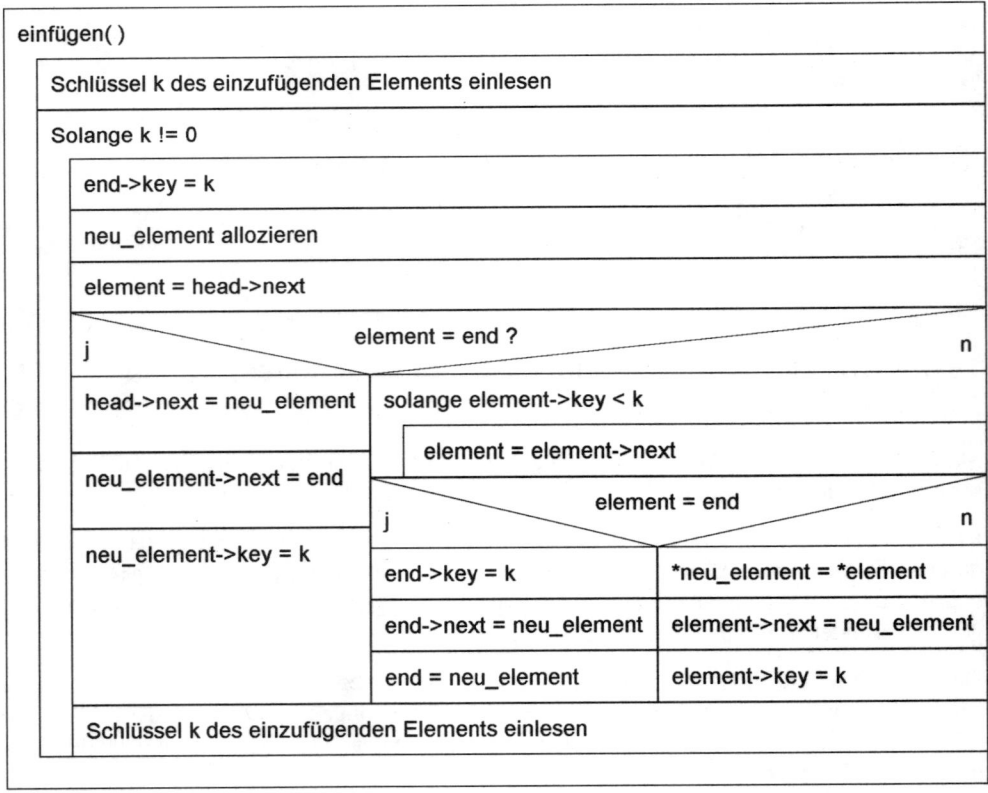

Abb. 19.9   Struktogramm für das sortierende Einfügen von Elementen in eine verkettete Liste.

```c
/***************************************************/
/* Verkettete sortierte Liste mit Zahlenfeldern: */
/* Anlegen, Ausgeben auf Bildschirm und Elemente */
/* löschen und suchen                            */
/* Prog.-Name: prog19_5.c                        */
/***************************************************/
#include <stdio.h>
#include <stdlib.h>

typedef struct element
{
   int key;
   /* int datum;  */
   struct element *next;
} ELEMENT;

ELEMENT *head,*end;

int einfuegen(void);
void ausgeben(void);
void loeschen(void);
void suchen(void);

void main(void)
{
 int wahl;

 head = (ELEMENT*) malloc(sizeof(ELEMENT));
 end = (ELEMENT*) malloc(sizeof(ELEMENT));
 head->next = end;
 end->next = end;
 do
 {
  printf("\n\nBitte gewuenschte Listen-Funktion"       "angeben!\n1
Elemente einfuegen (Abbruch mit 0!)"
  "\n2 Element suchen\n3 Element loeschen\n"
  "4 Liste ausgeben\n5 Ende\n");
  scanf("%d",&wahl);
  switch(wahl)
  {
   case 1: einfuegen();
           ausgeben();break;
   case 2: suchen();break;
   case 3: loeschen();
           ausgeben();break;
   case 4: ausgeben();break;
  }
 }while (wahl!=5);
}
```

```
int einfuegen(void)
{
 int k;
 ELEMENT *elem,*neuelem;
 printf("Schluessel eingeben: ");
 scanf("%d",&k);
 while(k != 0)
 {
  end->key = k;
  neuelem=(ELEMENT*) malloc(sizeof(ELEMENT));
  if(neuelem == NULL)
  {
   printf("Kein Speicherplatz vorhanden!");
   return(1);
  }
  elem = head->next;
  if (elem == end)
  {
   head->next = neuelem;
   neuelem->next = end;
   neuelem->key = k;
  }
  else
  {
   while (elem->key < k)
   {
    elem = elem->next;
   }
   if (elem == end)
   {
    end->key = k;
    end->next = neuelem;
    end = neuelem;    }
   else
   {
    *neuelem = *elem;
    elem->next = neuelem;
    elem->key = k;
   }
  }
  printf("Schluessel eingeben: ");
  scanf("%d",&k);
 }
 return(0);
}

void ausgeben(void)
{
 ELEMENT *elem;
 printf("\nElemente der Liste: ");
 for(elem=head->next;elem!=end;elem=elem->next)
```

```
    printf("%d ",elem->key);
}


void suchen(void)
{
 ELEMENT *elem;
 int k;
 elem=head->next;
 printf("Ordnungsbegriff des zu suchenden "
        "Elements: ");
 scanf("%d",&k);
 end->key=k;/* Ordnungsbegriff in das Ende-Element kopieren!*/
 while(elem->key!=k)
   elem=elem->next;
 if(elem==end)
   printf("Element nicht gefunden");
 else printf("Element %d gefunden",elem->key);
}


void loeschen(void)
{
 ELEMENT *elem,*hilf;
 int k;

 elem=head->next;
 printf("Schlüssel des zu loeschenden Elements "
        "eingeben: ");
 scanf("%i",&k);
 end->key=k;/* Ordnungsbegriff in das
               Ende-Element kopieren!*/
 while(elem->key!=k)
   elem=elem->next;
 if(elem==end)
   printf("Element nicht vorhanden!\n");
 else
 {
  hilf=elem->next;
  if(hilf==end)
  /* Abfrage erforderlich, da sonst Ausgabe
     falsch läuft*/
  {
   end=elem;
   end->next=end;
  }
  else
   *elem=*hilf; /* Kopieren des Folgeelements
                   in das momentane Element */
  free(hilf);
 }
}
```

# 20   Parameter-Übergabe bei Aufruf von main( )

Bei manchen Spezialanwendungen sollen Parameter beim Programmaufruf in der Kommandozeile mitübergeben werden. Diese Art der Steuerung von Programmen mit Schaltern bzw. über Optionen-Parameter war in der DOS-Zeit sehr beliebt bei Compilern, Treibern und speziellen Dienstprogrammen. Da die Bedeutung dieser Parameter-Übergabe sehr nachgelassen hat, soll die erforderliche Programmierung nach einer kurzen Einführung lediglich anhand von zwei Beispielen demonstriert werden.

Zur Vorbereitung der Parameter-Übergabe müssen zwei zusätzliche Parameter bei der Deklaration von main verwendet werden:

argc (c=count)      eine Integer-Variable, die die Anzahl durch Blank getrennter Kommandozeilen-Parameter angibt – einschließlich des Datei-Namens

argv[ ][]           ist ein Feld von char-Zeigern auf die einzelnen, beim Aufruf übergebenen Parameter. argv[0] enthält '\0' oder den Programmnamen (Betriebssystem-abhängig)

Damit sieht die Kopfzeile des Hauptprogramms folgendermaßen aus:

```
void main(int argc, char *argv[])
```

**Beispiele:**

1. Beispiel: Das aufgerufene Programm soll die gesamte Kommandozeile – also den Programmnamen und die übergebenen Parameter – ausgeben.

```
/**************************************************/
/* Übergabe von Parametern beim Programmaufruf und*/
/* Anzeige der gesamten Kommandozeilen-Parameter  */
/* Prog.name: prog20_1c                           */
/**************************************************/
#include <stdio.h>

void main(int argc, char *argv[])
{
 int i;
 printf("Programmname: %s\n",argv[0]);
 for (i=1; i<argc; i++)
   printf("\n%d.Argument: %s",i,argv[i]);
}
```

**Aufruf:** `C:\prog20_1 Eine tolle Sache`

**Ausgabe:**

```
Programmname: C:\prog20_1
1.Argument: Eine
2.Argument: tolle
3.Argument: Sache
```

Beispiel: Zwei Integer-Zahlen sollen beim Programmaufruf übergeben und ihre Summe auf dem Bildschirm ausgegeben werden. Hinweis: Da die Parameter als Zeichenfelder übergeben werden, müssen sie vorab durch atoi( ) bzw. atof( ) in Zahlen umgewandelt werden!

```c
/********************************************/
/* Übergabe von zwei Summanden an main beim */
/* Programmaufruf und Ausgabe der Summe     */
/* Prog.name: prog20_2.c                    */
/********************************************/
#include <stdio.h>
#include <stdlib.h>

void main(int argc,char *argv[])
{
 int zahl1,zahl2;
 zahl1 = atoi(argv[1]);
 zahl2 = atoi(argv[2]);
 printf("Die Summe von %d und %d beträgt: %d",                zahl1,
zahl2, zahl1 + zahl2);
}
```

**Aufruf:**  `c:\prog20_2   3 4`

**Ausgabe:**

```
Die Summe von 3 und 4 beträgt: 7
```

# 21 Erzeugen von Zufallszahlen

Bei Aufgabenstellungen mit dynamisch angelegten Listen und bei Feldern (arrays) ist das Testen manchmal etwas mühsam, weil man erst einmal eine unter Umständen größere Anzahl von Zahlenwerten eingeben muss. Hier wünscht man sich ein Unterprogramm, das die Zahlenwerte innerhalb von einem vorgegebenen Bereich automatisch erzeugt und zwar so, dass alle Zahlen innerhalb dieses Zahlenbereichs möglichst irgendwann einmal vorkommen. Die Entwicklung von Algorithmen für die Erzeugung solcher sogenannter Zufallszahlen (engl.: Random-Numbers) ist ein sehr theoretisches Kapitel. Wichtig ist, dass die Wahrscheinlichkeit, mit der jede Zahl vorkommt, gleich ist, d. h. wenn z.B. 1000 Zufalls-Zahlen im Bereich 1 bis 10 erzeugt werden, müsste jede der zehn Zahlen hundertmal vorkommen.

In Standard-C gibt es eine Funktion, die Integer-Zufallszahlen erzeugt:

```
int rand(void);
```
definiert in der Datei stdlib.h

Die erzeugten Zahlen liegen im Bereich von 1 bis RAND_MAX. Die Obergrenze RAND_MAX ist Betriebssystem-abhängig. Sie ist in der Konstanten RAND_MAX in der Datei stdlib.h definiert, z. Zt. $2^{15}$.

Die softwaremäßig erzeugten Zufallszahlen sind Pseudo-Zufallszahlen, d. h. wenn man diese Funktion wiederholt aufruft, erzeugt sie nach jedem Programmstart die gleiche Zahlenfolge, da der für die Erzeugung der Zahlen verwendete Algorithmus stets mit dem gleichen Startwert beginnt. Um das zu vermeiden, muss man den Zufallszahlen-Generator bei jedem Programmstart initialisieren. Dies geschieht mit der Funktion

```
void srand(unsigned startwert)
```
definiert in der Datei stdlib.h.

Um einen zufälligen Startwert zu bekommen, verwendet man die Funktion

```
time_t time(time_t *zeit)
```

definiert in der Datei time.h, die die Uhrzeit des Rechners – in Sekunden – seit Anfang 1970 an die Zeigervariable zeit zurückliefert.

Damit ergibt sich für die Initialisierung der Random-Funktion:

```
time_t  zeit;
srand((unsigned) time(&zeit))
```

Die Random-Funktion liefert Zahlenwerte zwischen 1 und $2^{15}$. Wie schafft man es nun, Zufallszahlen z.B. im Bereich 1 bis 9 zu erzeugen? Ganz einfach: Man verwendet den modulo-Operator »%«, also:

```
zahl = rand() % 10;
```

Die Zahl, mit der man modulo verknüpft, muss um 1 größer sein als die größte zu erzeugende Zufallszahl!

Wenn man auch negative Zahlen benötigt, muss man die stets positiven Zufallszahlen der Random-Funktion mit einem Trick in positive und negative Zahlen verwandeln. So erzeugt die Befehlszeile:

```
zahl = (rand( ) %101) - 50;                  Zufallszahlen im Bereich -50 bis +50!
```

Nach dieser theoretischen Einführung, können wir nun ein Unterprogramm schreiben, das ein aus einem Hauptprogramm heraus übergebenes Array mit Zufallszahlen füllt:

```
/*********************************************/
/* Funktion zum Initialisieren eines         */
/* übergebenes Feldes mit Zufallszahlen       */
/* Prog.name: prog21_1.c                      */
/*********************************************/

#include <stdio.h>
#include <time.h>
#include <stdlib.h>
/*#include <conio.h>*/

void matrix_init(int a[],int n, int maxwert);

int main(void)
{
 int a[20],i;
 matrix_init(a,20,50);
 for (i=0; i<20; i++)
   printf("%3i ",a[i]);
/* getch(); */
}

void matrix_init(int a[],int n,int maxwert)
{
 int i;
 time_t zeit;
  srand((unsigned) time(&zeit));
  for (i=0;i<n;i++)
    a[i] = rand()%(maxwert+1);
}
```

**Ausgabe von drei Testläufen:**

```
43 25 43 30 44 9 17 34 38 18 44 8 18 33 42 43 17 28 7 27
30 50 25 23 20 10 45 42 18 39 13 4 48 9 37 10 31 14 22 18
22 37 46 15 49 26 9 16 8 44 8 6 1 12 5 23 42 11 21 21
```

# 22 Sortierverfahren

## 22.1 Sortieren durch direktes Anwählen (Selection-Sort)

Dies ist das einfachste Sortierverfahren. Vorgehensweise: Zuerst wird das erste Element der Datenmenge als Bezugselement genommen. Dann wird das kleinste Element der restlichen Liste gesucht (bzw. das mit dem kleinsten Ordnungsbegriff). Ist es kleiner – bzw. hat es einen kleineren Ordnungsbegriff – als das erste Element, wird es mit diesem getauscht. Dieses Verfahren wird auf alle weiteren Elemente – bis zum vorletzten – angewandt.

Zur Beschleunigung des Verfahrens empfiehlt es sich, bei jedem Durchlauf zuerst den **Index** des kleinsten Elements zu suchen und dann erst den Tauschvorgang durchzuführen!

Beispiel:       7 3 8 6 9 1    min=1

                 1 3 8 6 9 7    min=3

                 1 3 **8** 6 9 7    min=6

                 1 3 6 **8** 9 7    min=7

         usw.

(Anmerkung: Die fettgedruckten Zahlen markieren jeweils das Element, das mit den restlichen Elementen der Reihe verglichen wird.)

```
/*******************************************/
/* Select-Sort bei einem vorgegebenen      */
/* Struktur-array                          */
/* Prog.-Name: prog22_1.c                  */
/*******************************************/
#include <stdio.h>
#include <stdlib.h>

struct element
{
  int key;
  int datum;
};
void selectsort(struct element[],int);

void main(void)
{
 int n = 6,i;
 struct element a[]={{7,3},{4,11},
       {2,13},{9,7},{6,9},{1,7}};
```

```
printf("Unsortierte Liste:");
for (i=0;i<n;i++)
 printf("(%i,%i) ",a[i].key,a[i].datum);
selectsort(a,n);
printf("\nSortierte Liste:  ");
for (i=0;i<n;i++)
 printf("(%i,%i) ",a[i].key,a[i].datum);
}


void selectsort(struct element a[],int n)
{
 int i,j,min;
 struct element hilf;

 for(j=0;j<n-1;j++)
 {
   min=j;
   for(i=j+1;i<n;i++)
   if(a[i].key<a[min].key)
      min=i;
   hilf=a[min];a[min]=a[j];a[j]=hilf;
 }
}
```

## 22.2 Bubble-Sort

Vorgehensweise: Man durchläuft - mit dem ersten Element beginnend - wiederholt die Liste und vergleicht jeweils benachbarte Elemente. Stimmt die Reihenfolge nicht, werden die beiden Elemente vertauscht. Nach einem Durchlauf befindet sich das größte Element (bei Sortierung in aufsteigender Reihenfolge) auf der letzten Position. Beim nächsten Durchlauf wird der Vergleichsvorgang nur bis zum vorletzten Element durchgeführt usw. Wenn bei einem Durchlauf kein Tauschvorgang mehr erforderlich ist, ist die Liste sortiert und kann das Verfahren abgebrochen werden.

Beispiel:

**7 3** 8 6 9 1 Tausch von 7 und 3

3 **7 8** 6 9 1 kein Tausch

3 7 **8 6** 9 1 Tausch von 8 und 6

3 7 6 **8 9** 1 kein Tausch

3 7 6 8 **9 1** Tausch von 9 und 1

3 7 6 8 1 9 Ergebnis nach dem ersten Durchlauf durch die Liste

3 6 7 1 8 9 Ergebnis nach dem zweiten Durchlauf durch die Liste

3 6 1 7 8 9 Ergebnis nach dem dritten Durchlauf durch die Liste

3 1 6 **7 8 9** Ergebnis nach dem vierten Durchlauf durch die Liste

**1** 3 6 7 8 9 Ergebnis nach dem fünften Durchlauf durch die Liste

Der sechste Durchlauf durch die Liste bringt keine Veränderungen mehr!

Das folgende Programm realisiert den bubble-sort. Es verwendet die Variable *fertig*, um festzustellen, ob beim jeweiligen Durchlauf durch die Liste ein Tauschvorgang erforderlich war. Sie wird vorab auf 1 (wahr) gesetzt; erfolgt ein Tauschvorgang, wird sie auf 0 gesetzt.

```c
/*********************************************/
/* Bubble-Sort bei einem vorgegebenen        */
/* Struktur-array                            */
/* Prog.-Name: prog22_2.c                    */ /
/*********************************************/
#include <stdio.h>

struct element
{
 int key;
 int datum;
};
void bubblesort(struct element[],int);

void main(void)
{
 int n = 6,i;
 struct element a[]={{7,3},{4,11},{2,13},{9,7},{6,9},{1,7}};
 printf("Unsortierte Liste:");
 for (i = 0;i < n;i++)
  printf("(%i,%i) ",a[i].key,a[i].datum);
 bubblesort(a,n);
 printf("\nSortierte Liste:  ");
 for (i = 0;i < n;i++)
   printf("(%i,%i) ",a[i].key,a[i].datum);
}

void bubblesort(struct element a[],int n)
{
 int fertig,i,j;
 struct element hilf;
 fertig = 0;  /* FALSE */
 for(j = n-1;(j >= 0)/* &&(fertig==0)*/;j--)
 {
  fertig = 1; /* TRUE */
  for(i = 0; i < j; i++)
   if(a[i].key > a[i+1].key)
   {
    hilf = a[i];
```

```
   a[i] = a[i+1];
   a[i+1] = hilf;
   fertig = 0; /* FALSE */
  }
 }
}
```

**Ausgabe:**

```
Unsortierte Liste: (7,3) (4,11) (2,13) (9,7) (6,9) (1,7)
Sortierte Liste:   (1,7) (2,13) (4,11) (6,9) (7,3) (9,7)
```

## 22.3 Quick-Sort

Vorgehensweise: Man bestimmt ein Referenz-Element aus der zu sortierenden Liste (z.B. das mittlere Element). Man sucht dann - von links beginnend – solange, bis man ein Element gefunden hat, das größer als das Referenzelement ist; dann sucht man, von rechts beginnend, bis man ein Element gefunden hat, das kleiner ist. Die beiden Elemente, bei denen abgebrochen wurde, werden ausgetauscht und das Verfahren wieder durchlaufen, bis sich rechter und linker Zeiger treffen.

Beispiel:

```
7  3  8  6  9  1  2  4
4                    7
      2           8
         1     6
                  j  i
4  3  2  1  9  6  8  7
4  3  2  1
1        4
   2  3
   j  i
1  2  3  4
1  2
1  2
   j     i
      3  4
      3  4
   j        i
         9  6  8  7
            6  9
            j  i
            6  9  8  7
               9  8  7
               7     9
               j     i
               7  8  9
```

Das folgende Programm realisiert den Quicksort. Zur Vereinfachung der Programmierung wird mit Rekursion gearbeitet.

```
/********************************************/
/* Quick-Sort bei einem vorgegebenen        */
/* Struktur-array                           */
/* Prog.-Name: prog22_3.c                   */
/********************************************/
#include <stdio.h>
#include <stdlib.h>

struct element
{
  int key;
  int datum;
};

void quicksort(struct element[],int,int);

void main(void)
{
 int n = 6,i;
 struct element    a[]={{7,3},{4,11},{2,13},{9,7},{6,9},{1,7}};
 printf("Unsortierte Liste:");
 for (i = 0;i < n;i++)
  printf("(%i,%i) ",a[i].key,a[i].datum);
 quicksort(a,0,n-1);
 printf("\nSortierte Liste:   ");
 for (i = 0;i < n;i++)
  printf("(%i,%i) ",a[i].key,a[i].datum);
}

void quicksort(struct element a[],int li,int re)
{
 int i,j,v, k;
 struct element hilf;
 if(re>li)
 {
  i = li;
  j = re;
  v = a[(re+li)/2].key;
  do
  {
   while(a[i].key < v)
    ++i;
   while(a[j].key > v)
    --j;
   if (i <= j)
   {
```

```
    hilf=a[i]; a[i]=a[j]; a[j]=hilf;
    ++i; --j;
   }
 } while (i <= j);
 quicksort(a,li,j);
 quicksort(a,i,re);
 }
}
```

**Ausgabe:**

```
Unsortierte Liste:(7,9) (4,11) (2,13) (9,7) (6,9) (1,7)
Sortierte Liste:  (1,7) (2,13) (4,11) (6,9) (7,3) (9,7)
```

**Für den Quicksort gibt es eine C-Funktion:**

```
qsort(*liste,int Elem-Zahl, int Elem-Größe, int (*Vergleichsfkt))
```

**mit einer selbst zu schreibenden Vergleichsfunktion:**

```
int name(typ *elem1, typ *elem2)
/*******************************************/
/* Demoprogramm zur Verwendung der ANSI     */
/* Quicksort-Fkt qsort bei einfachen arrays */
/* Prog.-Name: prog22_4.cqsort1.c           */
/*******************************************/
#include <stdio.h>
#include <stdlib.h>

int vergleichen(const void *,const void *);

void main(void)
{
 int n=6,i;
 int a[]={7,4,2,9,6,1};

 printf("Unsortierte Liste:");
 for (i=0;i<n;i++)
  printf("%i ",a[i]);
 qsort(a,6,sizeof(int),vergleichen);
 printf("\nSortierte Liste:  ");
 for (i=0;i<n;i++)
  printf("%i ",a[i]);
}

int vergleichen(const void *i,const void *j)
{
 return(*(int*)i- *(int*)j);
}
```

## 22.4 Vergleich der Sortierverfahren

Die folgende Tabelle liefert größenordnungsmäßig die im statistischen Mittel ungefähr erforderliche Anzahl von Vergleichen und Tauschoperationen für die verschiedenen Sortierverfahren.

| | Selection-Sort | Bubble-Sort | Quicksort |
|---|---|---|---|
| **bei zufälliger Datenanordnung:** | | | |
| Vergleiche: | $O(N^2/2)$ | $O(N^2/2)$ | $O(N*\log(N))$ |
| Tauschen: | $O(N)$ | $O(N^2/2)$ | $O(N*\log(N))$ |
| **bei worst case:** | | | |
| Vergleiche: | $O(N^2/2)$ | $O(N^2/2)$ | $O(N^2)$ |
| Tauschen: | $O(N)$ | $O(N^2/2)$ | $O(N^2)$ |

N = Anzahl der zu sortierenden Elemente

$O(N)$ liest man: Größenordnung von N – also Cirka-Wert. $O(N^2/2)$ bedeutet bei 100 Elementen ca. 5000 Operationen.

(Der Vorteil des Bubble-Sort gegenüber dem Selection-Sort besteht darin, dass bei vorsortierter Datenmenge die Anzahl Vergleiche auf $O(N)$ zurückgeht.)

# 23 Suchverfahren

Wer mit großen Datenmengen – z.B. in Dateien gespeicherten Daten zu tun hat, steht häufig vor dem Problem, bestimmte Daten beziehungsweise Datensätze zu suchen, z.B. einen Kunden in einer Kundendatei oder die persönlichen Daten eines speziellen Mitarbeiters in der Mitarbeiterdatei. Gesucht wird im Allgemeinen nach einem bestimmten Ordnungsbegriff (Schlüssel, Key), z.B. nach dem Namen des Mitarbeiters bzw. der Kundennummer des Kunden. Wir wollen hier zwei Suchverfahren besprechen: Die sequentielle Suche und die binärer Suche. Liegen die Daten unsortiert vor, kann nur sequentiell gesucht werden. Die binäre Suche setzt sortierte Datenbestände voraus.

## 23.1 Sequentielle Suche

Bei der sequentiellen Suche wird, bei dem ersten Element des Datenbestandes beginnend, der Ordnungsbegriff jedes Elements mit dem gesuchten Ordnungsbegriff verglichen, solange bis man das gesuchte Element gefunden hat. Im statistischen Mittel muss man in einem Datenbestand von N Elementen N/2 Vergleiche durchführen, um das gesuchte Element zu finden. Abb. 23.1 zeigt das Struktrogramm für das Hauptprogramm der sequentiellen Suche. In ihm wird der Schlüssel des zu suchenden Elements eingelesen, das Unterprogramm zur eigentlichen sequentiellen Suche aufgerufen und das Ergebnis der Suche ausgegeben. Das Programm wird beendet, wenn für den Ordnungsbegriff des zu suchenden Elements 0 eingegeben wird.

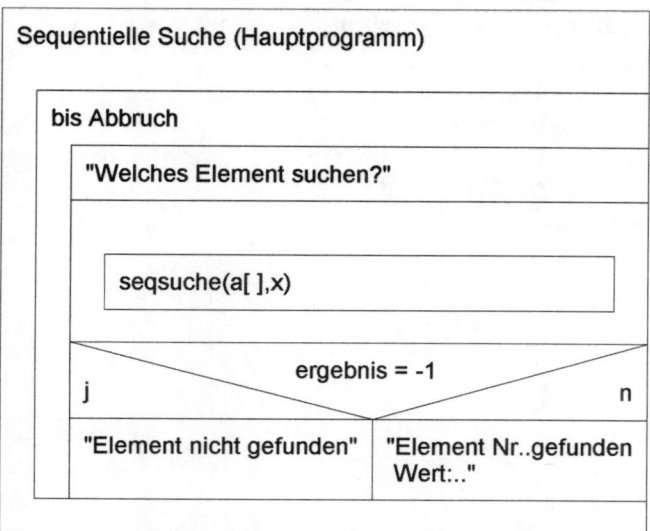

Abb. 23.1   Struktogramm des Hauptprogramms Sequentielle Suche

Abb.23.2 zeigt das Unterprogramm für die sequentielle Suche. Es übergibt das gesuchte Element an das Hauptprogramm; wenn das gesuchte Element nicht vorhanden ist, wird -1 zurückgeliefert.

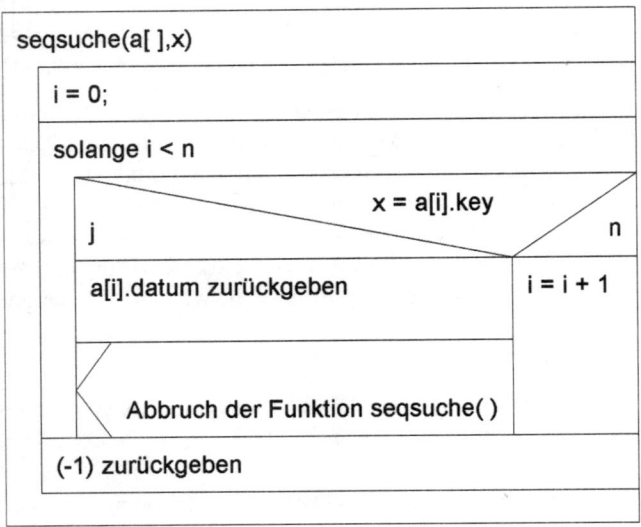

Abb. 23.2    Struktogramm des Unterprogramms Sequentielle Suche

Aus diesen beiden Struktogrammen ergibt sich das folgende Programm. Zur Vereinfachung wird die Elemente-Liste, in der gesucht werden soll, als Struktur-Array vorgegeben. Das erste Element der Struktur ist der Schlüssel, nach dem gesucht wird, das zweite Element das Datum, hier eine ganze Zahl!

Aus Vereinfachungsgründen wird zudem die Anzahl n der Elemente der zu durchsuchenden Liste mit einer define-Anweisung als Konstante vorgegeben.

```
/*********************************************/
/* Sequentielle Suche innerhalb eines        */
/* vorgegebenen Struktur-arrays              */
/* Prog.-Name: prog23_1.c                    */
/*********************************************/

#include <stdio.h>
#include <stdlib.h>
#define n 5

struct element
{
  int key;
  int datum;
};
int seqsuche(struct element[],int x);
```

```
void main(void)
{
 int elem,erg;
 struct element a[n]={{2,5},{7,13},{1,3},{6,11},   {4,7}};
 do
 {
  printf("\n\nWelches Element suchen? (Abbruch mit 0): ");
  scanf("%i",&elem);
  erg = seqsuche(a,elem);
  if(erg != -1)
    printf("Element Nr.%i gefunden! Wert: %i",     elem,erg);
  else
    printf("Element nicht gefunden!");
 }while (elem > 0);
}

int seqsuche(struct element a[],int x)
{
 int i = 0;
 while (i < n)
 {
  if (a[i].key == x)
    return a[i].datum;
  else
    i++;
 }
 return (-1);
}
```

**Mögliche Ausgabe:**

```
Welches Element suchen? (Abbruch mit 0): 1
Element Nr.1 gefunden! Wert: 3

Welches Element suchen? (Abbruch mit 0): 2
Element Nr.2 gefunden! Wert: 5

Welches Element suchen? (Abbruch mit 0): 3
Element nicht gefunden!

Welches Element suchen? (Abbruch mit 0): 0
Element nicht gefunden!
```

## 23.2 Binäre Suche

Voraussetzung für dieses Verfahren ist, dass die Liste, in der gesucht werden soll, in sortierter Form vorliegt, wobei es egal ist, ob in aufsteigender oder fallender Reihenfolge des Ordnungsbegriffs sortiert ist.

Die Grundidee der binären Suche (auch Halbierungssuche genannt) ist, dass die Suche mit dem mittleren Element der Liste begonnen wird. Ist dessen Ordnungsbegriff größer als der gesuchte, muss das gesuchte Element in der linken (unteren) Hälfte der Liste liegen, andernfalls in der oberen Hälfte (wenn die Liste in aufsteigender Reihenfolge des Ordnungsbegriffs sortiert ist). Man greift nun auf diese entsprechende Hälfte zu und zwar wieder auf deren mittleres Element, und prüft, ob das gesuchte Element in der unteren oder oberen Hälfte dieses Bereichs, also einem Viertel der gesamten Liste liegt.

Bei jedem Suchvorgang halbiert man also die Anzahl der noch zu überprüfenden Elemente, weshalb dieses Verfahren extrem schnell zum Ergebnis kommt (z.B. sind bei 1024 Elementen maximal 10 Suchschritte erforderlich). Spätestens wenn der zu durchsuchende Bereich nur noch aus einem Element besteht, hat man das Element gefunden - sofern es in der Liste vorhanden ist. Abb. 23.3 zeigt das Struktogramm des Hauptprogramms der binären Suche und Abb. 23.4 das Struktogramm des zugehörigen Unterprogramms.

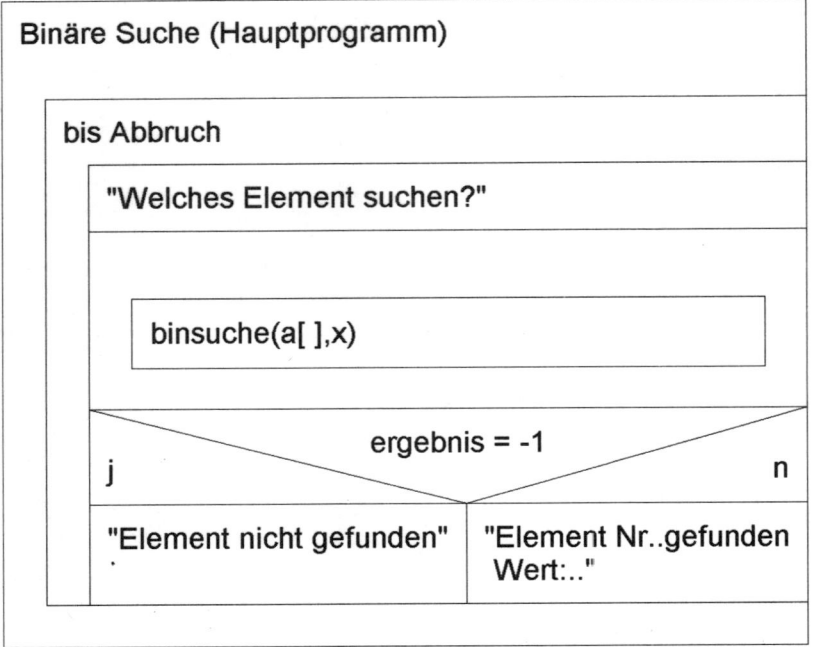

Abb. 23.3    Struktogramm des Hauptprogramms der binären Suche

Im Hauptprogramm wird der Schlüssel des zu suchenden Elements eingelesen, das Unterprogramm zur eigentlichen sequentiellen Suche aufgerufen und das Ergebnis der Suche ausgegeben.

Das Unterprogramm übergibt das gesuchte Element an das Hauptprogramm; wenn das gesuchte Element nicht vorhanden ist, wird -1 zurückgeliefert. Um das mittlere Element der Liste zu finden, werden die Indizes des ersten und des letzten Elements der Liste addiert und dieses durch zwei dividiert (arithmetisches Mittel). Da es bei Listen mit gerader Elementezahl kein mittleres Element gibt, wird das Element mit dem nächstkleineren Index genommen.

Aus diesen beiden Struktogrammen ergibt sich das folgende Programm. Zur Vereinfachung wird die Elemente-Liste, in der gesucht werden soll, als Struktur-Array vorgegeben. Das erste Element der Struktur ist der Schlüssel, nach dem gesucht wird, das zweite Element das Datum, hier eine ganze Zahl! Zudem wird die Anzahl n der Elemente der zu durchsuchenden Liste mit einer define-Anweisung als Konstante vorgegeben.

Das Programm wird beendet, wenn für den Ordnungsbegriff des zu suchenden Elements 0 eingegeben wird.

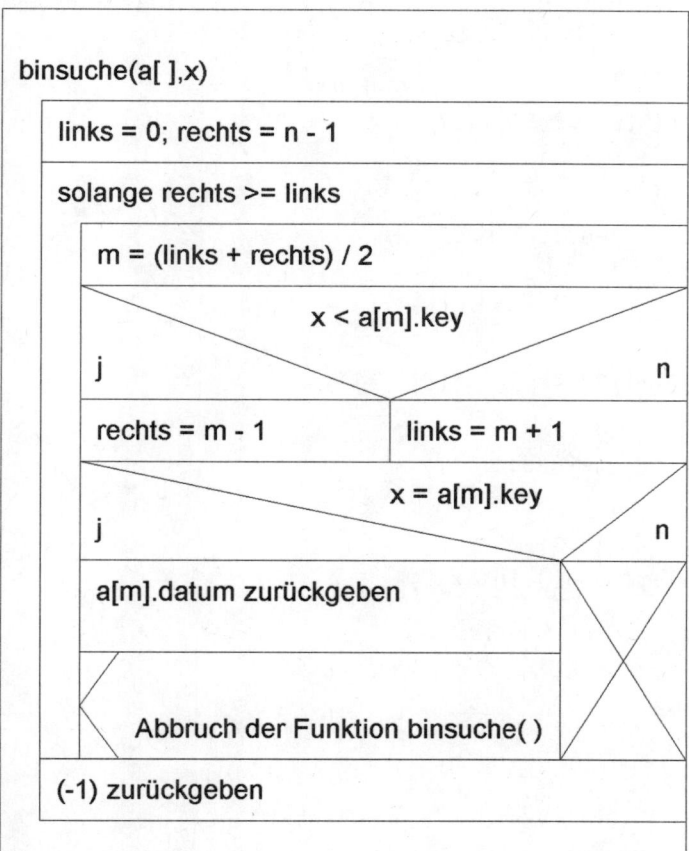

Abb. 23.4   Struktogramm des Unterprogramms für die binäre Suche

Das Errechnen des mittleren Index des Bereichs, in dem gesucht wird, erfolgt mit der Formel x = (li + re) / 2. Da es sich um eine Ganzzahl-Division handelt, wird bei gerader Elementezahl der Liste automatisch auf den nächstkleineren Index abgerundet.

```
/*********************************************/
/* Binäre Suche innerhalb eines vorgegebenen */
/* Struktur-arrays                           */
/* Prog.-Name: prog23_2.c                    */
/*********************************************/
#include <stdio.h>
#include <stdlib.h>
#define n 5

struct element
{
  int key;
  int datum;
};
int binsuche(struct element[],int x);

void main(void)
{
 int elem,erg;
 struct element a[n]={{1,3},{2,5},{4,7},
 {6,11},{7,13}};
 do
 {
  printf("\n\nWelches Element suchen?"
         " (Abbruch mit 0): ");
  scanf("%i",&elem);
  erg=binsuche(a,elem);
  if(erg != -1)
    printf("Element Nr.%i gefunden! Wert: %i",
    elem,erg);
  else
    printf("Element nicht gefunden!");
 }while (elem > 0);
}


int binsuche(struct element a[],int x)
{
 int li=0,re=n-1,m;
 while (re >= li)
 {
  m=(li + re)/2;
  if(x < a[m].key)
   re = m-1;
  else
   li = m+1;
  if(x == a[m].key)
   return(a[m].datum);
```

```
 }
 return (-1);
}
```

```
Welches Element suchen? (Abbruch mit 0): 1
Element Nr.1 gefunden! Wert: 3

Welches Element suchen? (Abbruch mit 0): 3
Element nicht gefunden!

Welches Element suchen? (Abbruch mit 0): 0
Element nicht gefunden!
```

# 24 Einbindung von Assembler-programmen in C/C++ -Programme

Die Erstellung von Assembler-Programmen ist sehr zeitintensiv. Vor allem die mathematischen Grundoperationen mit Gleitkomma oder die komplexeren Funktionen wie Wurzel, Sinus usw. sind nur dann kostengünstig zu programmieren, wenn sie aus entsprechenden Programm-Bibliotheken als fertige Module abgerufen werden können. Daher wird hier davon ausgegangen, dass alle mathematischen Berechnungen, die über einfache binäre Ganzzahl-Operationen hinausgehen, in einer problemorientierten Sprache durchgeführt werden. Assemblerprogramme werden lediglich dort eingesetzt, wo es auf Schnelligkeit ankommt. Sie führen den Dialog zwischen der externen Mess-,Steuer-, bzw. Regelschaltung und lesen eventuell eine Folge von Messwerten in einen Puffer ein. Die weitere mathematische Bearbeitung der Daten und Ausgabe auf Bildschirm bzw. Drucker soll in der Hochsprache erfolgen. Dazu werden die Assemblerprogramme in die Hochsprachenprogramme eingebunden und beim Ablauf des Programms im Hochsprachenprogramm aufgerufen. Moderne Hochsprachen unterstützen diese Einbindung von Assemblersprachen-Programmen. Sicherheitshalber sollte man im Handbuch oder der Online-Hilfe des Compilers nachsehen.

Bei den Compilern von Microsoft bzw. Borland für die Programmiersprache C/C++ gibt es drei Arten der Einbindung von Assembler-Programmen bzw. -Programmteilen in das C-Programm. Die ersten beiden Vorgehensweisen setzen voraus, dass der C/C++-Compiler im Hintergrund einen Assembler hat (bei Microsoft Visual C/C++ integriert, bei Borland TASM genannt!):

1. Man kann Assembler-Befehle direkt in den C-Quellcode hineinschreiben. Man spricht dann von Inline-Assembler. Da diese Art der Einbindung beim Microsoft Visual C/C++ Compiler besonders komfortabel gestaltet ist, soll sie hier näher beschrieben werden.

   • Bei der Inline-Programmierung muss man die Befehle lediglich mit dem Präfix »asm« ( beim Borland-Compiler: »asm«) versehen, z.B.:

   ```
   _asm mov ax,02h
   _asm add ax,bx
   ```

   oder kann sie, wenn das Assembler-Programm länger ist, in Form eines Assembler-Blocks schreiben, z.B.:

   ```
   _asm
   {
    mov dx,378h
    mov al,07h
    out dx,al
   }
   ```

Wichtig: Werden zwei oder mehr Assembler-Blöcke verwendet, ist nicht gewähr-leistet, dass die Registerinhalte bis zum jeweils nächsten Block erhalten bleiben!

- Es lassen sich Kommentare einfügen. Die einfachste Möglichkeit ist die in der Assembler-Programmierung übliche Art:

```
asm mov ax,07h ; Initialisierung von ax
```

(nach dem Semikolon ist der Befehl zu Ende), oder im C-Stil:

```
asm mov ax,07h /* Initialisierung von ax */
```

- Hexadezimale Ganzzahl-Konstanten können sowohl im Assemblerformat als auch im C-Format geschrieben werden.

```
_asm mov ah,21h oder:
_asm mov ah,0x21h
```

Symbolische Konstanten des C-Programms können verwendet werden. Sei z.B. vor-weg definiert:

```
#define OFFSET 100   kann man schreiben:
_asm add ebx,OFFSET
```

- Man kann auf jedes Symbol, das im Gültigkeitsbereich des Blocks liegt, zugreifen, z.B. auf Variablennamen:

```
_asm add summe,10   oder:
_asm
{
 mov edx,summe
 add edx,zahl
}
```

Befindet sich also der Assembler-Block im Hauptprogramm, muss *summe* bzw. *summe und zahl* im Hauptprogramm definiert sein; entsprechendes gilt bei Funktio-nen!

Zu beachten ist, dass die gewählte Registergröße (8-, 16-, 32-Bit) dem Datentyp der im C-Programm definierten Variablen entspricht (z.B. EAX für 32-Bit Integer-variablen).

- Es können Sprungmarken verwendet werden, sowohl für Ziele innerhalb des Assem-bler-Blocks, als auch für Sprünge zu C-Befehlen innerhalb der Funktion, in der sich der Assembler Block befindet, z.B.:

```
void function (int zahl)
{
 if (zahl < 0)
  goto a_marke
 _asm
 {
```

```
            cmp eax,100h
            ja a_marke
            mov ebx,200
            jmp c_marke
  a_marke:  add eax,50
            jmp c_marke
            mov ebx,200
    }
    c_marke: printf("...");
    }
```

- Datenobjekte, z.B. Variablen, dürfen nicht im Assembler-Block definiert werden. Die Verwendung von DB, DW, usw. ist also nicht möglich.

- Es können keine Assembler-Makros definiert werden, jedoch C-Makros mit Inline-Assembler:

```
#define PORTINPUT _asm
    {
    _asm mov dx, 378h /* Port LPT 1 */
    _asm in al,dx
    }
```

Da das Makro durch den Präprozessor zu einer einzigen Zeile erweitert wird, muss vor jedem Assembler-Befehl erneut _asm erscheinen. Etwaige Kommentare dürfen nur in C-Schreibweise verwendet werden!

2. Die zweite Möglichkeit besteht darin, das Assembler-Programm als eine der vom Hauptprogramm »main« aufzurufenden Funktionen zu schreiben.

3. Die dritte Möglichkeit besteht darin, dass das Assembler-Programm separat – also unabhängig vom C-Programm – als Unterprogramm (Prozedur) geschrieben und assembliert wird und das entstandene Objekt-Programm (.obj) mit Hilfe des Binders LINK mit dem Hauptprogramm zusammengebunden wird. Für das Assemblieren kann hier der MASM bzw. ML (von Microsoft) oder der TASM (Borland) verwendet werden.

Bei den beiden letzten Vorgehensweisen muss man zunächst zwei Arten von Assembler-Unterprogrammen unterscheiden: Im einfachsten Fall führt das Programm nur eine Aktion aus; es benötigt weder Parameter vom aufrufenden Hauptprogramm noch gibt es solche zurück. Es bildet damit die am einfachsten zu programmierende Gruppe.

Im andern Fall erhält das Assembler-Programm Daten vom C-Programm und/oder gibt das Ergebnis seiner Berechnungen an dieses Hochsprachen-Programm zurück. Programme dieses Typs sind im Allgemeinen schwieriger in der Programmierung, da es kein für alle Programmiersprachen einheitliches Konzept der Datenübergabe gibt.

Während es in früheren Zeiten üblich war, die zwischen Haupt- und Unterprogramm ausgetauschten Parameter in Registern zu übergeben, wird diese Vorgehensweise in C/C++ nur noch zur Rückgabe von Ergebnissen verwendet. Für die Parameterübergabe vom Hauptprogramm an das Unterprogramm wird der Stack benutzt.

Das C/C++ -Programm übergibt die Eingabeparameter auf dem Stack - anders als die anderen Hochsprachen - in umgekehrter Reihenfolge wie sie in der Parameterliste der Funktion stehen (den letzten Parameter als ersten). Auf den Stack geschrieben wird auch die Rückkehradresse ins C-Programm.

Das Assemblerprogramm wird aus dem C-Programm heraus als Funktion aufgerufen und muss bei seiner Abarbeitung die Eingangsvariable(n) vom Stack holen.

Das Ergebnis des Unterprogramms wird vom C/C++ -Programm, abhängig vom Datentyp, in einem bzw. zwei Prozessor- bzw. Arithmetikprozessor-Registern zurückerwartet.

Kurz gesagt gilt für alle 32-Bit Betriebssysteme, die mit Intel-Prozessoren arbeiten:
Alle 8-, 16- oder 32-Bit-Werte werden in EAX zurückerwartet. Die Gleitkommaergebnisse werden in ST(0) - dem obersten der acht Stack-Register der Intel Gleitkomma-Arithmetik-einheit (FPU, Floating-Point-Unit), die ab 80486 DX in der CPU integriert ist, erwartet.

Für alle 16-Bit Betriebssysteme gilt:
Alle 8- oder 16-Bit-Werte werden in AX, 32-Bit-Werte in DX:AX (also: Höherwertige 16 Bits in DX, niederwertige 16 Bits in AX) zurückerwartet, (Gleitkommaergebnisse wie bei 32-Bit Systemen).

Diese Art der Parameter-Rückgabe bietet sich für die meisten Anwendungen der Mess-, Steuer- und Regeltechnik an, da meist 8- bis 16-Bit Ganzzahlen (Integers) von der bzw. an die externe Schaltung übergeben werden.

Nach dieser theoretischen Einführung folgt nun ein einfaches Beispiel für das zweite Verfahren der Einbindung von Assembler in ein C-Programm:

Vom C/C++ -Programm sollen zwei Zahlen von der Tastatur eingelesen und an die Assembler-Prozedur übergeben werden. Diese addiert dann die beiden Zahlen, das C/C++ -Programm übernimmt die Summe und gibt sie auf dem Bildschirm aus.

Damit ist die »Schnittstelle« zwischen Hochsprachen- und Assembler-Programm in beiden Richtungen genau dargestellt.

```
/********************************************/
/* Berechnung der Summe zweier Zahlen mit   */
/* Hilfe einer Assembler-Funktion           */
/* Name: prog24_1.c                         */
/********************************************/
#include <stdio.h>

/* Prototyp*/
int sum(int,int);

void main(void)
{
 int summe,a,b;
 printf("Zwei Summanden eingeben: ");
 scanf("%i %i",&a,&b);
```

```
summe = sum(a,b);
printf("Die Summe betraegt: %i",summe);
}


int sum(int a,int b)    /* Assembler-Funktion */
{
 _asm mov eax,a
 _asm add eax,b
 /* return (_EAX); */
}
```

Der im Programm als Kommentar angegebene Befehl *Return (_AX),* der bei C-Funktionen verwendet wird, ist hier überflüssig. Er kann lediglich dazu verwendet werden, die Compiler-Warnung zu unterdrücken, dass die Funktion einen Wert zurückliefern sollte (»function should return a value«). Die Summe befindet sich nach der Addition bereits im Register EAX, auf das das Hauptprogramm zugreift.

Des weiteren fällt auf, dass hier keine Sicherung der verwendeten Register vorgenommen wird (z.B.: PUSH EAX). Die Datenregister EAX, EBX, ECX, EDX und die Indexregister ESI und EDI werden vom Compiler automatisch gesichert. Alle anderen verwendeten Register muss man jedoch selbst sichern!

Das Assemblerprogramm - also der zweite Teil des oben dargestellten Programms, lässt sich vereinfacht auch in der folgenden Form schreiben:

```
int sum(int a,int b)
{
 _asm
 {
  mov eax,a
  add eax,b
 }
}
```

# 25 Lösungen

Übung I: Erstes Programm mit Modifikationen

**3. Aufgabe**

```
/***************************************/
/* Programm-Name: progI_1a.c           */
/***************************************/

#include <stdio.h>
void main (void)
{
 printf("Hallo\ndas ist mein erstes C-Programm");
}
```

Das aneinander geschriebene \ndas sieht auf den ersten Blick etwas ungewöhnlich aus. Eine Leerstelle (Blank) zwischen dem n und dem d hätte allerdings zur Folge, dass die nächste Zeile um eine Position nach rechts eingerückt würde!

Zur Vereinfachung wird bei den folgenden Lösungen nur die jeweilige printf-Zeile angegeben:

```
printf("\"Hallo\"\ndas ist mein erstes Programm");
printf("\"Hallo\"\ndas ist mein erstes \'Programm\'");
printf("\"Hallo\"\n\tdas ist mein erstes \'Programm\'");
```

Beim Verwenden des \r wird zunächst »Hallo« auf den Bildschirm geschrieben; dann läuft der Cursor zurück auf den Anfang der momentanen Zeile und schreibt: das ist mein erstes Programm. Das Wort Hallo wird also überschrieben!

Eine solche Vorgehensweise kann manchmal gewünscht sein, z.B. wenn man fortlaufend eingegebene Zahlen summieren soll und man sich nur für die jeweilige Zwischensumme interessiert, wird diese immer in der gleichen Zeile ausgegeben, wobei - und das ist häufig ein weiterer Vorteil - die übrige bisherige Bildschirmausgabe erhalten bleibt.

## Übung II:  scanf / printf

**Hinweis:** Die Lösungen sind kursiv gedruckt, um sich vom Aufgabentext abzuheben!

**1. Aufgabe:** Schreiben Sie die Befehle für die folgenden Tastatur-Eingaben :

a            (int)                          a, b, c (int, float, double)

*scanf("%i",&a)*                *scanf("%i %i %i",&a, &b,&c)*

---

**2. Aufgabe:**  Schreiben Sie die Befehle für die folgenden Bildschirm-Ausgaben:

Ergebnis: 9..9                          (long int x)

*printf("Ergebnis: %li",x);*

---

Temperatur: 9..9 Grad                (float T)

*printf(Temperatur: %f Grad",T);*

---

Seite a: 9..9 Seite b: 9..9            (int a,b)

*printf("Seite a: %i Seite b: %i",a,b);*

---

Mittelwert: 99.9                        (float m)

*printf("Mittelwert: %4.1f",m);*

---

Die Wurzel aus: 9..9.9..9            (double radikand,wurzel)

beträgt: 99.999

*Hinweis:  Format double = long float!*

*printf("Die Wurzel aus: %lf\nbeträgt: %6.3lf",radikand,wurzel);*

---

Die Summe von 9..9 und 9..9.9..9      (float a,b,summe)

beträgt: 999.99

*printf("Die Summe von %f und %f\nbeträgt: %f",a,b,summe);*

---

**3. Aufgabe:** Schreiben Sie die erforderliche Befehlssequenz!

Geben Sie zwei Zahlen ein:            (longint a, b)

*printf("Geben Sie die zwei Zahlen ein:");*
*scanf("%li %li",&a,&b);*

---

Geben Sie die drei Seitenlängen ein:      (float a,b,c)

*printf( "Geben Sie die drei Seitenlängen ein: ");*

```
scanf("%i %i %i",&a,&b,&c);
```

---

Geben Sie den Bereich ein!      (int min,max)

Minimum:

Maximum:

*printf( "Geben Sie den Bereich ein!\nMinimum: ");*

```
scanf("%i",&min);
printf("Maximum: ");
scanf("%i",&max);
```

# Übung III: Arithmetische Ausdrücke / Sequenzen

**1. Aufgabe**

**a)**      `x = s/(u*v*w) oder x = s/u/v/w`

**b)**      `x = r*s/(s+3)`

**c)**      `y = x*x + 4*x + 5*y`

**d)**      `j = (k+((2*n-1)/(3*m+2)))/(m-(2*k+3)/(n-4))`

**Hinweis:** Prüfen Sie bei solch langen arithmetischen Ausdrücken, ob die Anzahl öffnender Klammern gleich der Anzahl schließender Klammern ist. Der Compiler überprüft das zwar, man kann sich so aber die Fehlermeldung ersparen.

**e)**      `z = 1./2*(a*x+y)*(a*x+y)`

Zur Schreibweise der ersten Zahl:»1.« vergleiche Kapitel 5.3 !

**f)**      `g = a*b*c/(d*e*f)`

Der Nenner muss in Klammern gesetzt werden, da sonst der Zähler nur durch d dividiert und das Zwischenergebnis anschließend mit e und f multipliziert würde.

Wenn die Gefahr besteht, dass das Produkt a*b*c oder d*e*f so groß wird, dass es den für den jeweiligen Datentyp vorgesehenen Zahlenbereich überschreitet, was dann zu einem völlig undefinierten Ergebnis – eventuell auch mit falschem Vorzeichen – führt, kann die folgende, mathematisch äquivalente Schreibweise der Formel von Nutzen sein:

`g = a/d*b/e*c/f`

## 2. Aufgabe

```
/******************************************/
/* Kreisberechnung                        */
/* Datei-Name: progIII_2.c                */
/******************************************/

#include <stdio.h>

void main(void)
{
 float r,a,u;

 printf("Radius eingeben: ");
 scanf("%f",&r);
 a = 3.141*r*r;
 u = 2*3.141*r;
 printf("Fläche: %f  Umfang: %f",a,u);
}
```

## 3. Aufgabe

```
/******************************************/
/* Rechnungsschreibung                    */
/* Datei-Name: progIII_3.c                */
/******************************************/

#include <stdio.h>

void main(void)
{
 float betragne,betragbru,mwst;

 printf("Nettobetrag eingeben: ");
 scanf("%f",&betragne);
 mwst = betragne*16/100;/*16% Mehrwertsteuer*/
 betragbru = betragne + mwst;
 printf("\nNetto-Betrag: %.2f",betragne);
 printf("\nMehrwersteuer: %.2f",mwst);
 printf("\nBrutto-Betrag: %.2f",betragbru);
}
```

# Übung IV: Verzweigung / Alternative

**1. Aufgabe**

a)

```
if (a > 4)
 if (b > 7)
   x = 1;
 else
   x = 2;
```

b)

```
if (a < 4)
{
}
else
 if (b > 7)
  x = 1;
 else
  x = 2;
```

**alternativ:**

```
if (a>=4)
 if (b>7)
  x = 1;
 else
  x = 2;
```

c)

```
if ( a == 7)
{
 if ( b >= 5)
  x = 1;
 else
  x = 2;
}
else
 x = 3;
```

Hinweis: Die geschweiften Klammern können entfallen!

d)

```
if ( f == 7 )
 if ( g == 8 )
  if ( h != 9)
   l = k + 1;
n = m - 1;
```

alternativ mit logischen Befehlen:

```
if ( f == 7 ) && ( g == 8 ) && ( h != 9 )
 l = k + 1;
n = m - 1;
```

**e)**

```
if ( g > 20 )
 s = 1;
else
 if ( h == 1 )
  s = 1;
 else
  if ( h == 2)
   if ( j > 60 )
    s = 1;
   else
    s = 2;
  else
    s = 2;
if ( s == 1 )
 a = 1;
else
 a = 2;
```

alternativ mit logischen Befehlen:

```
if ( g > 20) || ( h == 1) || ( h == 2) && ( j > 60 ))
{
 s = 1;
 a = 1;
}
else
{
 s = 2;
 a = 2;
}
```

Zur Vereinfachung wurde zusätzlich die zweite if-Bedingung mit einbezogen, denn wenn s gleich 1 ist, gilt a = 2.

**2. Aufgabe**

```
/******************************************/
/* Überprüfung einer eingegebenen Zahl    */
/* auf Geradzahligkeit                     */
/* Prog.-Name: progIV_2.c                  */
/******************************************/

#include <stdio.h>

void main (void )
```

```
{
 int x;
 printf("Geben Sie die zu ueberpruefende "
        "Zahl ein: ");
 scanf ("%i", &x) ;
 if (x%2==0)
   printf ("Die Zahl %i ist gerade.",x);
 else
   printf ("Die Zahl %i ist ungerade.",x);
}
```

## 3. Aufgabe

```
/****************************************/
/* Ausgabe der Stellenzahl einer Zahl    */
/* Prog.-Name: progIV_3.c                */
/****************************************/

#include <stdio.h>

void main (void)
{
 int x ;
 printf("Geben Sie eine hoechstens "
 "dreistellige positive Zahl ein: ");
 scanf("%i",&x) ;
 if (x<10)
  printf ("Die Zahl ist einstellig.");
 else
  if (x<100)
   printf ("Die Zahl ist zweistellig.");
  else
   if (x < 1000)
   printf ("Die Zahl ist dreistellig.");
   else
     printf("Die Zahl sollte maximal"
            "dreistellig sein.");
}
```

## 4. Aufgabe

```
/****************************************/
/* Bestimmung der größten von drei       */
/* eingegebenen Zahlen                   */
/* Datei-Name: progIV_4.c                */
/****************************************/

#include <stdio.h>
#include <conio.h>

void main(void)
```

```
{
 int a, b, c ;
 printf ("Bitte erste Zahl eingeben: ");
 scanf ("%i",&a);
 printf ("Bitte zweite Zahl eingeben: ");
 scanf ("%i",&b) ;
 printf ("Bitte die dritte Zahl eingeben: ");
 scanf ("%i",&c) ;
 if ((a > b)&&(a > c))
   printf ("%i ist die groesste Zahl\n",a);
 if ((b > a)&&(b > c))
   printf ("%i ist die groesste Zahl\n",b);
 if ((c > b)&&(c > a))
   printf ("%i ist die groesste Zahl\n",c);
}
```

## 5. Aufgabe

```
/************************************/
/* Berechnung der Quadratwurzel     */
/* Prog.-Name: progIV_5.c           */
/************************************/

#include <stdio.h>
#include <math.h>

void main (void )
{
 float wurz,radik ;
 printf("Quadratwurzel berechnen von: ");
 scanf("%f",&radik) ;
 if (radik < 0)
  printf ("Die Quadratwurzel einer negativen "
         "Zahl kann nicht berechnet werden.");
 else
 {
  wurz = sqrt(radik);
  printf ("Die Quadratwurzel von %f betraegt %f",
  radik,wurz);
 }
}
```

## 6. Aufgabe

```
/*******************************************/
/* Lösung der quadratischen Gleichung      */
/* Prog.-Name: progIV_6.c                  */
/*******************************************/

#include <stdio.h>
#include <math.h>
```

```
void main (void )
{
 float p,q,wurz,x1,x2;
 printf("Bitte p eingeben: ");
 scanf("%f",&p);
 printf("Bitte q eingeben: ");
 scanf("%f",&q);
 if ((p*p/4-q)<0)
  printf ("Die Gleichung hat keine Lösung!");
 else
 {
  wurz = sqrt(p*p/4-q);
  x1=-p/2-wurz;
  x2=-p/2+wurz;
  if (wurz == 0)
   printf("Die Lösung lautet: %f",x1);
  else
   printf("Die Lösungen lauten: %f und %f",
          x1,x2);
 }
}
```

## Übung V: Mehrfachverzweigung

### 1. Aufgabe

a)

```
scanf("%i",&m)
switch (m)
{
 case 1: a = 2;
         break;
 case 2: a = b - 2;
         break;
 case 3: a = b + 5;
}
```

b)

```
scanf("%i",&w);
switch (w)
{
case 1:
case 2:  b = 5;
         break;
case 3:
case 5:  b = a + 2;
         break;
case 4:  b = a - 1;
         break;
default: b = 0;
}
```

**2. Aufgabe**

Hier gleich die Lösung zu der erweiterten Aufgabenstellung:

```
/**********************************************/
/* Menü mit vier Grundrechenarten         */
/* Prog.-Name: progV_2.c                  */
/**********************************************/

#include <stdio.h>
#include <ctype.h>
#define TPL fflush(stdin)

void main (void )
{
 float a, b;
 char wahl;
 printf("Bitte die erste Zahl eingeben: ");
 scanf("%f",&a) ;
 printf("Bitte die zweite Zahl eingeben: ");
 scanf ("%f",&b) ;
 printf("\nWelche Operation moechten Sie durchfuehren?");
 printf("\n(A)ddieren") ;
 printf("\n(S)ubtrahieren") ;
 printf("\n(M)ultiplizieren") ;
 printf ("\n(D)ividieren\n") ;
 TPL;
 scanf ("%c",&wahl);
 switch (toupper(wahl))
 {
  case  'A': printf("%f + %f = %f",a,b,a+b);
            break;
  case  'S': printf("%f - %f = %f",a,b,a-b);
            break;
  case  'M': printf("%f * %f = %f",a,b,a*b);
            break;
  case  'D': printf("%f / %f = %f",a,b,a/b);
            break;
  default:  printf("Falsche Eingabe!");
 }
```

Will man – wie in diesem Programm realisiert – Groß- und Kleinbuchstaben-Eingabe zulassen, kann man alternativ auch schreiben:

```
  case  'A':
  case  'a': printf("%f + %f = %f",a,b,a+b);
            break;
  case  'S':
  case  's': printf("%f - %f = %f",a,b,a-b);
            break;
  usw.
```

## Übung VI: Fußgesteuerte Schleifen

### 1. Aufgabe

```
/*******************************************/
/* Kreisberechnung mit Abbruchbedingung    */
/* Datei-Name: progVI_1.c                   */
/*******************************************/

#include <stdio.h>
#define PI 3.14159
#define TPL fflush(stdin)

void main(void)
{
 float r,a,u;
 char weiter;

 do
 {
  printf("Radius eingeben: ");
  scanf("%f",&r);
  a = PI*r*r;
  u = 2*PI*r;
  printf("Flaeche: %f   Umfang: %f",a,u);
  printf("\nWeitere Berechnung (j/n)?");
  TPL;
  scanf("%c",&weiter);
 }while (weiter == 'j');
}
```

### 2. Aufgabe

```
/*******************************************/
/* Menü mit vier Grundrechenarten          */
/* Prog.-Name: progVI_2.c                   */
/*******************************************/

#include <stdio.h>
#include <ctype.h>

void main (void )
{
 float a, b;
 char wahl;
 do
 {
  printf("\nBitte die erste Zahl eingeben: ");
  scanf("%f",&a) ;
  do
```

```
   {
    printf("Bitte die zweite Zahl eingeben: ");
     scanf ("%f",&b) ;
   }while (b == 0);
   printf("\nWelche Operation moechten Sie durchfuehren?");
   printf("\n(A)ddieren") ;
   printf("\n(S)ubtrahieren") ;
   printf("\n(M)ultiplizieren") ;
   printf("\n(D)ividieren") ;
   printf("\n(E)nde\n");
   scanf ("%1s",&wahl) ;
   switch (toupper(wahl))
   {
    case  'A': printf("%f + %f = %f",a,b,a+b);
              break;
    case  'S': printf("%f - %f = %f",a,b,a-b);
              break;
    case  'M': printf("%f * %f = %f",a,b,a*b);
              break;
    case  'D': printf("%f / %f = %f",a,b,a/b);
              break;
    case  'E': break;
    default:  printf("Falsche Eingabe!");
   }
  }while (toupper(wahl) != 'E');
}
```

## 3. Aufgabe

```
/**********************************************/
/* Berechnung der für eine Kapital-           */
/* Verdopplung erforderlichen Zeit            */
/* Prog.-Name: progVI_3.c                     */
/**********************************************/

#include <stdio.h>

void main(void)
{
 float k,kstart,p;/* kstart = Anfangskapital */
 int i=0;
 printf ("Bitte das Anfangskapital eingeben: ");
 scanf ("%f",&kstart) ;
 printf ("Bitte den Zinssatz eingeben: ");
 scanf ("%f",&p);
 k=kstart;
 do
 {
  i++;
  k = k +((k * (p/100)));
```

```
 } while (k < 2 * kstart);
 printf ("Es dauert %i Jahre\n",i);
 printf ("Das Endkapital betraegt dann:%.2f",k);
}
```

**4. Aufgabe**

```
/*********************************************/
/* Näherungsweise Berechnung der Quadratwurzel*/
/* Prog.-Name: progVI_4.c                    */
/*********************************************/

#include <stdio.h>
#include <math.h>

void main (void )
{
 double zahl,xneu,xalt,diff;
 int i = 1;
 do
 {
  printf("Wurzel berechnen von: ");
  scanf("%lf",&zahl) ;
 } while (zahl <= 0);
 xalt = zahl;
 do
 {
   xneu = 0.5*(xalt + zahl/xalt) ;
   diff = fabs(xneu - xalt);
   xalt = xneu;
   printf("%d.Wurzelnaeherung: %lf\n",i,xneu) ;
   i++;
 } while (diff >= 1.e-6);
}
```

# Übung VII: Kopfgesteuerte Schleifen

**1. Aufgabe**

```
/*****************************************/
/* Berechnung der Quadratwurzel          */
/* Prog.-Name: progVII_1.c               */
/*****************************************/

#include <stdio.h>
#include <math.h>

void main (void)
```

```
{
 float zahl, wurzel;
 printf("Zahl zur Wurzelberechnung eingeben"
        "(Abbruch mit 0): ");
 scanf ("%f",&zahl) ;
 while (zahl > 0)
 {
  wurzel = sqrt(zahl);
  printf("Die Wurzel von %f ist %f\n",
  zahl,wurzel);
  printf("Zahl zur Wurzelberechnung eingeben"
         "(Abbruch mit 0): ");
  scanf ("%f",&zahl) ;
 }
}
```

Hier sieht man sehr gut den erhöhten Aufwand einer kopfgesteuerten Schleife. Da hier eine implizite Abbruchbedingung (Abbruch mit 0) vorgesehen ist, muss die gewünschte Zahl vor Eintritt in die while-Schleife einmal eingelesen werden!

### 2. Aufgabe

```
/*****************************************/
/* Berechnung der Quersumme einer Zahl    */
/* Prog.-Name: progVII_3.c                */
/*****************************************/

#include <stdio.h>

void main (void)
{
 int zahl, quer = 0;
 do
 {
  printf ("Geben Sie eine ganze Zahl zur"
          " Quersummenberechnung ein: ");
  scanf ("%i", &zahl);
 } while (zahl <= 0);
 while (zahl > 0)
 {
  quer = quer + zahl%10;
  zahl = zahl/10;
 }
 printf("Die Quersumme ist: %i\n", quer);
}
```

## 3. Aufgabe

```
/*******************************************/
/* Tilgung eines Kredits                   */
/* Prog.-Name: progVII_4.c                 */
/*******************************************/

#include <stdio.h>

void main(void)
{
 float zins, zinssatz,rate,kredit,tilgg;
 printf ("Bitte Kreditsumme eingeben: ");
 scanf( "%f", &kredit) ;
 printf ("Bitte Zinssatz eingeben: ");
 scanf ("%f",&zinssatz);
 printf ("Bitte jaehrliche Rate eingeben: ");
 scanf ("%f",&rate);
 while  (kredit>0)
  {
  zins = kredit * zinssatz/100;
  tilgg = rate - zins;
  kredit = kredit - tilgg; /* neuer Kredit am
              Jahresende (=Restkredit) */
  printf("Zins: %7.2f    Tilgung: %7.2f"
     "Restkredit: %7.2f\n",zins,tilgg,kredit);
  }
}
```

Das Programm könnte noch benutzerfreundlicher gestaltet werden: Wenn nämlich als Tilgung ein Wert eingegeben wird, der niedriger als die Jahreszinsen ist, wächst die Kreditsumme an und das Programm endet nie!

## 4. Aufgabe

```
/***************************************/
/* Berechnung der Wertetabelle         */
/* Prog.-Name: progVII_5.c             */
/***************************************/

#include <stdio.h>

void main(void)
{
 int a,b,x,y;

 printf ("Bitte untere Grenze eingeben: ");
 scanf ( "%i" ,&a);
 printf ("Bitte obere Grenze eingeben: ");
 scanf ("%i",&b);
 if (a <= b)
```

```
{
  x = a;
  while (x <= b)
  {
    y = 2*x*x + 3*x + 4;
    printf ("x= %i y= %i\n",x,y);
    x++;
  }
}
else
  printf("Falsche Intervallgrenzen!\n");
}
```

## 5. Aufgabe

a) Hier wird die Summe von 2 bis 101 gebildet! Geänderter Programmabschnitt:

```
int n = 1, sum = 0;
while(n <= 100)
{
    sum += n;
    n++;
}
```

b) Nach dem letzten Durchlauf ist n = 100 und sum = 100! Geänderter Programmabschnitt:

```
int n = 0, sum = 0;
while(n < 100)
{
    n = n + 1;
    sum = sum + n;
}
```

c) Da keine geschweiften Klammern gesetzt sind, besteht der Schleifenkörper nur aus der Zeile n += 1. Nach dem letzten Durchlauf ist n = 100 und sum = 101! Geänderter Programmabschnitt:

```
int n = 1,sum = 1;
while(n < 100)
{
  n += 1;
  sum += n;
}
```

d) Hier wird die Summe aller ungeraden Zahlen von 3 bis 101 gebildet. Man beachte: In der while Bedingung wird jeweils der zuletzt verwendete n-Wert eingesetzt, dann die Bedingung überprüft und erst *nach der Überprüfung* noch um 1 erhöht! Geänderter Programmabschnitt:

```
int n = 0, sum = 0;
while(n++ < 100)
```

```
   {
    sum += n;
   }
```

Hinweis: Es gibt mehrere Lösungsmöglichkeiten für diese Aufgaben!


# Übung VIII:  Schleifen mit fester Durchlaufzahl

## 1. Aufgabe

```
/******************************************/
/* Zahl-, Wurzel-, Kubik - Tabelle        */
/* Prog.-Name: progVIII_1.c               */
/******************************************/

#include <stdio.h>
#include <math.h>

void main(void)
{
 int i,quad,kub;
 float wurz;

 printf("Zahl  Wurzel   x*x  x*x*x\n");
 for(i= 1;i<= 10;i++)
 {
  quad = i*i;
  kub = i*i*i;
  wurz = sqrt(i) ;
  printf("%2i      %5.3f  %4i  %5i\n",i,wurz,
     quad,kub);
 }
}
```

## 2. Aufgabe

```
/******************************************/
/* Ermittlung der Teiler von 1 bis 9      */
/* einer einzulesenden Zahl               */
/* Prog.-Name: progVIII_2.c               */
/******************************************/

#include <stdio.h>

void main(void)
{
 int t , zahl; /* t = Teiler */
 printf ("Bitte Zahl eingeben: ");
 scanf("%i",&zahl) ;
```

```
 printf("Teiler der Zahl sind: ");
 for (t = 1;t <= 9;t++)
 {
  if(zahl % t == 0)
    printf ("%i ",t);
 }
}
```

### 3. Aufgabe

```
/****************************************/
/* Erstellung einer 1 x 1 - Tabelle     */
/* Prog.-Name: progVIII_3.c             */
/****************************************/

#include <stdio.h>

void main (void)
{
 int i, j ;
 for (i = 1;i <= 10;i++)
 {
  for (j = 1;j <= 10;j++)
  {
   printf("%4i ",i*j);
  }
  printf ("\n") ;
 }
}
```

### 4. Aufgabe

```
/****************************************/
/* Berechnung der Fakultaet             */
/* Prog.-Name: progVIII_4.c             */
/****************************************/

#include <stdio.h>

void main(void)
{
 int zahl,i;
 double fak = 1;

 printf ("Bitte Zahl( > 0) eingeben: ");
 scanf("%i", &zahl) ;
 if (zahl > 0)
 {
  for (i=2; i<= zahl; i++)
```

```
  fak = fak * i;
  printf ("Fakultaet von %i ist %.0lf\n",
  zahl,fak);
  }
}
```

## 5. Aufgabe

```
/*****************************************/
/* Berechnung der Reiskörner auf dem     */
/* Schachbrett                           */
/* Prog.-Name: progVIII_5.c              */
/*****************************************/

#include <stdio.h>

void main(void)
{
 int i;
 double f = 1,gesamt = 0;
 for (i = 1;i <= 64;i++)
  {
   f = i*f;
   gesamt += f;
   printf("Koerner auf Feld %2i : %E\n",i,f);
  }
 printf("Koerner insgesamt:  %E\n",gesamt);
}
```

## 6. Aufgabe

```
/*******************************************/
/* Berechnung des Endkapitals bei 1-10%    */
/* Zins und 1-10 Jahre Laufzeit            */
/* Prog.-Name: progVIII_6.c                */
/*******************************************/

#include <stdio.h>
#include <math.h>

void main (void)
{
 /* stkap = Startkapital, endkap = Endkapital
 i = Jahreszahl, p = Zinssatz */
 int i,stkap = 1000;
 float endkap, p;
 printf ("Jahr  1%%     2%%     3%%     4%%     "
 "5%%     6%%     7%%     8%%     9%%    10%%\n");
 for (i = 1; i <= 10; i++)
```

```
{
 printf("%2i",i);
 for (p = 1; p <= 10; p++)
 {
  endkap = stkap * pow(1 + p/100, i) ;
  printf(" %6.0f",endkap);
 }
 printf ("\n") ;
 }
}
```

# Übung IX:  Zeiger

### 1. Aufgabe

Ausgabe: 5 7 5 0

Zu der Bedeutung von **&pj: * und & heben sich wechselseitig auf, sodass nur noch *pj übrigbleibt!

### 2. Aufgabe

Lösung b) ist richtig

### 3. Aufgabe

Die Zeigervariable *zeiger* wird nicht initialisiert. Der Wert von zahl – 405 – wird also an die Speicher-Adresse geschrieben, die der Zahl entspricht, die zufällig in dem für *zeiger* reservierten Speicherplatz steht. In den meisten Fällen führt das zu einem Programmabsturz wegen »Speicherschutzverletzung", wenn die Adresse auf einen Bereich verweist, der dem momentanen Programm vom Betriebssystem nicht zugewiesen ist. Das korrekte Programm sieht folgendermaßen aus:

```
#include  <stdio.h>
void main(void)
{
   int zahl,*zeiger;
   zeiger = &zahl;
   zahl = 405;
   *zeiger = zahl;
   printf("\n%i %i",zahl,*zeiger);
}
```

### 4. Aufgabe

Ausgabe:

```
1.Ergebnis: 5   25
2.Ergebnis: 6   21   21   0
```

# Übung X: Funktionen

## 1. Aufgabe

```c
/**********************************************/
/* Menüprogramm: 4 Grundrechenarten           */
/* Prog._Name: progX_1.c                       */
/**********************************************/

#include <stdio.h>
#include <conio.h>
#include <ctype.h>
#define TPL fflush(stdin)

float add (float, float);
float sub (float, float);
float mul (float, float);
float div (float, float);

void main(void)
{
 float a,b,erg;
 char wahl;
 do
 {
  printf ("Geben Sie die erste Zahl ein: ");
  scanf("%f",&a) ;
  do
  {
   printf("Geben Sie die zweite Zahl ein; ");
   scanf("%f",&b);
  }while (b == 0);
  TPL;
  printf("\nWas moechten Sie?");
  printf("\n(A)ddieren");
  printf("\n(S)ubtrahieren");
  printf("\n(M)ultiplizieren");
  printf("\n(D)ividieren");
  printf("\n(E)nde\n");
  scanf("%c",&wahl);
  wahl = toupper(wahl);
  switch (wahl)
  {
    case 'A': erg = add(a,b);
          break;
    case 'S': erg = sub(a,b);
          break;
    case 'M': erg = mul(a,b);
          break;
```

```
    case 'D': erg = div(a,b);
          break;
    case 'E': break;
    default:  printf("Falscheingabe!");
  }
  if (wahl != 'E')
    printf("Ergebnis: %f\n",erg);
}while (wahl != 'E');
 getch();
}

float add(float a,float b)
{
  return (a + b);
}

float sub(float a, float b)
{
  return (a - b);
}

float mul(float a, float b)
{
  return (a * b);
}

float div(float a, float b)
{
  return (a / b);
}
```

## 2. Aufgabe

```
/*********************************************/
/* Kapitalanlage-Berechnungen (Zinseszins-Basis)*/
/* Prog._Name: progXI_2.c                    */
/*********************************************/

#include <stdio.h>
#include <ctype.h>
#include <math.h>
/*#include <conio.h> */
#define TPL fflush(stdin)

void endkap(void);
void startkap(void);

void main (void )
{
 char wahl;
 printf("Was moechten Sie berechnen?");
```

```
printf("\n(E)ndkapital");
printf("\n(S)tartkapital\n");
TPL;
scanf ("%c",&wahl) ;
switch (toupper(wahl))
{
 case 'E': endkap();
       break;
 case 'S': startkap();
       break;
}
/* getch() */
}


void endkap(void)
{
 float n,p,Ko,Kn;
 printf("Geben Sie den Zinssatz ein: ");
 scanf("%f",&p) ;
 printf("\nGeben Sie das Startkapital ein: ");
 scanf("%f", &Ko) ;
 printf("\nGeben Sie die Laufzeit (Jahre) ein: ");
 scanf("%f",&n) ;
 Kn=Ko*pow(1+p/100,n);
 printf("\nEndkapital: %.2f Euro",Kn);
}


void startkap(void)
{
 float n,p,Ko,Kn;
 printf("Geben Sie den Zinssatz ein: ");
 scanf("%f",&p);
 printf("\nGeben Sie das Endkapital ein: ");
 scanf("%f",&Kn);
 printf("\nGeben Sie die Laufzeit (Jahre) ein: ");
 scanf("%f",&n);
 Ko=Kn/pow(1+p/100,n);
 printf("\nStartkapital: %.2f",Ko) ;
}
```

## 3. Aufgabe

```
/************************************************/
/* Rechteck-Berechnung                          */
/* Prog._Name: progX_3.c                        */
/************************************************/
#include <stdio.h>
/*#include <conio.h> */

void umfflae(float ,float ,float* ,float*);
```

```
void main(void )
{
 float a,b,fl,umf;
 printf("Bitte die zwei Rechteckseiten eingeben: ");
 scanf("%f %f",&a, &b);
 umfflae(a,b,&fl,&umf);
 printf("Die Flaeche des Rechtecks ist: %.2f\n",fl);
 printf("Der Umfang des Rechtecks ist: %.2f\n",umf);
 /* getch(); */
}

void umfflae(float x,float y,float *f,float *u)
{
   *f = x * y;
   *u = 2*x + 2*y;
}
```

**4. Aufgabe**

```
void tausch(int *x, int *y)
{
   int hilf;
   hilf = *x;
   *x = *y;
   *y = hilf;
}
```

# Übung XI:  Arrays

**1. Aufgabe**

a) 60 Bytes = 15x4, b) 13 Bytes = 13x1, c) 40 Bytes = 10x4, d) 40 Bytes = 5x8.

## 2. Aufgabe

```
/*******************************************/
/* Einlesen in ein array; Ermitteln von    */
/* Maxim.,Minim. und Durchschnitt          */
/* Prog.-Name: progXI_2.c                   */
/*******************************************/
#include <stdio.h>

/* Prototyping */
void maxmin (int *x, int anzahl) ;
```

```c
void durchschnitt (int *x, int anzahl) ;

void main (void)
{
   int i,x[10]={0},anzahl=0;
  /* max. 10 Zahlen eingeben / Abbruch mit 0*/
  printf ("Geben Sie max. 10 Zahlen ein (Abbruch mit 0):\n");
  for (i = 0;i < 10;i++)
  {
   printf ("Geben Sie die %i.Zahl ein\n",i+1);
   scanf ("%i",&x[i]);
   if (x[i] == 0)
   break;
   anzahl = anzahl + 1;
  }
  /* groesste und kleinste Zahl suchen */
  maxmin (x, anzahl);
  /* Durchschnitt bilden */
  durchschnitt (x, anzahl);
}

void maxmin (int x[],int anzahl)
{
 int min, max, i;
 min = x[0];
 max = x[0];
 for (i = 0;i < anzahl;i++)
 {
  if (min > x[i])
   min = x[i];
  if (max < x[i])
   max = x[i];
 }
 printf ("Das Minimum ist: %i\n",min);
 printf ("Das Maximum ist: %i\n",max);
}

void durchschnitt (int x[], int anzahl)
{
 int summe = 0, i;
 float durchschnitt;
 for (i = 0;i < anzahl; i++)
   summe = summe + x[i];
 durchschnitt = (float) summe/anzahl;
 printf ("Der Durchschnitt betraegt: %.2f\n",durchschnitt);
}
```

## 3. Aufgabe

```
/************************************************/
/* Berechnung des gleitenden Mittelwert aus     */
/* den letzten eingegebenen "anzahl" Messwerten */
/* Prog._Name: progXI_3.c                       */
/************************************************/
#include <stdio.h>

void main (void)
{
 float a[10] = {0}, messw, gleitmw ;
 int anzahl,i = 0,j;
 float summe = 0;
 printf("Anzahl zu mittelnder Werte angeben "
        "(max.10):");
 scanf("%i",&anzahl);
 printf("Bitte fortlaufend Messwerte eingeben"
        " (Abbruch mit  0)!");
 scanf("%f",&a[0]);
 while (a[i] > 0)
  {
   i++;
   if (i == anzahl)
     i = 0;
   /* Gleitenden Mittelwert bilden */
   for(j = 0;j < anzahl;j++)
     summe = summe + a[j];
   printf("Gleitender Mittelwert: %f\n",
   summe/anzahl);
   summe = 0;
   scanf("%f",&a[i]);
  }
}
```

## 4. Aufgabe

```
/************************************************/
/* Berechnung des Notendurchschnitts und        */
/* Ermittlung der Notenstatistik                 */
/* Prog._Name: progXI_4.c                        */
/************************************************/
#include <stdio.h>

void mittelwert(int feld[],int z);
void statistik(int feld[],int z);

void main (void )
{
 int feld[20],k=0,z=0;
 while (k==0)
```

```
  {
    printf ("Bitte Note eingeben: ");
    scanf("%i",&feld[z]) ;
    if (feld[z]==0)
      break ;
    z++;
  }
  mittelwert (feld, z);
  statistik (feld, z);
}

void mittelwert (int feld[],int anzahl)
{
  int i,summe=0;
  float mittel;
  for (i = 0;i <= anzahl;i++)
    summe += feld[i];
  mittel= (float ) summe/anzahl;
  printf ("Mittelwert: %f\n",mittel);
}

void statistik (int feld[],int anzahl)
{
  int noten[7]={0},i;
  for (i = 0; i < anzahl;i++)
  {
    (noten[feld[i]])++;
  }
  for (i = 1; i <= 6; i++)
  {
    printf("Note %i: %i\n",i,noten[i]);
  }
}
```

Bei der Funktion statistik wurde eine trickreiche Auswertung gewählt. Es Bei der oben gewählten Lösung wurde ein Feld *noten* mit sieben Komponenten für die 6 Noten gewählt: *noten[1]* enthält die Anzahl Einsen und *noten[6]* die Anzahl Sechsen. Der Einfachheit halber bleibt *noten[0]* unbenutzt. Damit bildet der Wert von *feld[i]* – also die jeweilige Einzelnote den Index des jeweiligen Noten-Feldes, das um eins erhöht werden muss.

Standardmäßig würde man eine case-Struktur wählen. Zum Zählen der Anzahl der einzelnen Noten werden im Folgenden die Variablen a bis f verwendet (a zählt die Anzahl Einsen, f die Anzahl Sechsen). Vorweg müsste man mit:

a=b=c=d=e=f=0;

alle Variablen auf Null setzten. Dann sähe die case-Struktur folgendermaßen aus:

```
for (i = 0;i< anzahl; i++)
{
  switch (note[i] )
```

```
    {
     case 1: a++;
             break;
     case 2: b++;
             break;
     case 3: c++;
             break;
     case 4: d++;
             break;
     case 5: e++;
             break;
     case 6: f++;
    }
```

## 5. Aufgabe

a)  Zeilen x Spalten x sizeof(int); also 2x3x4 = 24 Byte.

b)  7 x 9 x 4 = 252 Byte.

## 6. Aufgabe

```c
/***********************************************/
/* Zweidimensionale 1x1 - Tabelle mit Ausgabe  */
/* Prog._Name: progXI_6.c                      */
/***********************************************/
#include <stdio.h>

void main (void)
{
 int m[10][10] = {0};
 int i,j;

 for (i = 1;i <= 10;i++)
   for (j = 1;j <= 10;j++)
     m[i-1][j-1] = (i)*(j);

 for (i = 1;i <= 10;i++)
 {
   for (j = 1;j <= 10;j++)
     printf("%3i ",m[i-1][j-1]);
   printf ("\n") ;
 }
 do
 {
  printf("Geben Sie zwei Zahlen (< 10) ein "
         "(Abbbruch mit 0): ");
  scanf("%d",&i);
  if (i == 0)
    continue;
  scanf("%d",&j);
```

```
  if (j == 0)
    continue;
  printf("Das Produkt von %d und %d ist: %d\n",
  i,j,m[i-1][j-1]);
 }while ((i != 0) && (j != 0));
}
```

## 7. Aufgabe

a) Da die Daten auf die p zeigt vom Typ int sind, muss die Adress-Differenz vier sein, wie man anhand des Outputs erkennen kann.

b) Die weiteren Ausgaben lauten:

```
3 4 3 6 4
3 9 7
```

# Übung XII: Strings

## 1. Aufgabe

```
/**********************************************/
/* Zeilen, Worte, Zeichen eines Strings zaehlen*/
/* Prog._Name: progXII_1.c                     */
/**********************************************/

#include <stdio.h>
#include <string.h>
/*#include <conio.h> */

void main(void)
{
 char text[161], *p;
 int zeichen,zeilen,worte = 1,i;
 printf("Bitte Text eingeben (max.160 Zeichen): ");
 gets(text) ;
 zeichen = strlen(text);
 zeilen = strlen(text)/80;
 if((strlen(text) % 80) > 0)
   zeilen++;
 for(i = 0; i < zeichen; i++)
   if ((text[i]) == ' ')
     worte++;
 printf("Anzahl der Zeilen : %2i\n",zeilen);
 printf("Anzahl der Worte  : %2i\n",worte);
 printf("Anzahl der Zeichen: %2i\n",zeichen);
 /* getch(); */
}
```

## 2. Aufgabe

```c
/************************************************/
/* Variablen-Tausch                           */
/* Prog._Name: progXII_2.c                     */
/************************************************/
#include <stdio.h>
#include <string.h>
/*#include <conio.h> */

void main(void)
{
 char text[200]="", text1[200], text2[200],
      text3[200];
 int laenge1, laenge2, laenge3, gesamtlaenge;
 printf ("Geben Sie drei Strings ein "
        "(Gesamtlaenge max.200 Zeichen):\n");
 printf("1. String: ");
 gets(text1);
 printf("2. String: ");
 gets(text2) ;
 printf("3. String: ");
 gets(text3);
 laenge1=strlen(text1) ;
 laenge2=strlen(text2) ;
 laenge3=strlen(text2);
 gesamtlaenge =laenge1 + laenge2 + laenge3;
 if (gesamtlaenge > 200)
  printf ("Die drei Texte waren zu lang!");
 else
 {
  strcat(text, text1);
  strcat(text, text2);
  strcat(text, text3);
  printf ( "Gesamtstring: %s\n",text) ;
 }
 /* getch(); */
}
```

## 3. Aufgabe

```c
void tpl (void)
{
  while (getchar() != '\n');
}
```

**4. Aufgabe**

```
/*********************************************/
/* Stringumkehr - Funktion                   */
/* Prog._Name: progXII_4.c                   */
/*********************************************/
#include <stdio.h>
#include <stdlib.h>
#include <string.h>
/* #include <conio.h> */

void str_inv(char*);

void main(void)
{
 char text[11];
 printf("Bitte Text eingeben (max 10 Zeichen): ");
 gets(text);
 str_inv(text);
 printf("Invertierter Text: %s\n", text);
 /* getch(); */
}

void str_inv(char *text)
{
 char hilf;
 unsigned i,l;
 l = strlen(text);
 for (i = 0;i < l/2;i++)
 {
    hilf = text[i];
    text[i] = text[l-1-i];
    text[l-1-i] = hilf;
 }
}
```

**5. Aufgabe**

```
int isinteger(char *string)
{
 int i = 0;
 while (string[i] != '\0')
 {
    if (isdigit(string[i]))
      i++;
    else
      return (0);
 }
 return (1);
}
```

# Übung XIII: Strukturen

## 1. Aufgabe

a)

```
typedef structtypedef struct
{             {
 int    persnr; int tag;
 char   name[20]; int monat;
 DATUM gebdat; int jahr;
} MITARBEITERSATZ;} DATUM;
```

b)

```
MITARBEITERDATENSATZ   ma;

scanf("%i",&ma.persnr);
scanf("%s",ma.name);
scanf("%i.%i.%i",&ma.gebdat.tag,&ma.gebdat.monat,
&ma.gebdat.jahr);
```

c)

```
do
{
 printf("Pers.Nr.eingeben!");
 scanf("%i",&ma.persnr);
}while (ma.persnr < 100 || ma.persnr > 999);
do
{
 printf("Name eingeben!);
 scanf("%s",name);
}while (strlen(name) > 20);
ma.name = name;
scanf("%i.%i.%i",&ma.gebdat.tag,&ma.gebdat.monat,
&ma.gebdat.jahr);
```

Hinweis: Hier wird erst in eine Hilfsstring name, das mit deutlich mehr als 20 Zeichen deklariert wurde, eingelesen, da bei direktem Einlesen in die Struktur ein zu langer Name bereits bei der Eingabe Speicher überschrieben hätte!

## 2. Aufgabe

```
/******************************************/
/* Einlesen eines Struktur-Datensatzes    */
/* mit einer Funktion                     */
/* Prog.-Name: progXIII_2.c               */
/******************************************/
#include <stdio.h>
/*#include <conio.h> */
```

```
typedef struct
{
 int tag;
 int monat;
 int jahr;
}DATUM;

typedef struct
{
 int    persnr;
 char   name[20];
 DATUM gebdat;
}MITARBEITERSATZ;

MITARBEITERSATZ einlesen(void);

void main(void)
{
 MITARBEITERSATZ ma;

 ma = einlesen();
 printf("Pers.Nr.: %i, Name: %s, Geburtstag: "
    "%i.%i.%i",ma.persnr,ma.name,ma.gebdat.tag,
    ma.gebdat.monat,ma.gebdat.jahr);
 /* getch(); */
}


MITARBEITERSATZ einlesen(void)
{
 MITARBEITERSATZ ma;
 printf("Pers.Nr.? ");
 scanf("%i",&ma.persnr);
 printf("Name? ");
 scanf("%s",ma.name);
 printf("Geb.datum? ");
 scanf("%i.%i.%i",
 &ma.gebdat.tag,&ma.gebdat.monat,&ma.gebdat.jahr);
 return ma;
}
```

## 3. Aufgabe

```
/*******************************************/
/* Operationen mit 2 Bruechen              */
/* Prog.-Name: progXIII_3.c                */
/*******************************************/
#include <stdio.h>
/*#include <conio.h> */
```

```
struct bruch
{
 int z;
 int n;
};

void main(void)
{
 int wahl;
 struct bruch b1,b2,erg;

 printf("Was wollen Sie berechnen:\n1 Addition\n"
 "2 Subtraktion\n3 Multiplikation\n4 Division\n"
 "5 Ende\n");"
 scanf("%i",&wahl);
 if (wahl != 5)
 {
  printf("Bitte Zaehler und Nenner des 1.Bruchs"
         " eingeben ");
  scanf("%i %i",&b1.z,&b1.n);
  printf("Bitte Zaehler und Nenner des 2.Bruchs"
         "eingeben ");
  scanf("%i %i",&b2.z,&b2.n);
  switch (wahl)
  {
   case 1: if(b1.n == b2.n)
              {
               erg.z = b1.z+ b2.z;
               erg.n = b1.n;
              }
              else
              {
               erg.n = b1.n * b2.n;
               b1.z *= b2.n;
               b2.z *= b1.n;
               erg.z = b1.z + b2.z;
              }
              break;
   case 2:   erg.n = b1.n * b2.n;
             b1.z *= b2.n;
             b2.z *= b1.n;
             erg.z = b1.z - b2.z;
             break;
   case 3: erg.z = b1.z * b2.z;
           erg.n = b1.n * b2.n;
           break;
   case 4: erg.z = b1.z * b2.n;
           erg.n = b1.n * b2.z;
           break;
```

```
  }
  printf("Ergebnis: %i/%i ", erg.z, erg.n);
 }
  /* getch(); */
}
```

## Übung XIV: Rekursion

### 1. Aufgabe

```
/*******************************************/
/* Rekursive Ermittlung des ggT            */
/* Prog.-Name: progXIV_1.c                 */
/*******************************************/
#include <stdio.h>
/* #include <conio.h> */

int ggt(int,int);

void main(void)
{
 int a,b,erg;
 printf ("Zwei Zahlen eingeben: ");
 scanf ("%i %i",&a,&b);
 erg=ggt(a,b);
 printf ("ggt: %i",erg);
/* getch(); */
}

int ggt(int a,int b)
{
 if (a%b != 0)
 {
   b = ggt(b,a%b);
 }
 return (b);
}
```

### 2. Aufgabe

```
/*******************************************/
/* Rekursive Berechnung der Summe aller    */
/* Zahlen von 1 bis n                      */
/* Prog.-Name: progXIV_2.c                 */
/*******************************************/
#include <stdio.h>
/* #include <conio.h> */
```

```
int add(int);

void main (void )
{
 int n,erg;
 printf ("Zahl eingeben, bis zu der die "
        "Summe berechnet werden soll: ");
 scanf ("%i",&n);
 erg=add(n) ;
 printf ("\nDie Summe betraegt: %d\n",erg);
 /* getch();   */
}

int add(int n)
{
 int erg;
 if (n > 1)
 {
   erg=add (n-1) +n;
 }
 else
 {
   erg = 1;
 }
 return(erg);
}
```

### 3. Aufgabe

```
/*****************************************/
/* Rekursive Endkapital-Berechnung       */
/* Prog.-Name: progXIV_3.c               */
/*****************************************/
#include <stdio.h>
/* #include <conio.h> */

float endkapital(float, float, int);

void main (void)
{
 float kapital, zinsen, endkap;
 int jahre;
 printf("Anfangskapital: ");
 scanf("%f",&kapital);
 printf("\nZinssatz: ");
 scanf("%f",&zinsen);
 printf("\nJahre: ");
 scanf("%i",&jahre);
```

```
endkap = endkapital(kapital, zinsen, jahre);
printf("\nEndkapital: %.2f", endkap);
/* getch(); */
}

float endkapital(float k, float z, int j)
{
 if (j > 1)
 {
   k=endkapital (k+k*z/100, z, j-1);
 }
 else
 {
   k=k+k*z/100;
 }
 return(k);
}
```

## 4. Aufgabe

```
/*****************************************/
/* Rekursive Ausgabe einer Dezimalzahl   */
/* als Dualzahl                          */
/* Prog.-Name: progXIV_4.c               */
/*****************************************/

#include <stdio.h>
/*#include <conio.h> */

void binaer(int);

void main (void)
{
 int dezzahl;
 printf("Dezimalzahl eingeben: ");
 scanf("%i",&dezzahl);
 printf("\nBinaerzahl: ");
 binaer(dezzahl) ;
 /* getch(); */
}

void binaer(int dezzahl)
{
 if (dezzahl>0)
 {
  binaer(dezzahl/2) ;
  printf("%i",dezzahl%2) ;
 }
 else
```

```
 {
  if (dezzahl == 0)
  {
   printf ("0");
  }
 }
}
```

# Übung XV: Dateiverarbeitung

## 1. Aufgabe

```
/*******************************************/
/* Aufgabe: Anlegen einer Notendatei und    */
/* Arbeiten mit den Datensätzen             */
/* Prog.Name: progXV_1.c                    */
/*******************************************/
#include <stdio.h>
#include <stdlib.h>
#include <ctype.h>
#define TPL fflush(stdin)
#define TRUE 1

typedef struct
{
 int nr;
 char name[21];
 int note;
} SCHUELER;

void anlegen (void);
void eingabe (void);
void ausgabe (void);
void suchen (void);
void aendern (void);

int main (void)
{
 int wahl;

 while (TRUE)
 {
  printf ("1 Anlegen:\n2 Noten-Eingabe:\n3 "
          "Ausgabe:\n4 Suchen: " ) ;
  printf ("\n5 Aendern:\n6 Ende:\n\nWahl: ");
  TPL;
  scanf ("%d",&wahl);
```

```
  switch   (toupper (wahl))
  {
   case   1 :   anlegen(); break;
   case   2 :   eingabe(); break;
   case   3 :   ausgabe( ); break;
   case   4 :   suchen(); break;
   case   5 :   aendern(); break;
   case   6 :   return(0); break;
  }
 }
}


void anlegen (void)
{
 FILE *fp;
 SCHUELER sch;
 printf ("Schuelerdatei anlegen (Ende bei "
         "Eingabe von 0 für Schueler-Nr.)\n\n");
 if ((fp=fopen("schueler.dat","wb")) == NULL)
 {
  printf ("Datei konnte nicht geöffnet werden");
  exit(1);
 }
 while (TRUE)
 {
  printf ("\nNummer: ");
  TPL;
  scanf("%i",&sch.nr);
  if (sch.nr == 0)
    break;
  printf ("Name: ");
  TPL;
  gets(sch.name);
  fwrite (&sch,sizeof(SCHUELER),1,fp);
 }
 fclose(fp);
}


void eingabe (void)
{
 FILE *fp;
 SCHUELER sch;
 int nummer,note,vorhanden;
 printf ("Noten eingeben (Ende bei Eingabe von"
         " Schueler-Nr = 0)\n");
 while (TRUE)
 {
  vorhanden = 0 ;
  if((fp = fopen("schueler.dat" ,"rb+")) == NULL)
```

```
  {
   printf ("Datei konnte nicht geöffnet werden");
   exit(1);
  }
  printf ("\n\nSchueler-Nummer: ");
  scanf ("%i",&nummer);
  if (nummer == 0)
   break ;
  printf ("Schueler-Note: ");
  scanf ("%i",&note);
  while (fread (&sch,sizeof(SCHUELER),1,fp) != 0)
  {
   if (sch.nr == nummer)
   {
    fseek (fp,(long int) (-1) * sizeof(SCHUELER),
    SEEK_CUR);
    sch.note = note;
    fwrite (&sch,sizeof(SCHUELER),1,fp);
    fclose(fp);
    vorhanden = 1;
    break;
   }
  }
  if (vorhanden == 0)
  printf ("\nSchueler-Nummer nicht in Datei"
          " vorhanden");
  fclose(fp);
 }
}

void ausgabe(void)
{
 FILE *fp;
 SCHUELER sch;
 printf ("Schuelerdaten ausgeben\n");
 if ((fp=fopen("schueler.dat","rb")) == NULL)
 {
  printf ("Datei konnte nicht geöffnet werden");
  exit(1);
 }
 printf("\nSchueler-Nr.  Name     Note\n");
 while (fread(&sch,sizeof(SCHUELER ),1,fp) != 0)
 {
  printf ("     %i      %s      %i\n",sch.nr,
  sch.name,sch.note);
 }
 fclose(fp);
 getchar();
}
```

```
void suchen (void)
{
 FILE *fp;
 SCHUELER sch;
 int nummer,vorhanden;
 printf("Schueler suchen (Ende bei Eingabe von"
        " Nummer 0)");
 while (TRUE)
 {
  vorhanden = 0;
  if ((fp=fopen("schueler.dat","rb")) == NULL)
  {
   printf ("Datei konnte nicht geöffnet werden");
   exit(1);
  }
  printf ("\n\nNummer eingeben: ");
  TPL;
  scanf ("%i",&nummer);
  if (nummer == 0)
   break;
  while (fread(&sch,sizeof(SCHUELER),1,fp) != 0)
  {
   if(sch.nr == nummer)
   {
    printf("\nNummer: %i\nName: %s\nNote: %i",
    sch.nr,sch.name,sch.note);
    vorhanden = 1;
   }
  }
  if (vorhanden == 0)
  {
   printf("\nSchueler nicht in der Datei vorhanden");
  }
  fclose(fp);
 }
}


void aendern (void)
{
 FILE *fp;
 SCHUELER sch;
 int nummer, vorhanden;
 printf("Schueler aendern (Ende bei Eingabe von 0)"
        "\n\n");
 while (TRUE)
 {
  vorhanden = 0;
  if ((fp=fopen( "schueler.dat" ,"rb+")) == NULL)
```

```
    {
      printf ("Datei konnte nicht geöffnet werden");
      exit(1);
    }
    printf ("\nSchueler-Nummer: ");
    TPL;
    scanf ("%i",&nummer);
    if (nummer == 0)
     break;
    while (fread (&sch,sizeof(SCHUELER),1,fp) != 0)
    {
     if (sch.nr == nummer)
     {
      printf("\nNummer: %i\nName: %s\nNote: %i",
      sch.nr,sch.name,sch.note);
      printf("\n\nNeuer Name: ");
      TPL;
      gets(sch.name);
      printf("Neue Note: ");
      TPL;
      scanf("%i",&sch.note);
      fseek(fp,(long int) (-1) * sizeof(SCHUELER),
      SEEK_CUR) ;
      fwrite (&sch,sizeof(SCHUELER),1,fp);
      vorhanden = 1;
      break;
     }
    }
    if (vorhanden == 0)
    {
     printf ("\nSchueler-Nummer ist nicht in der "
             "Datei vorhanden");
    }
    fclose( fp);
  }
}
```

## 2. Aufgabe

```
/*********************************************/
/* Aufgabe: Suchen der Schüler mit Note 1    */
/* bzw. 2 in einer gegebenen Schülerdatei    */
/* Prog.Name: progXV_2.c                     */
/*********************************************/
#include<stdio.h>
#include<stdlib.h>

typedef struct
{
```

```
 int   nr;
 char name [21];
 int   note;
}SCHUELER;

int main (void)
{
 FILE *fp1,*fp2;
 SCHUELER sch;
 if ((fp1 = fopen("schueler.dat","rb")) == NULL)
 {
  printf("Datei konnte nicht geöffnet werden");
  return(1);
 }
 if((fp2 = fopen("schueler2.dat", "wb+" )) == NULL)
 {
  printf ("Datei konnte nicht geöffnet werden");
  return(1);
 }
 while (fread(&sch ,sizeof(SCHUELER),1,fp1) != 0)
 {
  if ((sch.note == 1) || (sch.note == 2))
  {
   fseek(fp1,(long)(-1)*sizeof(SCHUELER),SEEK_CUR);
   fwrite(&sch, sizeof(SCHUELER ),1,fp2);
   fseek(fp1,sizeof(SCHUELER),SEEK_CUR);
  }
 }
 fclose(fp1);
 fflush(fp2);
 rewind(fp2);
 printf ("Schueler mit Note 1 bzw. 2 \n");
 while (fread(&sch ,sizeof(SCHUELER),1,fp2) != 0)
 {
  printf("\n\nNummer: %i\nName: %s\nNote: %i",
  sch.nr, sch.name, sch.note);
 }
 getchar();
 return(0);
}
```

## 3. Aufgabe

```
/***********************************************/
/* Aufgabe: Anlegen einer Artikeldatei mit     */
/* Lesen in ein Feld im Hauptspeicher und      */
/* Ausgabe gesuchter Elemente                  */
/* Prog.Name: AufgXV_3.c                        */
/***********************************************/
```

```c
#include <stdio.h>
#include <stdlib.h>
#define TPL fflush(stdin)
#define TRUE 1

typedef struct abc
{
  int nr;
  char name[21];
  float preis;
} ARTIKEL;

void anlegen (void);
void einlesen (void);
void suchen (void);

void main (void)
{
 int wahl;
 while (TRUE)
  {
   printf ("Anlegen: 1\nEinlesen: 2\nSuchen: "
           "3\nEnde: 4\nWahl: ");
   scanf ("%d",&wahl);
   switch  (wahl)
   {
    case  1 :anlegen();
   break;
    case  2 :einlesen();
   break;
    case  3 :suchen();
   break;
    case  4 :exit(0);
   }
  }
}

void anlegen (void)
{
 FILE *fp;
 ARTIKEL art;
 printf ("Artikel neu erfassen\n");
 if ((fp=fopen("artikel.dat","wb")) == NULL)
  {
   printf ("Datei konnte nicht geöffnet werden");
   exit(1);
  }
 while (TRUE)
  {
```

```
   printf ("\nNummer: ");
   scanf ("%i",&(art.nr));
   if (art.nr == 0)
   {
    break;
   }
   printf ("Name: ");
   TPL;
   gets (art.name);
   printf ("Preis: ");
   TPL;
   scanf ("%f",&art.preis);
   TPL;
   fwrite (&art, sizeof(ARTIKEL ),1,fp);
  }
 fclose (fp);
 getchar( );
}

void einlesen (void)
{
 FILE *fp;
 ARTIKEL art,arti[20];
 int i = 0;
 printf ("Datei in den Hauptspeicher gelesen!\n");
 if ((fp=fopen("artikel.dat" ,"rb"))==NULL)
 {
  printf ("Datei konnte nicht geöffnet werden");
  exit(1);
 }
 while ((fread (&art, sizeof(ARTIKEL),1,fp))>0)
 {
  arti[i] = art;
  i++;
 }
 getchar( );
}

void suchen (void)
{
 FILE *fp;
 ARTIKEL art;
 int nummer,gefunden = 0;
 if ((fp=fopen("artikel.dat","rb")) == NULL)
 {
  printf ("Datei konnte nicht geöffnet werden");
  exit(1);
 }
 printf ("Nummer eingeben: ");
```

```
scanf ("%i",&nummer);
while (fread (&art, sizeof(ARTIKEL),1,fp) != 0)
{
 if (art.nr == nummer)
  {
   printf ("\nNummer: %i\nName: %s\nPreis: %.2f"
           "DM\n\n",art.nr,art.name,art.preis);
   gefunden = 1;
  }
}
if (gefunden == 0)
{
 printf("\nArtikel nicht in der Datei vorhanden\n");
}
fclose(fp);
getchar( );
}
```

# A Anhang

## A.1 Prioritätsregeln

Im folgenden sind alle Operatoren der Programmiersprache C nach Prioritätsgruppen sortiert angegeben. Die Prioritätsgruppen sind nach abnehmender Priorität geordnet. Für jede Gruppe wird zudem beschrieben, in welcher Reihenfolge Operatoren dieser Gruppe ausgewertet werden, wenn sie ohne Klammerung in einem Ausdruck auftreten.

**Prioritätsstufe 1 (strukturierende Operatoren)**

Auswertung von links nach rechts
| | |
|---|---|
| ( ) | Funktionsaufruf, Klammerung in Ausdrücken |
| [ ] | Indizierung von Feldern |
| -> | Verweis auf Komponenten einer Struktur mit Zeiger-Variablen |
| . | Selektion einer Komponente in einer Struktur oder Union |

**Prioritätsstufe 2 (einstellige Operatoren)**

Auswertung von rechts nach links
| | |
|---|---|
| ++ | Inkrement |
| - - | Dekrement |
| + | positives Vorzeichen |
| - | negatives Vorzeichen |
| * | Verweisoperator für Zeigervariablen |
| & | Adress-Operator |
| ! | logische Negation, bitweise Negation |
| (Typname) | explizite Typumwandlung |
| sizeof | Ermittlung der Größe eines Datentyps, keine Auswertung des Ausdrucks |

**Prioritätsstufe 3 (arithmetische Operatoren)**

Auswertung von links nach rechts
| | |
|---|---|
| * | Multiplikation |
| / | Division |
| % | Modulo |

**Prioritätsstufe 4 (arithmetische Operatoren)**

Auswertung von links nach rechts
| | |
|---|---|
| + | Addition |
| - | Subtraktion |

**Prioritätsstufe 5 (Shiftoperatoren)**

Auswertung von links nach rechts
<<          Linksshift
>>          Rechtsshift

**Prioritätsstufe 6 (Vergleichsoperatoren)**

Auswertung von links nach rechts
<           kleiner
<=          kleiner oder gleich
>=          größer oder gleich
>           größer

**Prioritätsstufe 7 (Vergleichsoperatoren)**

Auswertung von links nach rechts
==          Gleichheit
!=          Ungleichheit

**Prioritätsstufe 8 (bitweiser arithmetischer Operator)**

Auswertung von links nach rechts
&           bitweises (arithmetisches) Und

**Prioritätsstufe 9 (bitweiser arithmetischer Operator)**

Auswertung von links nach rechts
~           bitweises (arithmetisches) Exklusiv-Oder

**Prioritätsstufe 10 (bitweiser arithmetischer Operator)**

Auswertung von links nach rechts
|           bitweises (arithmetisches) Oder

**Prioritätsstufe 11 (logischer Operator)**

Auswertung von links nach rechts, frühestmöglicher Abbruch
&&          logisches Und

**Prioritätsstufe 12 (logischer Operator)**

Auswertung von links nach rechts, frühestmöglicher Abbruch
||          logisches Oder

**Prioritätsstufe 13 (bedingte Bewertung)**

Auswertung von rechts nach links
? :         bedingte Bewertung

**Prioritätsstufe 14 (Zuweisungsoperatoren)**

Auswertung von rechts nach links

| | |
|---|---|
| = | Zuweisung |
| *= | zusammengesetzte Zuweisung |
| /= | zusammengesetzte Zuweisung |
| %= | zusammengesetzte Zuweisung |
| += | zusammengesetzte Zuweisung |
| -= | zusammengesetzte Zuweisung |
| <<= | zusammengesetzte Zuweisung |
| >>= | zusammengesetzte Zuweisung |
| &= | zusammengesetzte Zuweisung |
| ^= | zusammengesetzte Zuweisung |
| != | zusammengesetzte Zuweisung |

**Prioritätsstufe 15 (Komma-Operator)**

Auswertung von links nach rechts

| | |
|---|---|
| , | Komma-Operator zur Zusammenfassung von Ausdrücken |

# A.2 Die Standardbibliotheken

Die im Folgenden beschriebenen Definitionsdateien bilden den Mindestumfang einer C-Bibliothek nach dem ISO-Standard. Viele Compiler-Bibliotheken bieten zusätzliche Definitionsdateien und Funktionen.

- assert.h:     Hilfe bei der Fehlersuche

- ctype.h:     Test und Konvertierung von Zeichen

- errno.h:     Ausgabe von Fehlermeldungen

- float.h:     Eigenschaften von Gleitpunktzahlen

- limits.h:     Eigenschaften von ganzen Zahlen

- locale.h:     Länderspezifische Zeichen
  und Darstellungsformen

- math.h:     Mathematische Funktionen

- setjmp.h:     Globale Sprünge

- signal.h:     Unterbrechungssignale

- stdarg.h:     Behandlung von Funktionen mit variabler
  Parameterzahl

- stddef.h:     Allgemeine Deklarationen

- stdio.h:      Ein- und Ausgabe

- stdlib.h:      Allgemeine Funktionen

- string.h:      Bearbeitung von Speicherbereichen und
                  Zeichenketten

- time.h:        Behandlung von Datum und Uhrzeit

Im folgenden werden alle Funktionen mit ihrem Prototyp aufgeführt und kurz beschrieben. Detaillierte Informationen und Programmbeispiele entnehme man den Compiler-Handbüchern bzw. der Online-Hilfe des verwendeten Compilers.

**Definitionsdatei assert.h: Hilfe bei der Fehlersuche**

```
void assert(int ausdruck)
```

Wenn *ausdruck* bei der Ausführung von assert( ) den Wert Null hat, also als falsch interpretiert wird, wird das Programm nach Ausgabe einer Fehlermeldung abgebrochen. Die Fehlermeldung enthält den Namen der Quelldatei und die Nummer der Zeile, in der sich der Aufruf von assert befindet.

**Definitionsdatei ctype.h: Test und Konvertierung von Zeichen**

Die Testfunktionen liefern einen von null verschiedenen Wert (wahr), wenn das Argument die abgeprüfte Eigenschaft hat, sonst Null (falsch).

```
int isalnum(int zeichen)
```
Testet, ob *zeiche^n* alphanumerische ist
```
int isalpha(int zeichen)
```
Testet, ob *zeichen* ein Buchstaben (Groß- oder Kleinbuchstaben) ist
```
int iscntrl(int zeichen)
```
Testet, ob *zeichen* ein Steuerzeichen ist
```
int isdigit(int zeichen)
```
Testet, ob *zeichen* eine Dezimalziffer (0 bis 9) ist
```
int isgraph(int zeichen)
```
Testet, ob *zeichen* ein sichtbares Zeichen ist (ohne Leerzeichen)
```
int islower(int zeichen)
```
Testet, ob *zeichen* ein Kleinbuchstabe ist
```
int isprint(int zeichen)
```
Testet, ob *zeichen* ein sichtbares Zeichen ist (einschließlich Leerzeichen)
```
int ispunct(int zeichen)
```
Testet, ob *zeichen* ein Sonderzeichen ist (Komma, Punkt, Doppelpunkt usw.)
```
int isspace(int zeichen)
```
Testet, ob *zeichen* ein Leerzeichen, Tabulator, Zeilenvorschub, Seitenvorschub (englisch Whitspace-Zeichen) ist
```
int isupper(int zeichen)
```
Testet, ob *zeichen* ein Großbuchstabe ist
```
int isxdigit(int zeichen)
```
Testet, ob *zeichen* einer Hexadezimal-Ziffer ist

```
int tolower(int zeichen)
```
Wandelt *zeichen* in einen Kleinbuchstaben um, wenn *zeichen* ein Großbuchstaben ist; lässt ansonsten *zeichen* unverändert, wenn es bereits ein Kleinbuchstabe ist
```
int toupper(int zeichen)
```
wandelt *zeichen* in einen Großbuchstaben um, wenn *zeichen* ein Kleinbuchstaben ist; lässt ansonsten *zeichen* unverändert, wenn es ein Großbuchstabe ist

**Definitionsdatei errno.h: Ausgabe von Fehlermeldungen**

In dieser Definitionsdatei sind eine Variable und ca. 30 ganzzahlige Konstanten definiert. Tritt bei der Ausführung einer mathematischen Funktionen oder einer Systemfunktion ein Fehler auf, nimmt die Variable errno – eine Variable vom Typ int – einen Wert ungleich Null an.

Diese Variable muss vor Aufruf einer Funktion explizit auf Null gesetzt werden. Die Konstanten und ihre entsprechenden Fehlermeldungen sehe man im Handbuch oder in der Online-Hilfe des Compilers nach!

**Definitionsdatei float.h: Eigenschaften von Gleitpunktzahlen**

In dieser Definitionsdatei sind Konstanten deklariert, die die Implementierungs-Eigenschaften der Gleitpunktzahlen beschreiben.

DBL_DIG

Anzahl signifikanter Dezimalstellen beim Datentyp double ($\geq 10$)

DBL_EPSILON

Kleinster double-Zahlenwert x, für den gilt: $1.0 + x\ !=\ 1.0$

DBL_MANT_DIG

Anzahl signifikanter Mantissenstellen beim Datentyp double

DBL_MAX

Größte darstellbare double-Zahl.

DBL_MAX_10_EXP

Größtes n, für das $10^n$ als double-Zahl darstellbar ist

DBL_MAX_EXP

Größtes n, für das $(FLT\ RADIX)^n\text{-}1$ als double-Zahl darstellbar ist

DBL_MIN

Kleinster darstellbarer positiver normalisierter double-Wert

DBL_MIN_10_EXP

Kleinstes n, für das $10^n$ normalisiert als double-Zahl darstellbar ist

**DBL_MIN_EXP**

Kleinstes n, für das *(FLT RADIX)*$^{n-1}$ normalisiert als double-Zahl darstellbar ist

**DBL_RADIX**

Basis des Exponententeils der double-Zahl (meistens 2)

**DBL_ROUNDS**

Rundungsverfahren für double-Zahlen

**FLT_DIG**

Anzahl signifikanter Dezimalstellen beim Datentyp float

**FLT_EPSILON**

Kleinster float-Zahlenwert x, für den gilt: $1.0 + x \mathrel{!=} 1.0$

**FLT_MANT_DIG**

Anzahl signifikanter Mantissenstellen beim Datentyp float

**FLT_MAX**

Größte darstellbare float-Zahl

**FLT_MAX_10_EXP**

Größtes n, für das $10^n$ als float-Zahl darstellbar ist

**FLT_MAX_EXP**

Größtes n, für das *(FLT RADIX)*$^{n}$-1 als float-Zahl darstellbar ist

**FLT_MIN**

Kleinster darstellbarer positiver normalisierter float-Wert

**FLT_MIN_10_EXP**

Kleinstes n, für das $10^n$ normalisiert als float-Zahl darstellbar ist

**FLT_MIN_EXP**

Kleinstes n, für das *(FLT RADIX)*$^{n-1}$ normalisiert als float-Zahl darstellbar ist

**FLT_RADIX**

Basis des Exponententeils der float-Zahl (meistens 2)

**FLT_ROUNDS**

Rundungsverfahren für float-Zahlen

**LDBL_DIG**

Genauigkeit in Dezimalziffern für den Datentyp *long double*

LDBL_EPSILON

Kleinster long double-Zahlenwert x, für den gilt: 1.0 + x != 1.0

LDBL_MANT_DIG

Anzahl signifikanter Mantissenstellen beim Datentyp long double

LDBL_MAX

Größte darstellbare long-double-Zahl

LDBL_MAX_10_EXP

Größtes n, für das $10^n$ als long-double-Zahl darstellbar ist

LDBL_MAX_EXP

Größtes n, für das $(FLT\ RADIX)^n$-1 als long-double-Zahl darstellbar ist

LDBL_MIN

Kleinster darstellbarer positiver normalisierter long-double-Wert

LDBL_MIN_10_EXP

Kleinstes n, für das $10^n$ normalisiert als long-double-Zahl darstellbar ist

LDBL _MIN_ EXP

Kleinstes n, für das $(FLT\ RADIX)^{n-1}$ normalisiert als long-double-Zahl darstellbar ist

LDBL_RADIX

Basis der Exponententeils der long-double-Zahl (meistens 2)

LDBL_ROUNDS

Rundungsverfahren für long-double-Zahlen

**Definitionsdatei limits.h:  Eigenschaften von ganzen Zahlen**

In dieser Definitionsdatei sind Konstanten deklariert, die die Implementierungs-Eigenschaften der Gleitpunktzahlen beschreiben.

CHAR_BIT

Anzahl Bits eines Zeichens beim Datentyp char

CHAR_MAX

Maximaler Wert des Datentyps char *(UCHAR_MAX* oder *SCHAR_MAX)*

CHAR_MIN

Minimaler Wert des Datentyps char (0 oder *SCHAR MIN)*

INT_MAX

Vorzeichenbehaftet maximaler Wert des Datentyps int

**INT_MIN**

    Vorzeichenbehaftet minimaler Wert des Datentyps int

**LONG_MAX**

    Vorzeichenbehaftet maximaler Wert des Datentyps long int

**LONG_MIN**

    Vorzeichenbehaftet minimaler Wert des Datentyps long int

**MB_LEN_MAX**

    Maximale Bytezahl für ein Multibyte-Zeichen

**SCHAR_MAX**

    Maximaler Wert des Datentyps signed char

**SCHAR_MIN**

    Minimaler Wert des Datentyps signed char

**SHRT_MAX**

    Maximaler Wert des Datentyps short int

**SHRT_MIN**

    Minimaler Wert des Datentyps short int

**UCHAR_MAX**

    Maximaler Wert des Datentyps unsigned char

**UINT_MAX**

    Maximaler Wert des Datentyps unsigned int

**ULONG_MAX**

    Maximaler Wert des Datentyps unsigned long int

**USHRT_MAX**

    Maximaler Wert des Datentyps unsigned short int

**Definitionsdatei locale.h:  Länderspezifische Zeichen und Darstellungsformen**

In dieser Definitionsdatei sind länderspezifische Konstanten und Strukturen deklariert (z.B. Schreibweise von Gleitpunktzahlen mit Dezimalkomma und Datums-Schreibweise). Ferner ist eine Funktion deklariert, die zum Umschalten während des Programmlaufs dient.

```
struct lconv *localeconv(void);
```

    Setzt länderspezifische Formate (s. u.: struct lconv) und liefert einen Zeiger auf die aktuelle lokale Struktur zurück

```
char *setlocale(int kategorie, char *locale)
```

   Auswahl einer lokalen Variablen

Struktur lconv:

```
struct lconv
{
 char *decimal_point;       //Dezimalpunkt (num. Werte)
 char *mon_decimal_point;   //Dezimalpunkt für Geldbeträge
 char *grouping;            //Größe v. Dezimalgruppen (num.  Werte)
 char *mon_grouping;        //Größe v. Dezimalgruppen Geld)
 char *thousands_sep;       //Tausender-Trennzeichen(Geld)
 char *mon_thousands_sep;   //Tausender-Trennzeichen (num. Werte)
 char *currency_symbol;     //Währungssymbol nach ISO
 char *positive_sign;       //positives Vorzeichen (Geld)
 char *negative_sign;       //negatives Vorzeichen (Geld)
 char int_frac_digits;      //Zahl der Nachkommastellen (int. Geld)
 char frac_digits;          //Zahl der Nachkommastellen (lok. Geld)
 char p_sign_posn;          //Position Vorz. bei pos.Geldbeträgen
 char n_sign_posn;          //Position Vorz. bei neg.Geldbeträgen
 char p_cs_precedes;        //Position des Währungssymbols vor positiven Beträgen
 char n_cs_precedes;        //Position des Währungssymbols vor negativen Beträgen
 char p_sep_by_space;       //Leerzeichen zwischen Symbol und positivem Betrag
 char n_sep_by_space;       //Leerzeichen zwischen Symbol und negativem Betrag
};
```

Der genaue Inhalt dieser Definitionsdatei und die *locale*-Parameter, die der jeweilige Compiler unterstützt, entnehme man der Beschreibung des Compilers.

### Definitionsdatei math.h:  Mathematische Funktionen

Die zurückgelieferten Funktionswerte der in dieser Datei deklarierten mathematischen Funktionen sind stets vom Typ double.

Bei der Bearbeitung von mathematischen Funktionen treten zwei Arten von Fehlern auf: Werden einer Funktion unzulässige Argumente übergeben, tritt ein Argumentfehler auf. Ist der Absolutbetrag des Ergebnisses zu groß oder zu klein, um dargestellt zu werden, wird die Konstante HUGE_VAL mit dem richtigen Vorzeichen zurückgegeben; ist der Absolutbetrag des Ergebnisses zu klein, wird Null zurückgegeben. Für diese Fälle sind in der Definitionsdatei error.h die Konstanten EDOM und ERANGE vorgesehen. EDOM signalisiert ein ungültiges Argument und ERANGE, dass das Ergebnis der Funktion zu groß ist. Zusätzlich werden diese Konstanten im Fehlerfalle der Variablen errno zugewiesen.

```
HUGE_VAL
```

   Größter im double- oder long double-Format darstellbarer positiver Zahlenwert

```
double acos(double x);
```

   Arcuscosinus von x im Bereich [0,ð]

```
double asin(double x);
```

Arcussinus von x im Bereich [-ð/2, ð/2]

```
double atan(double x);
```

Arcustangens von x im Bereich [-ð/2, ð/2]

```
double atan2(double x, double y);
```

Arcustangens von x/y im Bereich [-ð, ð ]

```
double ceil(double x);
```

Aufrunden der Zahl x auf den nächsten ganzzahligen Wert größer oder gleich x, als Wert vom Typ double.

```
double cos(double x);
```

Cosinus von x (Argument im Bogenmaß)

```
double cosh(double x);
```

Cosinus Hyperbolicus von x

```
double exp(double x);
```

Exponentialfunktion $e^x$

```
double fabs(double x);
```

Absolut-Wert von x

```
double floor(double x);
```

Abrunden der Zahl x auf den nächsten ganzzahligen Wert kleiner oder gleich x, als Wert vom Typ double

```
double fmod(double x, double y);
```

Gleitpunktrest von x/y, mit dem gleichen Vorzeichen wie x

```
double frexp(double wert, int *exp);
```

Die Gleitpunktzahl wird in eine Mantisse und eine ganzzahlige Potenz von 2 zerlegt. Hat x den Wert Null, so sind beide Teile des Resultats Null.

```
double ldexp(double x, int n);
```

Berechnet $x*2^n$

```
double log(double x);
```

Natürlicher Logarithmus ln(x) mit x > 0

```
double log10(double x);
```

Logarithmus zur Basis 10: $\log_{10}(x)$ mit x > 0

```
double modf(double x, double *ganz);
```

Zerlegt x in Vor- und Nachkommateil (zum Beispiel - 5.3 = -5 + (-0.3)). Der Nachkommateil wird von der Funktion zurückgeliefert, der ganzzahlige Vorkommateil wird in *ganz* gespeichert.

```
double pow(double x, double y);
```

Berechnet $x^y$

```
double sin(double x);
```

Sinus von x (Argument im Bogenmaß)

```
double sinh(double x);
```

Sinus hyperbolicus von x

```
double sqrt(double x);
```

Quadratwurzel von x, (x > 0)

```
double tan(double x);
```

Tangens von x (Ardgument im Bogenmaß)

```
double tanh(double x);
```

Tangens hyperbolicus von x

### Definitionsdatei setjmp.h: Globale Sprünge

Diese Funktionen erlauben einen sofortigen Rücksprung aus verschachtelten Funktionsaufrufen.

```
jmp_buf
```

Feld-Datentyp zum Speichern eines Programmzustands

```
int setjmp(jmp_buf status);
```

Diese Funktion speichert den Status des aktuellen Tasks für einen späteren Aufruf von longjmp( ) in dem durch Status angegebenen Puffer

```
void longjmp(jmp_buf status, int wert);
```

Die Funktion springt an die Stelle des Programms, an der setjmp( ) ausgeführt wurde und stellt den beim Aufruf von setjmp( ) in der array-Variablen status gespeicherten Status des Tasks wieder her. *wert* ist der von setjmp( ) erzeugte Wert (war er 0, wird 1 eingesetzt).

### Definitionsdatei signal.h: Unterbrechungssignale

Funktionen zum Handling von Software-Signalen.

SIG_DFL

Die im System voreingestellte Fehlerbehandlung soll durchgeführt werden

SIG_IGN

Das Signal soll ignoriert und das Programm fortgesetzt werden

SIG_ERR

Konstante zum Anzeigen eines Fehlers bei der Ausführung von signal

```
void *signal(int sig, void (*funkt)(int)))(int);
```

Diese Funktion legt fest, wie ein Programm auf Software-Signale reagiert (das Standard-verhalten würde darin bestehen, das Programm zu beenden). Sie erwartet als erstes Argument den Signaltyp *sig* und dann einen Zeiger auf die Funktion *funkt* (Signalhandler) mit einem Argument vom Datentyp int und dem Rückgabe-Datentyp void. Als Funktion können auch die beiden vordefinierten Signalhandler SIG_DFL (im System voreingestellte Fehlerbehandlung) oder SIG_IGN (das Signal soll ignoriert werden) durchgeführt werden.

Die Funktion signal( ) liefert SIG_ERR, wenn ein Fehler auftritt.

Für sig können die folgenden Signaltypen verwendet werden:

SIGABRT
abnormaler Programmende-Abbruch, zum Beispiel durch Aufruf von *abort*

SIGFPE
Arithmetischer Fehler bei Gleitkommarechnung, (z.B. Division durch Null oder Über-lauf)

SIGILL
Ungültiger Befehl

SIGINT
Unterbrechung durch Strg+Break- oder Strg+C-Tastendruck

SIGSEGV
Unerlaubter Speicherzugriff (Speicherschutzverletzung)

SIGTERM
Aufforderung zum Beenden des Programms

Die Generierung dieser Signale ist teilweise Betriebssystem-abhängig.

```
int raise(int sig);
```

Mit der Funktion raise lassen sich Software-Signale vom Typ *sig* an das Programm senden. Sie liefert bei Auftreten eines Fehlers einen von Null verschiedenen Wert, sonst Null.

**Definitionsdatei stdarg.h: Behandlung von Funktionen mit variabler Parameterzahl**

```
va_list
```

Datentyp für Variablen, die auf die Parameterliste zeigen

```
void va_start(va_list listen_zeiger,
              letzter_parameter);
```

Dieses Makro setzt *listen_zeiger* auf den ersten Parameter der Liste. Als letzter_parameter ist der Name des letzten Parameters der Parameterliste der Funktion anzugeben.

```
datentyp va_arg(va_list listen_zeiger, datentyp);
```

Dieses Makro liefert den nächsten Parameter der Liste mit dem angegebenen Datentyp *datentyp*.

```
void va_end(va_list listen zeiger);
```

Dieses Makro wird nach Abarbeitung aller Parameter einmal zur Endebehandlung aufgerufen.

### Definitionsdatei stddef.h: Allgemeine Deklarationen

In dieser Datei sind einige Datentypen deklariert.

ptrdiff_t

Ganzzahl-Datentyp für das Ergebnis der Subtraktion zweier Zeiger.

size_t

Vorzeichenloser Ganzzahl-Datentyp, z.B. verwendet vom sizeof-Operator.

wchar_t

Vorzeichenloser Short-Ganzzahldatentyp zur Darstellung großer – z.B. asiatischer – Zeichensätze.

NULL

Nullzeiger ( = binäre Null).

```
offsetof(strukturtyp, struktur_komponente);
```

Liefert den Offset der angegebenen *struktur_komponente* in Bytes vom Beginn des *strukturtyps*.

### Definitionsdatei stdio.h: Ein- und Ausgabe

In dieser Datei sind alle Ein- und Ausgabe-Funktionen sowie die benötigten Datentypen und Konstanten deklariert.

FILE

Struktur-Datentyp, der Dateiinformationen enthält und bei allen Dateioperationen verwendet wird.

fpos_t

Datentyp, mit dem Positionen in einer Datei gespeichert werden können.

size_t

vorzeichenloser Ganzzahl-Datentyp, z.B. verwendet vom sizeof-Operator.

BUFSIZ

Standardgröße von Datei-Puffern in Byte (512 ).

EOF

Negative Ganzzahl; dient zum Erkennen des Dateiendes.

FILENAME_MAX

Maximale Länge von Dateinamen – inklusive '\0'.

FOPENMAX

Maximale Zahl von Dateien, die bei einem Prozess gleichzeitig geöffnet sein dürfen – inklusive der drei Standard-Dateien stdin, stdout und stderr.

L_tmpnam

Maximale Länge von temporären Dateinamen.

NULL

Nullzeiger ( = binäre Null).

SEEK_CUR

Argument für fseek( ); Positionierung relativ zur aktuellen Position.

SEEK_END

Argument für fseek( ); Positionierung relativ zum Dateiende.

SEEK_SET

Argument für fseek( ); Positionierung relativ zum Dateianfang.

TMP_MAX

Maximalzahl von der Funktion tmpnam( ) erzeugbarer Namen für temporäre Dateien.

_IOFBF

Argument für setvbuf; bewirkt volle Pufferung.

_IOLBF

Argument für setvbuf; bewirkt Zeilen-Pufferung.

_IONBF

Argument für setvbuf; bewirkt keine Pufferung.

stderr

Standard-Fehlerausgabe (normalerweise zum Bildschirm).

stdin

Standard-Eingabe (normalerweise von der Tastatur).

stdout

Standard-Ausgabe (normalerweise zum Bildschirm).

```
void clearerr(FILE *dateizeiger);
```

Setzt die Datenende- und Fehler-Flags für *dateizeiger* zurück.

```
int fclose(FILE *dateizeiger);
```

Schließt die Datei *dateizeiger* - nach Schreiben des Dateipuffers.

```
int feof(FILE *dateizeiger);
```

Prüft, ob das Ende der Datei *dateizeiger* erreicht ist.

```
int ferror(FILE *dateizeiger);
```

Prüft, ob bei einer Operation mit der Datei *dateizeiger* ein Fehler aufgetreten ist.

```
int fflush(FILE *dateizeiger);
```

Schreibt den zu *dateizeiger* gehörenden Dateipuffer in die Datei.

```
int fgetc(FILE *dateizeiger);
```

Liest das nächste Zeichen aus der mit Datei *dateizeiger*.

```
int fgetpos(FILE *dateizeiger, fpos_t *pos_zeiger);
```

Ermittelt die aktuelle Position des Dateizeigers und speichert sie in *pos_zeiger*.

```
char *fgets(char *zeichenkette, int n, FILE
              *dateizeiger);
```

Liest die nächsten n-1 Zeichen aus der Datei und schreibt sie in den String *zeichenkette*.

```
FILE *fopen(const char *datei_name, const char
              *modus);
```

Öffnet die Datei *datei_name* mit dem angegebenen Modus.

```
int fprintf(FILE *dateizeiger, const char *formatstring,  ...);
```

Schreibt formatiert in die zu *dateizeiger* gehörende Datei.

```
int fputc(int zeichen, FILE *dateizeiger);
```

Schreibt *zeichen* in die zu *dateizeiger* gehörende Datei.

```
int fputs(const char *zeichenkette, FILE          *dateizeiger);
```

Schreibt *zeichenkette* in die zu *dateizeiger* gehörende Datei.

```
size_t fread(void *zeiger, size_t groesse, size_t
              anzahl, FILE *dateizeiger);
```

Liest *anzahl* Datenelemente der Größe *groesse* (Bytes) aus der zu *dateizeiger* gehörenden Datei in den Speicherbereich, auf den *zeiger* zeigt.

```
FILE *freopen(const char *dateiname, const char *modus, FILE
*dateizeiger);
```

Ordnet *dateizeiger* eine andere Datei (*dateiname*) zu und schließt die ursprüngliche Datei.

```
int fscanf(FILE *datei_zeiger, const char *formatstring, ...);
```

Formatiertes Lesen aus der zu *dateizeiger* gehörende Datei.

```
int fseek(FILE *dateizeiger, long int anzahl, int art);
```

Setzt den Dateizeiger auf eine neue Position, die *anzahl* Bytes von der durch *art* gegebenen Dateiposition entfernt ist. *art* muss eine der drei folgenden Positionen sein: SEEK_SET, SEEK_CUR oder SEEK_END.

```
int fsetpos(FILE *dateizeiger, const fpos_t *pos_zeiger);
```

Setzt den Dateizeiger auf die durch pos_zeiger gegebene neue Position.

```
long int ftell(FILE *dateizeiger);
```

Liefert die Position des Dateizeigers in Bytes relativ zum Anfang der Datei.

```
size_t fwrite(const void *zeiger, size_t groesse,
              size_t anzahl, FILE *dateizeiger);
```

Fügt *anzahl* Datenelemente der Größe *groesse* (Bytes) aus dem Speicherbereich, auf den *dateizeiger* zeigt, an die zu *dateizeiger* gehörende Datei an.

```
int getc(FILE *dateizeiger);
```

Liest ein Zeichen aus der Datei auf die *dateizeiger* zeigt.

```
int getchar(void);
```

Liest ein Zeichen aus stdin.

```
char *gets(char *zeichenkette);
```

Liest einen String aus stdin.

```
void perror(const char *zeichen_kette);
```

Gibt eine Fehlermeldung an stderr aus.

```
int printf(const char *formatstring), ...);
```

Gibt formatiert an stdout aus.

```
int putc(int zeichen, FILE *dateizeiger);
```

putc ist äquivalent zu fputc.

```
int putchar(int zeichen);
```

Gibt ein Zeichen an stdout aus.

```
int puts(const char *zeichenkette);
```

Gibt einen String an stdout aus.

```
int remove(const char *dateiname);
```

Löscht die Datei dateiname.

```
int rename(const char *alter_name, const char
          *neuer_name);
```

Ändert den Namen der Datei *alter_name* in *neuer_name*.

```
void rewind(FILE *dateizeiger);
```

Setzt den Dateizeiger auf den Dateianfang.

```
int scanf(const char *formatstring, ...);
```

Liest formatiert aus stdin.

```
void setbuf(FILE *dateizeiger, char *puffer);
```

Ordnet der Datei *dateizeiger* den Puffer zu, auf den *puffer* zeigt, anstelle des automatisch vergebenen Puffers.

```
int setvbuf(FILE *dateizeiger, char *puffer, int
           modus, size_t groesse);
```

Ordnet der Datei dateizeiger den Puffer zu, auf den *puffer* zeigt, anstelle des automatisch vergebenen Puffers. Zusätzlich muss einer der Modi _IOFBF,_ IOLBF,_IONBF vorgegeben werden.

```
int sprintf(char *zeichenkette,const char *formatstring, ... );
```

Formatierte Ausgabe einer Zeichenkette in den String zeichenkette; Abschluss mit '\0'.

```
int sscanf(char *zeichenkette,const char *formatstring, ...);
```

Liest formatiert aus einem String.

```
FILE *tmpfile(void);
```

Öffnet eine temporäre Datei im binären Modus w+b.

```
char *tmpnam(char *zeichenkette);
```

Erzeugt bei jedem Aufruf eine neue Zeichenkette, die Name einer existierenden Datei ist.

```
int ungetc(int zeichen, FILE *dateizeiger);
```

Stellt ein gelesenes *zeichen* wieder in die Datei *dateizeiger* zurück.

```
int vfprintf(FILE *dateizeiger, const char *formatstring,va_list
listen_zeiger);
```

Formatiertes Schreiben in eine Datei. Wie fprintf, jedoch wird statt einer Parameterliste ein Zeiger auf eine Parameterliste übergeben.

```
int vprintf(const char *formatstring, va_list
           listen_zeiger);
```

Formatierte Ausgabe an stdout. Gleichwertig zu printf, jedoch wird statt einer Parameterliste ein Zeiger auf eine Parameterliste übergeben.

```
int vsprintf(char *zeichenkette, const char
             *formatstring,va_list listen_zeiger);
```

Formatierte Ausgabe in einen String. Gleichwertig zu sprintf, jedoch wird statt einer Parameterliste ein Zeiger auf eine Parameterliste übergeben.

**Definitionsdatei stdlib.h: Allgemeine Funktionen**

In dieser Definitionsdatei sind Funktionen zur Zahlenkonvertierung, zur Speicherverwaltung und zur Erzeugung von Zufallszahlen definiert.

size_t

Vorzeichenloser Ganzzahl-Datentyp, z.B. verwendet vom sizeof-Operator.

wchar_t

Vorzeichenloser Short-Ganzzahldatentyp zur Darstellung großer – z.B. asiatischer – Zeichensätze.

div_t

Struktur-Datentyp zur Aufnahme von ganzzahligem Ergebnis und Rest bei Ganzzahl-Division.

ldiv_t

Struktur-Datentyp zur Aufnahme von ganzzahligem Ergebnis und Rest beiGanzzahl-Division von long int-Zahlen.

NULL

Nullzeiger ( = binäre Null).

EXIT_SUCCESS

Statuswert für erfolgreiche Beendigung eines Programms.

EXIT_FAILURE

Statuswert für nicht erfolgreiche Beendigung eines Programms.

RAND_MAX

Maximaler Rückgabewert der Funktion rand( ).

MB_CUR_MAX

Maximale Byte-Anzahl in einem Vielbyte-Zeichen.

```
void abort(void);
```

Abnormale Beendigung des Programms.

```
int abs(int zahl);
```

Liefert den Absolutwert von *zahl*.

```
int atexit(void (*funktion) (void));
```

Trägt die Funktion *funktion* in die Liste der Funktionen ein, die bei normaler Beendigung des Programms noch auszuführen sind.

```
double atof(const char *zeichenkette);
```

Konvertiert die in *zeichenkette* stehende Zahl in eine Gleitkommazahl vom Typ double.

```
int atoi(const char *zeichenkette);
```

Konvertiert eine in *zeichenkette* dargestellte Ganzzahl in einen Wert vom Typ int.

```
long atol(const char *zeichen kette);
```

Konvertiert eine in *zeichenkette* dargestellte Ganzzahl in einen Wert vom Typ long int.

```
void *bsearch(const void *schluessel, const void
     *tabelle,size_t anzahl, size_t groesse, int
     (*vergleichen)(const void *element1, const
     void *element2));
```

Binäre Suche in einem Feld, das sortiert ist. Durchsucht das Feld *tabelle* - bestehend aus *anzahl* Elementen der Größe *groesse* - nach einem Element, dessen Wert gleich *\*schluessel* ist.

Die vom Programmierer zu schreibende Funktion *vergleichen* muss einen negativen Wert liefern, wenn element1 kleiner als ihr element2 ist, Null, wenn beide gleich sind und ansonsten einen positiven Wert. bsearch liefert einen Zeiger auf das gefundene Element oder NULL, wenn es nicht existiert.

```
void *calloc(size_t anzahl, size_t groesse);
```

Reserviert einen Speicherbereich für *anzahl* Objekte der Größe *groesse* ; reserviert und initialisiert die bereitgestellten Bytes mit Null.

```
div_t div(int x, int y);
```

Liefert ganzzahliges Ergebnis und ganzzahligen Rest der Division von *x* durch *y* als Komponenten der Struktur div_t.

```
void exit(int Status);
```

Beendet das Programm.

```
void free(void *zeiger);
```

Gibt den Bereich frei, auf den *zeiger* zeigt.

```
char *getenv(const char *name);
```

Liest die zu *name* gehörenden System-Umgebungsvariablen (Environment).

```
long int labs(long int zahl);
```

Liefert den Absolutwert der long int-Variablen *zahl*.

```
ldiv_t ldiv (long int x, long int y);
```

Liefert long int-Ergebnis und long-int-Rest der Division von x durch y als Komponenten der Struktur ldiv_t.

```
void *malloc(size_t groesse);
```

Stellt einen Speicherbereich von *groesse* Bytes zur Verfügung, liefert NULL, wenn die geforderte Speichergröße nicht zur Verfügung gestellt werden kann.

```
int mblen(const char *zeiger, size_t laenge);
```

Liefert die Anzahl Bytes, aus denen das Multibyte-Zeichen *zeiger* besteht. *anzahl* legt fest, wieviel Bytes maximal überprüft werden.

```
size_t mbstowcs(wchar_t *array_zeiger, const char
            *zeiger, size_t anzahl);
```

Konvertiert – höchstens *anzahl* Zeichen – der Multibyte-Zeichenkette *zeiger* in ein array vom Typ wchar_t.

```
int mbtowc(wchar t *multibyte_zeiger, const char
            *zeiger,size_t laenge);
```

Konvertiert das Multibyte-Zeichen auf das *zeiger* zeigt, in ein Zeichen vom Typ wchar_t.

```
void qsort(void *tabelle, size_t anzahl, size_t
            groesse,int(*vergleichen) (const void *,
            const void *);
```

Sortiert das Feld *tabelle* - bestehend aus *anzahl* Elementen der Größe *groesse* - nach dem Quick-sort Algorithmus. Die vom Anwender zu schreibende Funktion *vergleichen* muss einen negativen Wert liefern, wenn ihr erstes Argument kleiner als ihr zweites Argument ist, Null, wenn beide gleich sind, und sonst einen positiven Wert.

```
int rand(void);
```

Liefert eine ganzzahlige Pseudo-Zufallszahl im Bereich von 0 bis RAND_MAX.

```
void *realloc(void *zeiger, size_t groesse);
```

Ändert die Größe eines zur Verfügung gestellten Speicherbereichs, auf den *zeiger* zeigt, in die neue Größe *groesse*.

```
void srand(unsigned int startwert);
```

Initialisiert den Zufallsgenerator mit *startwert*.

```
double strtod(const char *zeichenkette, char **rest);
```

Konvertiert den String *zeichenkette* in eine double-zahl. Das erste nicht mehr als Teil einer double-Zahl interpretierbare Zeichen beendet die Umwandlung.

```
long int strtol(const char *zeichenkette, char
            **rest, int basis);
```

Konvertiert die im String *zeichenkette* im Zahlensystem mit der Basis *basis* dargestellte Zahl in eine long int-Zahl um. Das erste nicht mehr als Teil einer double-Zahl interpretierbare Zeichen beendet die Umwandlung.

```
unsigned long int strtoul(const char *zeichenkette,
                          char **rest, int basis);
```

Arbeitet wie strtol, jedoch wird die übergebene Zahl als vorzeichenlose Ganzzahl (unsigned long int) interpretiert.

```
int system(const char *zeichenkette);
```

Ruft den Kommandointerpreter command.com auf und übergibt *zeichenkette* als Kommandozeile.

```
size_t wcstombs(char *multibytekette,const wchar_t
                *zeichenkette, size_t anzahl);
```

Konvertiert max. Anzahl Zeichen des arrays *zeichenkette* in ein String aus Multibyte-Zeichen (*multibytekette*).

```
int wctomb(char *multibytezeichen,wchar_t zeichen);
```

Konvertiert *zeichen* in ein Multibyte-Zeichen.

**Definitionsdatei string.h:  Bearbeitung von Speicherbereichen und  Zeichenketten**

```
size_t
```

vorzeichenloser Ganzzahl-Datentyp, z.B. verwendet vom sizeof-Operator. NULL

Nullzeiger ( = binäre Null).

```
void *memchr(const void *puffer, int zeichen,            size_t
anzahl);
```

Sucht in *anzahl* Bytes des Speicherpuffers *puffer* nach *zeichen*; liefert NULL bei Nichtvorkommen des Zeichens.

```
int memcmp(const void *s1, const void *s2,
           size_t anzahl);
```

Vergleicht die ersten anzahl Zeichen (Typ unsigned char) zweier Datenblöcke (*s1* und *s2*).

```
void *memcpy(void *ziel, const void *quelle,
             size_t anzahl);
```

Kopiert *anzahl* Zeichen von *quelle* nach *ziel*.

```
void *memmove(void *ziel, const void *quelle,
              size_t anzahl);
```

Wie memcpy, jedoch werden Überlappungen von Quell- und Zielgebiet automatisch berücksichtigt.

```
void *memset(void *s, int zeichen, size_t anzahl);
```

Setzt die ersten *anzahl* Zeichen von *s* auf den Wert *zeichen*.

```
char *strcat(char *ziel, const char *quelle);
```

Hängt die Zeichenkette *quelle* an die Zeichenkette *ziel* an.

```
char *strchr(const char *zeichenkette,int zeichen);
```

Sucht in *zeichenkette* das erste Auftreten von *zeichen*; liefert NULL, wenn das Zeichen in zeichenkette nicht vorkommt.

```
int strcmp(const char *zeichenkette1,
           const char *zeichenkette2);
```

Vergleicht *zeichenkette1* mit *zeichenkette2*.

```
int strcoll(const char *zeichenkette1,
            const char * zeichenkette2);
```

Wie strcmp, jedoch werden die mit setlocale definierten Vergleichsregeln verwendet.

```
char *strcpy(char *ziel, const char *quelle);
```

Kopiert alle den Inhalt des Quellstrings *quelle* (einschließlich abschließendes '\0') in den durch *ziel* angegebenen Speicherbereich.

```
size_t strcspn(const char *zeichenkette1,
               const char *zeichenkette2);
```

Liefert die Länge des Teilstrings von zeichenkette1 zurück, das keines der Zeichen von zeichenkette2 enthält.

```
char *strerror(int fehlernummer);
```

Liefert einen Zeiger auf den zu *fehlernummer* gehörenden Fehlerstring (Fehlermeldung).

```
size_t strlen(const char *zeichenkette);
```

Ermittelt die Länge von zeichenkette (ohne '\0'!).

```
char *strncat(char *ziel, const char *quelle,
              size_t anzahl);
```

Hängt maximal *anzahl* Zeichen der Zeichenkette *quelle* an *ziel* an und hängt '\0' an *ziel* an.

```
int strncmp(const char *zeichenkette1, const char
            *zeichenkette2, size_t anzahl);
```

Vergleicht die ersten *anzahl* Zeichen von *zeichenkette1* und *zeichenkette2* miteinander.

```
char *strncpy(char* ziel, const char *quelle, size_t anzahl);
```

Kopiert die ersten *anzahl* Zeichen von *quelle* nach *ziel*; falls *quelle* weniger Zeichen hat als *anzahl*, wird *ziel* mit '\0' aufgefüllt.

```
char *strpbrk(const char *zeichenkette,
              const char * liste);
```

Sucht *zeichenkette* nach dem ersten Vorkommen eines Zeichens aus *liste* ab.

```
char *strrchr(const char *zeichenkette,
              int zeichen);
```

Sucht *zeichenkette* auf das letzte Vorkommen von *zeichen* (einschließlich '\0') ab.

```
size_t strspn(const char *zeichenkette,
              const char * liste);
```

Ermittelt, mit dem ersten Zeichen von *zeichenkette* beginnend, die Länge des Teilstrings, das nur aus Zeichen besteht, die in *liste* vorkommen.

```
char *strstr(const char *zeichenkette1, const char *zeichenkette2);
```

Sucht das erste Vorkommen von *zeichenkette2* in *zeichenkette1*..

```
char *strtok(char *zeichenkette, const char *liste);
```

Zerlegt *zeichenkette* in ein oder mehrere Teilstrings, die durch jeweils eines der in *liste* vorgegebenen Zeichen beendet werden, wobei jeder Aufruf von strtok einen Zeiger auf ein Teilstring liefert. Die gefundenen Zeichen werden als Stringende-Zeichen interpretiert und durch '\0' ersetzt.

```
size_t strxfrm(char *ziel, const char *quelle,
               size_t anzahl);
```

Wandelt *anzahl* Zeichen der Zeichenkette *quelle* entsprechend den durch setlocale definierten Regeln um und speichert sie in *ziel*

**Definitionsdatei time.h:  Behandlung von Datum und Uhrzeit**

```
clock_t
```

Long-int-Datentyp zum Messen von Systemzeiten.

```
size_t
```

Vorzeichenloser Ganzzahl-Datentyp, z.B. verwendet vom sizeof-Operator.

```
time_t
```

Long-int Datentyp für Datums- und Zeitangaben.

```
struct_tm
```

Struktur-Datentyp, mit dem Zeit- und Datumsangaben gespeichert werden können.

```
NULL
```

Nullzeiger ( = binäre Null).

```
CLOCKS_PER_SEC
```

Anzahl von clock Einheiten pro Sekunde.

```
char *asctime(const struct_tm *zeit);
```

Konvertiert mit der Strukturvariablen *zeit* übergebenes Datum und Uhrzeit in eine Zeichenkette der Form: Mon Aug 17 2:45:25 2002'\n'\0'.

```
clock_t clock(void);
```

Liefert die CPU-Zeit (Timer), die das Programm seit seinem Start verbraucht hat. Die Berechnung clock( )/CLOCKS_PER_SEC ergibt die Zeit in Sekunden.

```
char *ctime(const time_t *zeit);
```

Konvertiert die mit Datentyp time_t (z.B. mit der Funktion time( ) ) übergebene Datums- und Zeitangabe *zeit* in eine Zeichenkette der Form: Mon Aug 17 2:45:25  2002'\n'\0'. ctime ist identisch mit dem Aufruf asctime(localtime(&zeit)).

```
double difftime(time_t zeitl, time_t zeit2);
```

Berechnet die Differenz zwischen zwei Zeitangaben in Sekunden.

```
struct_tm *gmtime(const time_t *zeit);
```

Konvertiert die mit Datentyp time_t (z.B. mit der Funktion time( ) ) übergebene Datums- und Zeitangabe *zeit* in GMT – neue Bezeichnung UT (Universal Time).

```
struct_tm *localtime(const time_t *zeit);
```

Konvertiert die mit *\*zeit* übergebene Datums- und Zeitangabe in die Ortszeit.

```
time_t mktime(struct_tm *zeit);
```

Konvertiert die mit der Struktur struct tm übergebene Zeit *zeit* in das Kalenderformat time_t. Sie ist das Gegenstück zur Funktion localtime( ).

```
size_t strftime(char *zeichenkette, size_t anzahl,
const char *formatstring, const struct_tm *zeit);
```

Formatiert die mit struct tm *zeit* übergebene Uhrzeit entsprechend der in *formatstring* gegebenen Formatierungsanweisungen in maximal *anzahl* Zeichen um und schreibt sie in *zeichenkette*.

```
time_t time(time_t *zeit);
```

Liefert die aktuelle Systemzeit und das Datum.

## A.3 ASCII-Code

Im Inneren eines Computers können nur Zahlen - genauer gesagt - Dualzahlen gespeichert und verarbeitet werden. Allen Buchstaben und Sonderzeichen der Tastatur müssen daher, wenn man sie in Computer verarbeiten will, Dualzahlen zugeordnet werden.

Eine umkehrbar eindeutige Zuordnung von zwei Zeichenmengen bezeichneten man als Codierung, die Zuordnungsvorschrift als Code. Die grafische Darstellung sieht folgendermaßen aus:

$$
\begin{pmatrix} a \\ \vdots \\ z \end{pmatrix} \leftrightarrow \begin{pmatrix} 0...1 \\ \vdots \\ 1...1 \end{pmatrix}
$$

Abb. A.1    Zeichenmenge A        Zeichenmenge B

Für die Datenverarbeitung mit Computern werden heute fast ausschließlich zwei genormte Codes verwendet: Im Bereich der Groß-Computer der EBCDI-Code (Extended BCD-Information Code) und im PC-Bereich derASCII-Code (American Standard Code for Information Interchange). Die folgende Tabelle A.1 stellt den ASCII Code dar.

| 6 5 4<br>Bit<br>3 2 1 0 | 0 0 0 | 0 0 1 | 0 1 0 | 0 1 1 | 1 0 0 | 1 0 1 | 1 1 0 | 1 1 1 |
|---|---|---|---|---|---|---|---|---|
| 0 0 0 0 | NUL<br>$0  0 | DLE<br>$10 16 | SP<br>$20 32 | 0<br>$30 48 | @<br>$40 64 | P<br>$50 80 | `<br>$60 96 | p<br>$70 112 |
| 0 0 0 1 | SOH<br>$1  1 | DC1<br>$11 17 | !<br>$21 33 | 1<br>$31 49 | A<br>$41 65 | Q<br>$51 81 | a<br>$61 97 | q<br>$71 113 |
| 0 0 1 0 | STX<br>$2  2 | DC2<br>$12 18 | "<br>$22 34 | 2<br>$32 50 | B<br>$42 66 | R<br>$52 82 | b<br>$62 98 | r<br>$72 114 |
| 0 0 1 1 | ETX<br>$3  3 | DC3<br>$13 19 | #<br>$23 35 | 3<br>$33 51 | C<br>$43 67 | S<br>$53 83 | c<br>$63 99 | s<br>$73 115 |
| 0 1 0 0 | EOT<br>$4  4 | DC4<br>$14 20 | $<br>$24 36 | 4<br>$34 52 | D<br>$44 68 | T<br>$54 84 | d<br>$64 100 | t<br>$74 116 |
| 0 1 0 1 | ENQ<br>$5  5 | NAK<br>$15 21 | %<br>$25 37 | 5<br>$35 53 | E<br>$45 69 | U<br>$55 85 | e<br>$65 101 | u<br>$75 117 |
| 0 1 1 0 | ACK<br>$6  6 | SYN<br>$16 22 | &<br>$26 38 | 6<br>$36 54 | F<br>$46 70 | V<br>$56 86 | f<br>$66 102 | v<br>$76 118 |
| 0 1 1 1 | BEL<br>$7  7 | ETB<br>$17 23 | '<br>$27 39 | 7<br>$37 55 | G<br>$47 71 | W<br>$57 87 | g<br>$67 103 | w<br>$77 119 |
| 1 0 0 0 | BS<br>$8  8 | CAN<br>$18 24 | (<br>$28 40 | 8<br>$38 56 | H<br>$48 72 | X<br>$58 88 | h<br>$68 104 | x<br>$78 120 |
| 1 0 0 1 | HT<br>$9  9 | EM<br>$19 25 | )<br>$29 41 | 9<br>$39 57 | I<br>$49 73 | Y<br>$59 89 | i<br>$69 105 | y<br>$79 121 |
| 1 0 1 0 | LF<br>$A  10 | SUB<br>$1A 26 | *<br>$2A 42 | :<br>$3A 58 | J<br>$4A 74 | Z<br>$5A 90 | j<br>$6A 106 | z<br>$7A 122 |
| 1 0 1 1 | VT<br>$B  11 | ESC<br>$1B 27 | +<br>$2B 43 | ;<br>$3B 59 | K<br>$4B 75 | [ Ä<br>$5B 91 | k<br>$6B 107 | { ä<br>$7B 123 |
| 1 1 0 0 | FF<br>$C  12 | FS<br>$1C 28 | ,<br>$2C 44 | <<br>$3C 60 | L<br>$4C 76 | \ Ö<br>$5C 92 | l<br>$6C 108 | l ö<br>$7C 124 |
| 1 1 0 1 | CR<br>$D  13 | GS<br>$1D 29 | -<br>$2D 45 | =<br>$3D 61 | M<br>$4D 77 | ] Ü<br>$5D 93 | m<br>$6D 109 | } ü<br>$7D 125 |
| 1 1 1 0 | SO<br>$E  14 | RS<br>$1E 30 | .<br>$2E 46 | ><br>$3E 62 | N<br>$4E 78 | ^<br>$5E 94 | n<br>$6E 110 | ~ ß<br>$7E 126 |
| 1 1 1 1 | SI<br>$F  15 | US<br>$1F 31 | /<br>$2F 47 | ?<br>$3F 63 | O<br>$4F 79 | _<br>$5F 95 | o<br>$6F 111 | DEL<br>$7F 127 |

Tab. A.1    ASCII-Code

## A.4 Gleitkomma-Arithmetik

Bisher wurden Zahlen als Integerzahlen bzw. Zahlen mit definierter Vorkomma-, bzw. Nach-komma-Stellenzahl (Fixpunktzahlen) verarbeitet. Diese Zahldarstellung reicht im kommerzi-ellen Bereich aus - sie lässt sich noch dadurch besonders einfach gestalten, dass man z.B. intern mit Bruchteilen der Einheit (z.B. mit Pfennigen) arbeitet und extern das Komma an die richtige Stelle druckt.

Im wissenschaftlichen Anwendungsbereich treten jedoch Zahlen über einen Bereich von ca. $10^{-24}$ bis $10^{+24}$ auf. Ihre Verarbeitung würde einen nicht vertretbaren Aufwand an Speicher-platz erfordern (hier: 48 Stellen pro Zahl $\approx$ 160 Bits pro Zahl).

Daher geht man hier zur Gleitkomma-(Gleitpunkt-)Darstellung über (englisch: Floating-Point-Arithmetic)

Dazu wird jede Zahl in ein Produkt von zwei Komponenten zerlegt: Eine Gleitpunktzahl und eine Potenz von 10. Das ist eine einfache und mathematisch korrekte Vorgehensweise:

z.B.:    $34500 = 3,45 * 10^4 = 0,345 * 10^5$    oder:

$0,000456 = 0,456 * 10^{-3} = 4,56 * 10^{-4}$

Um eine einheitliche Zahlendarstellung zu bekommen, verwendet man normierte Darstellun-gen: Man wandelt die vorgegebene Zahl entweder so um, dass vor dem Komma (Punkt) eine Null steht:

$\pm 0,XX...X * 10^{\pm Y..Y}$

oder **genau eine** von Null verschiedene Ziffer:

$\pm X,XX...X * 10^{\pm Y..Y}$

Will man diese Zahl im Computer abspeichern, braucht man das Komma bzw. den Punkt und bei der ersten Darstellungsart die Vorkommastelle nicht abzuspeichern. Der Computer kann diese Zeichen nach dem Lesen aus dem Speicher und vor dem Übertragen ins Rechenwerk ergänzen.

Bei der Verarbeitung von Gleitkommazahlen im Computer wird der Exponent zur Basis 2 berechnet und gespeichert.

Das Speicherformat sieht dann folgendermaßen aus:

$$\boxed{V_M \; X \ldots X \, X \; V_E \; Y \ldots Y}$$

Die mit X dargestellten Ziffern bilden die sogenannte **Mantisse**, $V_M$ ist das Vorzeichen der Mantisse und damit der Gesamtzahl. Die mit Y gekennzeichneten Ziffern bilden den Expo-nenten der Zweierpotenz. $V_E$ ist das Vorzeichen des Exponenten. Beide zusammen werden auch als **Charakteristik** bezeichnet.

Will man Speicherplatz sparen, kann man durch einen einfachen mathematischen Trick dafür sorgen, dass das Vorzeichen immer positiv ist und daher im Speicher weggelassen werden kann.

Möchte man z.B. den Exponenten-Bereich auf -50 bis + 49 festlegen, so kann man durch einfaches Addieren von 50 zum Exponenten – vor Abspeichern der Zahl – den Exponenten-Bereich auf 0 bis + 99 verschieben: Aus $2^{-50}$ wird $2^{00}$ und aus $2^{+49}$ wird $2^{99}$.

Auf diese Art kommt man im Zehnersystem mit zwei Stellen für den Exponenten aus. Diese Speicherersparnis muss man leider mit niedrigerer Rechengeschwindigkeit bezahlen, denn beim Datenaustausch zwischen Speicher und Rechenwerk muss in beiden Richtungen diese Korrektur vorgenommen werden.

Häufig werden bei den Exponenten nur positive Werte abgespeichert. Man erreicht dies, indem man vor dem Abspeichern zu dem Exponenten eine Zahl addiert. Verwendet man z.B. einen Zahlenbereich von $-127$ bis $+128$ für den Exponenten, so erhält man durch Addition von 127 einen transfomierten Exponentenbereich von 0 bis +255 (zur Speicherung eines solchen Exponenten benötigt man 8 Bit). Man bezeichnet die auf den Exponenten addierte Zahl als Offset (englisch: bias).

Damit ergibt sich das folgende vereinfachte Speicherformat (das Exponenten-Vorzeichen entfällt):

$$\boxed{V_M \: X \: X \: ... \: X \: Y..Y}$$
Mantisse  Exponent

## A.4.1  Rechnen mit Gleitkommazahlen

Die Multiplikation und die Division von Gleitkommazahl lässt sich sehr einfach durchführen, z.B.:

$0,23*10^7 * 0,45*10^3 = 0,1035*10^{10}$ $\qquad$ $0,45*10^{12} : 0,34*10^7 = 1,324*10^5$

Also Multiplikation der Mantissen und Addition der Exponenten.

Die Addition und Subtraktion von Gleitkommazahlen lässt sich nicht so einfach durchführen. Es können nur Zahlen mit gleichem Exponent addiert bzw. subtrahiert werden. Wenn die Exponenten der beiden Zahlen nicht übereinstimmen, muss vorab eine Angleichung vorgenommen werden, z.B.:

$0,23*10^6 + 0,56*10^4 = ?$

Nach Angleichen der Exponenten ergibt sich:

$0,23*10^6 + 0,0056*10^6 = 0,2356*10^6$

Um eine einheitliche Behandlung aller Gleitkomma-Operationen zu gewährleisten, wurde die Gleitkomma-Darstellung nach Norm IEEE P754 genormt. Diese Norm wird im Folgenden Abschnitt beschrieben.

## A.4.2  Gleitkommadarstellung nach Norm IEEE P754

Die Norm unterstützt zwei Darstellungsformate:

- **Einfache Genauigkeit (Single Precision)**

  Normierte Darstellung: **1.XX ... X** mit X = 0 oder 1 und Offset +7Fh = +127.

Die maximal bzw. minimal in diesem Format darstellbaren Zahlen sind:

Maximale positive Zahl: $2^{127} = 3.4*10^{38}$

Minimale positive Zahl: $2^{-126} = 1.2*10^{-38}$

Das Speicherformat der Zahl sieht folgendermaßen aus:

| 31 | 30 | 23 | 22 | 0 |
|---|---|---|---|---|
| $V_M$ | Exponent (8 Bit) | | Mantisse (23 Bit) | |

Die möglichen Wertebereiche zeigt die folgende Tabelle A.2.

| Exponent | Mantisse | Wert | Bezeichnung |
|---|---|---|---|
| 0 | Null | $(-1)^{Vz}*0.0$ | Null |
| 1-254 | Beliebig | $(-1)^{Vz}*1.M*2^{E-127}$ | Normierte Zahl |
| 0 | Nicht alle Null | $(-1)^{Vz}*0.M*2^{-126}$ | Denormierte Zahl |
| 255 | Null | $(-1)^{Vz}*$ | Unendlich |
| 255 | Nicht alle Null | - | Keine Zahl (NaN) s.u. |

Tab. A.2   Wertebereiche bei Single-Precision

**Sonderfall**: "Keine Zahl (Not A Number = NaN)"

Werden Operationen mit unzulässigen Argumenten aufgerufen (z.B. Wurzel mit negativem Radikand), dann erzeugen sie als Ergebnis eine NaN - als Hinweis, dass das Ergebnis undefiniert ist.

- **Doppelte Genauigkeit (Double Precision)**

Normierte Darstellung: **1.XX ... X** mit X = 0 oder 1 und Offset +3FFh =   +1023

Die maximal bzw. minimal in diesem Format darstellbaren Zahlen sind:

Maximale positive Zahl: $2^{1023} = 9*10^{307}$

Minimale positive Zahl: $2^{-1022} = 2.2*10^{-308}$

Das Speicherformat der Zahl sieht folgendermaßen aus:

| 63 | 62 | 52 | 51 | 0 |
|---|---|---|---|---|
| $V_M$ | Exponent (11 Bit) | | Mantisse (52 Bit) | |

Die möglichen Wertebereiche zeigt die folgende Tabelle A.3.

| Exponent | Mantisse | Wert | Bezeichnung |
|---|---|---|---|
| 0 | Null | $(-1)^{Vz}*0.0$ | Null |
| 1-2046 | Beliebig | $(-1)^{Vz}*1,M*2^{E-1023}$ | Normierte Zahl |
| 0 | Nicht alle Null | $(-1)^{Vz}*0.M*2^{-1022}$ | Denormierte Zahl |
| 2047 | Null | $(-1)^{Vz}*$ | Unendlich |
| 2047 | Nicht alle Null | - | Keine Zahl (NaN) |

Tab. A.3   Wertebereiche bei Double-Precision

Die Genauigkeitsforderung bei beiden Formaten lautet: ±½ LSB (Least significant bit = niederwertigste Stelle) d. h. die interne Berechnung muss mit mindestens einem Bit mehr erfolgen !

# Stichwortverzeichnis

C++ echt einfach – in kürzester Zeit zu soliden Grundkenntnissen in der Profi-
Programmiersprache! Hier erfahren Sie alles Notwendige mit Humor und in
verständlicher Sprache. In verständlichen, kleinen Schritten lernen Sie den
Aufbau von C++-Programmen kennen, machen sich mit der objektorientierten
Programmierung vertraut und arbeiten mit dem Debugger.
Auf CD: Beispiele, Lösungen, Visual C++Demo

## C++
Böhm, Oliver; 2000; 256 S.

ISBN 3-7723-**7525-1**

€ **15,31**

Besuchen Sie uns im Internet – www.franzis.de